国家出版基金项目
NATIONAL PUBLICATION FOUNDATION

西方社会文化生活丛书

陈晓律/主编

彼岸世界的幻化

西方人信仰的嬗变

孙　坚　于馥华/著

長春出版社
国家一级出版社
全国百佳图书出版单位

图书在版编目(CIP)数据

彼岸世界的幻化 : 西方人信仰的嬗变 / 孙坚, 于馥华著. — 长春 : 长春出版社, 2016.1
(西方社会文化生活丛书 / 陈晓律主编)
ISBN 978-7-5445-4095-7

Ⅰ.①彼… Ⅱ.①孙… ②于… Ⅲ.①信仰—研究—西方国家 Ⅳ.①B82

中国版本图书馆 CIP 数据核字(2015)第 233386 号

彼岸世界的幻化:西方人信仰的嬗变
BI'AN SHIJIE DE HUANHUA:XIFANG REN XINYANG DE SHANBIAN

著　　者:孙　坚　于馥华
责任编辑:李春龙
封面设计:尹小光

出版发行:長春出版社　　总编室电话:0431-88563443
发行部电话:0431-88561180

地　　址:吉林省长春市建设街 1377 号
邮　　编:130061
网　　址:http://www.cccbs.net
制　　版:长春市大航图文制作有限公司
印　　刷:长春第二新华印刷有限责任公司
经　　销:新华书店

开　　本:787 毫米×1092 毫米　1/16
字　　数:230 千字
印　　张:17
版　　次:2016 年 1 月第 1 版
印　　次:2016 年 1 月第 1 次印刷
定　　价:38.00 元

总　　序

中国国力在改革开放后的变化，使中国在最近几十年开始真正走向了世界。这并不是指在此之前国人与世界的接触不多，而是大规模的、普通民众与外部世界的“亲密接触”的机会是从近期才开始拥有的。由于这个原因，对西方世界的了解，也就不限于学者的兴趣，而逐渐地成为我国普通民众也十分关注的“日常事务”了。

相对于西方而言，这种关注已经晚了500多年。在中世纪晚期与近代早期，西欧的国王们对遥远的中国总是充满了好奇心。1508年，葡萄牙国王给其派往马六甲的使臣塞凯拉的命令中有这样一段话：“汝须问中国人何时来马六甲或其贸易之地，来自何方，其来远否，贸易何物，每年到此有若干艘船，其船有何模样，是否于本年内回国，有无商行在马六甲？彼等为懦夫，抑或战士，有无武器或炮兵及所穿何种衣服，其身躯是否伟大？遵守何种习惯，国境伸张至何处，与何国人邻近。”[1] 当时中国的皇帝若知道这种事，一定会感到非常奇怪。因为坐等万方来朝，已经是“中国”人的习惯。从我国历史来看，以中国为世界中心的历史观一直在史学领域占主导地位。因此，在1840年前，中国甚至没有真正意义上的世界史，有的只是《镜花缘》一类的异域风情书，严肃的史书则只有中国史。在鸦片战争之后，中国才被迫接受中国之外还存在一个世界这一事实。但对西方的研究主要是以急功近利的原则为出发点，缺少系统的基础研究。直到新中国成立前夕，在我国的高校中，世界史都还不能算是能与中国史相提并论的学科，一些十分有名望的老先生，也必须有中国史的论文和教中国史的课程才会得到承认。美国的历史学者对我们这样划分世界史和中国史十分不理解，他们最大的疑问是，

1　王加丰．500年前西欧人的海洋意识和实践［N］．光明日报，2013－02－21（11）．

中国为何不将自己的历史列入世界整体的发展中？他们认为，人类的历史就是世界的历史，在世界历史的版图上细分才是国别史，很难理解在中国还有一个与世界史相对应的中国史。从这一点看，中国人要真正了解外部的世界，尤其是当代的西方世界，不仅需要各种信息的沟通，还需要从根基上调整自己的心态。

当然，时代的潮流迫使国人的观念迅速地做出改变。在中国经济发展与外部世界联系逐渐密切之后，每个普通中国人的生活也随之发生了一些重要的变化。从20世纪90年代以来，出国留学对一般民众而言已经不再是一个遥远的梦。一旦获得出国留学的机会，第一件要办的事情，就是去申领自己的护照。或许你会问：出国为什么要护照，我国通行的身份证难道不可以证明自己的身份？与此同时，你还必须将自己的出国费用从人民币兑换成相应的外汇。所以你会再次发问：为什么人民币与外汇不能通用？于是，在一些极为现实的事情中，人们开始逐步地与“外部”世界的知识亲密接触了。

因为在这样一些再正常不过的常识性问题后面，隐藏着十分复杂的世界政治、经济和社会原理，如果仔细地加以探询，你还会发现更多有趣的问题，比如：为什么这个世界要有国家？国家是怎样组成的，它又是如何运转的？国家有哪些不同的种类？这些不同国家护照有一些什么共同的功能？这些国家使用的货币有哪些？为什么有些坚挺，有些疲软？实际上，回答这些问题已经涉及国家、政府、国际事务、国际政治和世界经济等多方面的当今重大问题，也就是说，我们即便要办好一件只是属于私人的小事，也必须认真地了解外部世界。而这些问题，已经不能依靠我们原有的知识结构进行解答，我们必须拓展自己的知识领域，尤其是关于外部世界的知识领域。

为了增进国人对这些问题的了解，国内出版界已经出版了很多相关的著作。

大体上看，这些著作分为这样几大类：第一类是关于西方国家、政府等有关政治机构的常识性问题。这些现象我们虽然十分熟悉，但并不等于我们已经从理论上了解了它们。因此很多国内的著作对一些概念性的东西进行了提纲挈领的解析，有深有浅，大致可以满足不同人群的要求。第二类是关于各种国家的地理旅游的书籍，这类书籍种类繁多，且多数图文并茂，对渴望了解国外情况的人群，读读这些书显然不无裨益。第三类是各国的历史著作，这些著作大多具有厚实的学术根基，信息量大，但由于篇幅原因，或许精读的读者不会太多。最后一类则是对各种国际组织和机构的介绍，包括各国概况一类的手册，写作的格式往往是一条一款，分门别类，脉络清晰，这类知识对于我们了解外部世界，尤其是西方世界应该也很有帮助。

实际上，所有这些种类的书籍，都会直接或间接地涉及西方的历史，甚至有些知识就是直接构筑在历史基石上的，因为当今世界的很多国际组织、交往原则乃至外交礼仪等，主要出自1500年以后的西方世界。当然，我们不会奢望每一位读者自此成为历史研究的拥趸，但至少还是希望读者们通过上述几类书籍的阅读，能大致了解西方国家产生的原因、现代国家的强制性以及社会服务功能的多重交织性质，西方君主立宪制与共和制的特点，西方国家两党制或多党制产生的过程，政党与利益集团在其中的作用，议会制度的由来与发展，各种主要选举方式的形式与内容，法治与法制的联系与区别，各种国际组织及其机构的特点以及它们在当代国际社会中的作用，尤其是了解它们与中国的关系，等等；此外，还应该了解与西方社会相关的各种社会科学观念，因为正是这些知识结晶改变着人类社会的组织和结构，并引导着现代社会沿着理性的轨道前进。

然而，即便掌握了这些知识，我们是否就真正了解西方了呢？问题显然没有如此简单。

在海外长期生活的华人或是经常出国的人员常常会有一个共同的感觉：在各种聚会或是宴请的活动中，只要有“老外”在，哪怕是一个人，气氛就很难避免那种浓厚的“正式”味道；而一旦没有“老外”，都是华人，气氛会一下轻松起来，无论是吃喝还是交谈，人们的心态转瞬之间就已经完全不同。我与一些朋友在经常讨论这一现象时，大家的基本看法是，中外之间，的确有一种文化上的隔膜。这种隔膜十分微妙，甚至并非是相互不能沟通的问题，而只是一种“心态”。

这种心态往往是只可意会，却难以言传。其难以言传的根源在于，人生活在一个由文化构筑起来的历史环境中，这种长期浸润，会不知不觉地对一个人的行为方式、心态产生巨大的、具有强烈惯性的影响，这种影响往往也不是通过学术著作而能轻易加以归纳的东西。因此，要体验这种微妙的文化隔膜，最好的方式就是对西方的文化有一种“生活式的”了解，读一些带一点趣闻轶事色彩的学术书籍，并在掩卷沉思中默默地体验西方人那种日常的生活方式。基于此，我们选择撰写了这套《西方社会文化生活丛书》。共分九册：《市民的世界：城市生活》《生命的解码：墓志铭》《绅士与淑女：西方社会的待人接物之道》《彼岸世界的幻化：西方人信仰的嬗变》《高贵的象征：纹章制度》《自由之翼：演讲术》《学者的伊甸园：西方的大学生活》《性与平等：一部简明的西方性伦理发展史》《守护正义：西方司法之路》。从题目上不难看出，我们力图给大家已经有一定了解的西方世界增加一些斑斓的色彩，使我们的读者能够在某种程度上“触摸”到外部的世界。很自然地，我们也会努力将趣味性与学术性融为一体，让读者们能够在轻松地阅读中获取应有的知识。无论如何，西方文化对中国人而言总归是一种“异文化”，而异文化间的相互尊重、相互吸收、相互学习，是世界发展的趋势。顺应这种趋势的第一步工作，当然是了解对方。但愿我们的这套丛书，能够为读者们了解西方，并进一步加强中外的文化交流做一些有益的事情。

如果你是一个依然保持着好奇心、对问题喜欢打破砂锅问到底的人，那么，请阅读这套有趣的丛书吧！它既能增加你的知识，又能丰富你的生活，或许还能在紧张的工作和生活之余给你带来一丝和煦的清风。同时，我也希望愿意睁眼看世界的同胞，阅读这套丛书后，能更深入和立体地了解外面的世界，从而为自己在处理各种公事和私事时有一个厚实的基础。当然，也希望方家和同好不吝赐教，以使此丛书在再版时的色彩能更加绚丽。

陈晓律

2015 年 11 月 27 日

于南京阳光广场 1 号 1505 室

前　　言

漫步于西欧的街道，无论是大都市、小城镇还是乡村，随处可见各种宗教场所、标志与遗迹。教堂、神殿、十字架、天使雕塑，共同描绘了一幅西方信仰历史的画卷。从尼安德特人的熊图腾到基督教的十字架，从万神殿到圣彼得大教堂，从断臂的维纳斯到米开朗琪罗的大卫，西方经历了从原始宗教到古希腊、罗马的神话信仰，再到基督教和与其相关的新兴宗教的发展历程。信仰的发展贯穿了西方历史发展的全过程。

在西方社会宗教信仰经历了几千年的发展，已经渗入社会生活的方方面面；尤其是基督教笼罩下的中世纪，宗教生活成为所有人生活的中心。在生活的任何方面都能看到西方传统信仰的因素。西方人关于生死、婚姻、金钱、人际关系、道德观念都是在基督教教义的基础上建立起来的；好人死后上天堂，恶人死后下地狱，婚姻是神圣纯洁的，高利贷者是贪婪与邪恶的，应当与邻为善，这些观念的形成都有基督教与《圣经》的根基。最早的大学都是由教会出资建立的，其目的在于培养宗教人才，以延续基督教在欧洲的统治地位，如博洛尼亚大学、巴黎大学、牛津大学等；即使是宗教改革之后的各新教教派也纷纷建立自己的大学，以笼络人才。基督教仪式与礼仪是西方礼仪文化的重要组成部分，当代西方的婚礼、葬礼等仪式都是基督教仪式的产物。牧师的布道词和他们在讲台上的风范是西方演讲的一种重要形式，教士繁复的道袍是西方传统服饰文化的重要遗产；读一本西方小说，总能看到与传统宗教有关的比喻、意象与内涵，如维纳斯是爱与美的象征，撒旦则是邪恶与堕落的化身；参观一座传统的博物馆，总能见到与宗教意象相关的展品，从古希腊、罗马时期神话人物的雕像，到古老的《圣经》抄本，从中世纪女巫狩猎的遗迹，到近代宗教改革者的遗物。宗教文化，尤其是基督教文化，成为西方社会的一个重要共性。

与此同时，各国宗教信仰的不同又体现了各个国家的民族特性。英国国内教派林立，就算是国教内部各个教区也有着自己的特点，实行不同的仪式，体现了英吉利民族对自由与宽容的追求；法国宗教改革时期，轰轰烈烈的胡格诺战争体现了法兰西民族的热情与浪漫；美国在当今宗教信仰衰落的时代依旧有着数量庞大的宗教信徒，是美国“上帝选民”“天定命运”信念的遗产。梁启超曾经周游欧洲，在参观过伦敦的威斯敏斯特大教堂后，写下这样的文字：

> 最奇的是把各时代的款式，合冶一炉，几乎成了千年来建筑术的博览会。……我想这一个寺就可以算是英国国民性的“象征”，他们无论政治上法律上宗教道德上风俗礼节上，都是一部分一部分的蜕变，几百年前和几百年后的东西，常常同时并存，却不感觉有一些子矛盾。他们的保守性，有一点和我们一样，他们的容纳性调和性，怕很值得我们一学罢。[1]

这可以算是教堂体现英国民族特性的典型总结。

宗教改革以来，西方社会进入了一个漫长的世俗化时代，世俗生活的内容逐渐丰富，而日常生活的宗教因素则在逐渐减少，基督教的价值观已经不再是人们生活价值观建立的主要标准。尽管如此，西方的信仰生活依旧处在一个蓬勃发展的过程中，信仰的形式依旧在不断地多样化。新兴教派不断涌现，以基督教为根基的新兴宗教层出不穷，发源自流行文化或遗失文明的神秘信仰在民众中大行其道，宗教与信仰在西方社会中仍旧有着巨大的活力，了解西方宗教信仰的发展仍是了解西方社会文化、思维方式与观念的必经之路。

本书尝试为读者提供一个初步了解西方信仰文化的读本，使读者能够对3000年以来西方信仰的发展与变化、西方各类信仰的观念、情绪和活动有一个粗浅感知，以便能够更好地理解西方社会、文化的其他层面。

什么是信仰？过去和当下的学者多有论述。根据中国国内对信仰的定

---

1 梁启超．梁启超游记：欧游心影录·新大陆游记［M］．北京：东方出版社，2006：76－77.

义，信仰是人们对某种主义极度信服和尊崇，并把它奉为自己的行为准则和活动指南[1]。而根据《简明不列颠百科全书》第8卷，信仰是指“在无充分的理智认识足以保证一个命题为真实的情况下，就对它予以接受与同意的一种心理状态”[2]。这两种定义虽不算绝对的权威，但也具有相当的影响力与代表性。此外，还有人把信仰分为低级信仰（迷信）、宗教信仰、理性信仰三种形态[3]。

信仰的本质特征在于坚定不移地相信。这种相信是虔诚的、无条件的、毋庸置疑的。因此，信仰具有一定的盲目性和非理性的特质。特别是在近代以前，人们对自己的信仰内容都是在不了解或不理解的前提下，保持虔诚的信仰态度。因为宗教不可证伪，也不可以被证实，这容易引起人们的宗教狂热和极端思想。同时，信仰还具有不可验证性，并缺乏真实性，尤其是宗教信仰中上帝的存在更是无法证实。洞察了上帝的不可证实，19世纪丹麦哲学家克尔凯郭尔认为，上帝与人迥然不同，在上帝和人中间有一条鸿沟，只有信仰才能使人跨过这条鸿沟[4]。

宗教是典型的信仰形态，它包含了教义、密码（行为方式）、崇拜仪式和社区构成等四个要素。普列汉诺夫称：“宗教是观念、情绪和活动的相当严整的体系。观念是宗教的神话因素，情绪属于宗教的情感领域，而活动则属于宗教礼拜方面，换句话说，属于宗教仪式方面。”[5] 信仰是渗透在宗教的观念、情感与活动中的，狄德罗甚至说：“世界上有多少种宗教，就有多少种信仰。”[6]

作为一种社会历史现象，信仰在社会历史中所起的作用也是难以评判的。信仰是一把双刃剑，起过积极的作用，也有消极的影响。美国哲学家、史学家威尔·杜兰特在著作《世界文明史》中指出：“宗教是一种很难定性、不易评判的社会现象：一方面，它与人类文明有着不可分割的渊源联

1　现代汉语词典［M］. 北京：商务印书馆，1981：1273.
2　简明不列颠百科全书：第8卷［M］. 北京：中国大百科全书出版社，1986：659.
3　马克思主义信仰作为一种科学的信仰，这里不对其进行讨论。
4　赵建国. 终极关怀——信仰及其传播［M］. 北京：中国传媒大学出版社，2008：23.
5　普列汉诺夫. 普列汉诺夫哲学选集：第3卷［M］. 北京：三联书店，1962：363.
6　狄德罗. 狄德罗哲学选集［M］. 北京：商务印书馆，1983：49.

系，并造就出众多思想家、科学家、艺术家、政治家和具有崇高道德力量的伟人；另一方面，在人性的偏执、社会的罪恶、种族的仇视中，也经常能看到宗教的阴影，宗教又常常成为社会动荡、冲突，甚至战争的助力。”

在本书的叙述过程中，笔者把信仰限定在宗教信仰及其衍生的信仰方式，如神秘信仰等，主要包括原始信仰、希腊罗马时代的神话信仰、基督教信仰，以及近代以来产生的新兴宗教等。

目　录

第一章 从懵懂初开到基督教信仰

产生于公元1世纪左右的基督教，经过初期的发展壮大，承受住了罗马帝国的不断迫害，最终被统治者接受为国教。在蛮族入侵及统治欧洲的那段“黑暗时期”，基督教不仅成为传播信仰和传承文化的载体，而且再次征服了世俗君主，使得基督教得以从上至下地推广传播。

第一节　原始信仰的神灵

以马克思和恩格斯为代表的唯物主义者，把阶级社会之前存在的宗教称为自发宗教，亦称原始宗教。这是一种直接以某种或某些自然物和自然力为崇拜对象的宗教，产生这种原始宗教的根源是由于当时生产力极为低下，人类的思维能力极不发达，在与自然界的斗争中因软弱无力而产生恐惧感和神秘感，进而把自然力和自然物神化的结果。然而对部分唯心主义者及宗教人士来说，宗教信仰是与天地同存，根本没有所谓的起源或者演化，而宗教意识是神赋予人类的感知，是救赎人类的馈赠。从 19 世纪下半叶开始，西方学界掀起研究原始宗教的热潮；对原始人类形形色色的宗教观念和宗教实践的研究，不仅窥探了原始人类的信仰世界，也发现了宗教的普遍本质，更重要的是为认识人类的童年时期提供了帮助，全面地展现了原始人类的物质和精神世界。而对初期自然宗教的了解，也对更深入地领悟后来产生的启示宗教提供了帮助。

在原始人的信仰世界，对未知的一切只能靠有限的思维能力进行推测和把握，由此产生了多种原始的信仰形式和内容。原始人关于神的观念和信仰是原始族群在极其严酷的自然环境下，于尚不发达的意识里积累下来的生存经验和祈盼产物。“宗教现象很自然地分为两大基本范畴：信仰与礼仪。信仰是信念状态，主要由表象组成；礼仪是一定的行动方式。在这两类现象之间有把行动与思想分开的根本区别。”[1] 下文将一一介绍几种重要的原始信仰。

1　E. 杜尔干. 宗教生活的初级形式［M］. 林宗锦，彭守义，译. 北京：中央民族大学出版社，1999：35.

图腾崇拜

“图腾”一词源于奥杰布韦人，是分布于北美五大湖北部地区的阿尔衮琴人的说法，ototeman 这种表达，大致上是“他是我的一个亲戚”的意思。[1]一般而言，图腾崇拜是一种亲密的联系纽带，纽带的一端是一个有血缘关系的人群（如氏族），另一端是一种自然界的某些生物（包括动植物）或者自然物及自然现象（太阳、雷电等），有的甚至是某些人造物体（如网或梭镖），这种物体或自然现象就被称为这个人群的图腾。在通常的情况下，作为图腾的物体属于植物范畴或者动物范畴，并且主要属于动物范畴，至于无机生物，使用的就少得多。用以表示氏族整体的物种就叫作它的图腾，每个氏族都有自己专属的图腾，氏族之间往往靠图腾来区分彼此，氏族的图腾也是它的每个成员的图腾。相信群体起源于图腾祖先，以图腾命名，并因此而承认与图腾存在血缘亲属关系的信仰，是图腾崇拜的主要内容。在原始社会的宗教崇拜中，对氏族祖先的崇拜是最为重要的内容和形式之一，普遍出现于各民族信仰之中。祖先崇拜与图腾崇拜存在一定的交集，英国社会学家赫伯特·斯宾塞在阐述图腾起源时，认为人以动物命名是图腾起源的决定性因素，即后代天真地相信自己的祖先是真正的动物，并由此产生了关于图腾的各种神话和禁忌，因而图腾崇拜是一种被误解的祖先崇拜。虽然斯宾塞关于图腾崇拜起源的观点并不被多数学者接受，但原始人认为属于自己图腾的动物是自己祖先确实是图腾崇拜的主要内容。原始人之所以把某种有机生物或无机生物作为自己的亲属或祖先，主要基于与求安有关的三方面的感情：因威胁而恐惧，因受益而感激，因惊叹而羡慕。[2]

考古遗存证实，在旧石器时代晚期，图腾崇拜已经存在。图腾崇拜保持最完整的是在与外界隔绝的澳大利亚诸部落，在南北美洲大陆的部族中，图腾崇拜的痕迹也非常明显。越是封闭原始的文化体系，留有的图腾信仰越丰富。图腾动物通常是人类的保护神，但这种关系也具有相互性，正像人依赖

1　列维·斯特劳斯. 图腾制度［M］. 渠东，译. 上海：上海人民出版社，2002：24.

2　何星亮. 图腾的起源［J］. 中国社会科学，1989（5）：43.

图腾动物一样，图腾动物也依赖于人。希腊赛里福斯岛的居民把龙虾视为神圣之物，他们不仅不食用龙虾，而且把捕捉到的龙虾放生，发现死掉的龙虾，他们会把它埋掉，并进行哀悼。在古希腊有其祖先是鱼类的传说，而在许多地方也禁止捕食鱼类。作为图腾观念的重要内容，图腾信仰中的禁忌是禁止族人杀害和食用被奉为图腾的动物或植物，同时也禁止同一图腾的民族内部通婚，而正是后者建立起了氏族外婚制的社会结构，开启了人类文明进步的历程。图腾繁殖仪式是图腾崇拜的主要仪式，因为相信图腾的繁衍与群体的兴盛有密切关系，图腾群体便定期举行一定的祭祀仪式，以期促进其图腾胚胎的繁殖。在图腾崇拜中也存在交感巫术，即相信通过作用于图腾物而影响信奉此图腾的群体或个人。

“相信群体起源于神幻生物——半人半兽或动物、植物和自然力，或相信人与动物结合而繁衍了某群体，这也是过去存在图腾崇拜的证明，特别是当氏族名称与传说中的祖先名称相符。”[1] 有大量的事实证明古代欧洲存在图腾崇拜。有些古希腊的地方神话把祖先的起源看成是动物，色雷斯人便认为自己起源于熊。一些城市和地区的居民相信自己起源于某种动物是动物崇拜观念的残留思想，在古希腊的神话传说中，神和英雄化身为动植物，也具有图腾崇拜的印记。盛行的动物崇拜与图腾崇拜有密切的关系，古希腊人尤以敬牛为盛，牛在宗教的礼仪、神圣的游艺和庆典中扮演着重要角色。在克里特，牛是一种祭祀牲畜，在克里特米诺斯王宫的壁画与浮雕上均留有牛的形象，在当地出土的陶器上也有“杀牛祭”的画面。在古希腊的神话中，诸神经常以动物或植物的面目示人，酒神狄俄尼索斯是个可爱的年轻人，但在不同的时候，他也会变成一条蛇、一头狮子，或其他动物。古希腊诸神均有其表象，宙斯的表象是鹰，雅典娜是蛇和猫头鹰，而波塞冬是马。古罗马普遍尊崇狼的习俗，也可以看作是图腾崇拜的残留，罗马城的创立者罗慕洛斯和瑞姆斯两兄弟由狼抚养长大的传说便是例证。通过民俗学家的研究，学者们认为古代日耳曼人及凯尔特人的部落中也存在过图腾制。有些部落的名称及其起源，表明它与动物、自然物有关系，就连享誉世界的英国巨石阵，也

1　E. 海通. 图腾崇拜［M］. 何星亮，译. 上海：上海文艺出版社，1993：79.

有说法认为是自然崇拜的象征和图腾崇拜的遗迹。在北欧的神话传说中，神化身为动物形象也不少见，雷神托尔的化身便是熊。

图腾崇拜不是无知的原始人所犯的错误和造成的混乱，而是人类思维必定要经历的集体思维的一个阶段。大部分学者认为图腾崇拜是世界上所有部落和民族在一定发展阶段上所固有的普遍现象。图腾崇拜不是个别人的偶发行为，而是氏族—部落群体集体奉行的规范化行为，并且形成了种种被严格遵守的制度和仪式。各个部落及民族与外界的关系不一，使得图腾观念保留的程度也各不相同。简而言之，越是经济文化水平发达的地方，保留下来的图腾崇拜意识越少。著名社会学家迪尔凯姆认为，图腾崇拜是迄今可能发现的最原始最简单的宗教信仰，很多学者也认同图腾崇拜是一切宗教的起点。

万物有灵

万物有灵亦被称为泛灵论或拜物教，指对大自然进行人格化处理，认为任何事物都有其灵性或灵魂，简而言之是对灵魂和精灵的普遍信仰。灵魂观念通常是因人对自己在清醒的情况下和睡眠的状态下过着两重生活的现象理解不清而产生，而灵魂观念产生后，任何原始人不能理解的现象都可能被赋予人类的灵魂，人们信仰的神物被按照人类灵魂的形象和类似物创造出来。缪勒认为，原始人从三类自然对象中形成神灵和上帝观念：第一类是他们完全能够把握的物体，如石头、甲壳类；第二类是能部分把握的物体，如树木、山河等；第三类是可见不可及 、完全不能触知的物体，如太阳、星辰等。宗教观念的历史起点，是在半触知事物中把握无限，后来又在不可触知的东西中寻找它，最后在不可见的物体中寻找它。[1] 原始人类对自然现象的无知与恐惧使得自然力与自然物被拟人化和神化，并对神化的自然进行崇拜。在对大自然的崇拜中，对土地的崇拜是一种非常普遍的现象，对太阳等天体和山石河流及火等自然物的崇拜也很流行。原始信仰中对风、雨、雷、电等自然现象的崇拜也不在少数。对自然物及自然现象的崇拜，及对动植物

1　麦克斯·缪勒．宗教的起源与发展［M］．金泽，译．上海：上海人民出版社，1989：3.

和祖先的崇拜，都离不开灵魂观。只有当原始人的幻想世界里产生了灵魂观念之后，这些事物才逐渐具有了“灵性”，成为拥有神圣和神秘色彩的崇拜对象。宗教意识是以从石头、树干等物体中感受到神灵的存在为起点，逐步发展为具有通力的神祇。

万物有灵论者多为民族学家或人类学家，他们所研究的宗教大多属于人类曾信奉过的最粗浅的宗教，这一信仰的特点是赋予死者的灵魂以头等的重要性，而对更高范畴的精神存在几乎没有意识。英国人类学家爱德华·泰勒在其著作《原始文化》一书中建立了万物有灵论的基本轮廓，他认为万物有灵观包括两大信条，即相信所有生物的灵魂在肉体死亡或消灭后仍能继续存在，相信各种神灵可以升格后进入威力强大的诸神行列。泰勒认为，万物有灵论的产生是由于原始人特殊的思想状态造成的：原始人像孩子一样，分辨不清生命的特征，他最初是通过自己及周围的亲属形成关于人的概念，之后他就会以人性为典范来想象所有的东西。一旦他认识到人是一个神灵赋予活力的肉体，他必然给予那些天然物体一种同样类型的二重性和一个像他自己一样的灵魂。我们最早的祖先无法解释每天的睡与梦这一明显矛盾的双重现象，除非从每个个体中都分化出两个人，其中一个躺卧而眠，静止不动，同时这另外一个却穿越空间，自由漫游。如果说人的梦只是支离破碎的各种行为，梦醒后残存的映像也不会对原始人类产生太大的冲击。但是在梦中见到已经死去的人，或是其他怪力乱神的异象，这种恐惧就只能通过人类具有灵魂来解释。斯宾塞认为，宗教主要是对无所不在又难以探究的事物的信仰，而原初宗教信仰便是来源于对灵魂及神灵的信仰。

原始时代围绕灵魂观念而形成的宗教崇拜活动很多，并且多是围绕以生老病死为内容的生命过程进行。许多原始先民认为，人之所以会生病，是因为受到恶灵的伤害，或者是自身灵魂的丢失，相应地便产生了招魂和驱鬼治病的巫术，及对佑护子孙的祖灵及善灵的祈求巫术。民族学者指出，有些原始部族认为有些精灵会将其他物体的精灵嵌入人体，导致人类生病，为了医治由此产生的疾病，便需要通过各种仪式把害人的精灵赶出人体，这类迷信在民间至今仍有保留。信徒有多种与神灵进行联系的方式，作为灵魂或精灵的神，可以在梦中或幻象中看到，神作为灵魂可以进入人体，并通过此人来行动和说话。这些在现代人看来只是正常的生理现象或是疾病症状，但在信仰灵魂的原始人眼里，却是令人深信不疑的神谕和启示。围绕人类生老病死和贫富兴衰的灵魂崇拜活动是原始社会人类信仰生活的重要内容，并且对后来的信仰观产生了重大的影响。

巫术

英国人类学家詹姆斯·弗雷泽（1854—1941）对巫术的研究很具代表性。在他看来，人类的智力普遍经历了三大历史阶段：法术、宗教和科学阶段，而且这三者是递进的过程。“概略地给巫术下个定义，它就是通过念诵一套话语或履行一套动作或二者兼而有之，以使世界的各种力量受制于或服从于人的意志的一种努力。”爱德华·泰勒认为，“巫术是建立在联想之上而以人类的智慧为基础的一种能力，但是在相当大的程度上，同样也是以人类的愚钝为基础的一种能力。”[1] 弗雷泽认为，巫术的本质是一种伪科学，一种没有任何效果的技艺。它是一种对自然规律体系歪曲的认识，是一套错误的指导行动的准则。作为自然法则体系的巫术，被称为“理论巫术”，是一种陈述世事发展顺序的规律；人们为达到目的而采取某种手段的巫术，则被称为“应用巫术”。有的人把巫术按照目的分为黑白巫术，即巫师借助于超自然的力量，为了消灾免祸、祛病辟邪而使用的起到保护作用的巫术是白巫术，相反，加害别人的巫术则是黑巫术。按照巫术产生的原理，弗雷泽认为，巫术可以统称为交感巫术，即相信通过某种神秘的感应，远距离的两个物体可以相互作用。进一步细化，交感巫术包括“模拟巫术”和“接触巫术”。“模拟巫术”又称“顺势巫术”，即根据彼此相似的事物可以产生同样效果的“相似律”，来施行巫术。“接触巫术”又称“传染巫术”，是相信原来结合在一起的东西，即使分开后也能相互交感。这种关于人或物之间存在超距离的交感作用的信念就是巫术的本质。

巫术也由信仰和礼仪构成。巫术在原始信仰中具有很高的实用性或工具

---

1 爱德华·泰勒. 原始文化：神话、哲学、宗教、语言、艺术和习俗发展之研究［M］. 连书声，译. 桂林：广西师范大学出版社，2005：93.

性，巫术既可以用来防灾治病，求雨避风，也可以用来预知未来，加害于敌。巫术既可以服务于个人，也可以服务于集体，即存在个体巫术和公众巫术之分。关于个体的巫术主要是治病祛灾，能够实施治病功能的巫师与巫医是一脉相承的。曾经拥有巫师功能的国王能够通过触摸病人达到医治疾病的效果，直到16世纪，英格兰的伊丽莎白女王还常常通过这种治疗为臣民提供馈赠。法兰西国王也声称他拥有用触摸方式为人治病的“天赋之才”。为公众服务的巫术，其执行人多是拥有国王权威的巫师。在巫术可能谋取的各种公众利益中，最根本的是提供大量的食物，个体可以为了自己的家庭收益而施行祈求丰收的巫术，但为了整个集团的收成，必须由专职的巫师通过特定的仪式来索取丰收。在公众巫师为部落利益所行的巫术中，能够调控气候是首要因素。控制气候的功能中，包括降雨、日照、刮风等巫术仪式。以调控降雨为例，在俄罗斯的一个小村庄，实行祈雨巫术的三个人，分别通过用榔头敲打水桶以模仿雷鸣、撞击两个燃着的火把使火星飞迸以模拟闪电、用细树枝沾水洒向四面八方以模仿降雨，通过这三个步骤完成祈求降雨的整个过程。在阿拉伯人中间还存在阻止下雨的巫术，即从某种长在沙漠里的树上砍下一根枝条，先把它放在火上烧，然后再向烧着的树枝浇水，以此象征暴雨减弱，宛如那洒在燃烧树枝上的水被烧干一样。[1]

在人类发展的早期阶段，人们求助于巫术来解释和掌控各种自然现象和人自身的生老病死，巫术与万物有灵观密不可分。然而到了更具智力的阶段，人们发现巫术无效时，便转而将超自然的力量加诸精灵或神祇，并对其顶礼膜拜或祈祷。“和宗教一样，巫术也有其神话和教义，只不过它们更加原始罢了。毫无疑问，这是因为它追求法术和功利的目的，而并不在纯粹思想上浪费时间的缘故。同样，巫术也有庆典、献祭、驱邪法、祈祷、歌唱和舞蹈，巫师祈祷的神灵和他发动的力量，与宗教借助的神灵和力量不仅具有相同的性质，而且它们常常就是一回事。”[2] 对于远古时代的人类而言，巫术是一种信仰，是原始人对人能够凭借现实的手段控制自然的一种自觉认识和

1　詹·弗雷泽. 金枝精要：巫术与宗教之研究［M］. 刘魁立，编. 上海：上海文艺出版社，2001：56－57.

2　埃米尔·迪尔凯姆. 迪尔凯姆论宗教［M］. 周秋良，等，译. 北京：华夏出版社，2000：112.

追求，对巫术的信仰丰富了早期人类的物质生活和精神世界。然而当人类的思维能力得到提升后，人们便开始认识到巫术所包含的虚幻性色彩，而巫术也逐渐衰退为一小部分人群为了特殊目的而实行的迷信行为。随着时间的流逝，巫术的谬误越来越清楚地被头脑精明的人们所认识，巫术也逐渐被宗教替代。

禁忌

英语中的“禁忌”（Taboo）一词，可以在波利尼西亚语“tabu”一词中追溯根源，其含义是“被禁止”，可用于各种行为类型的禁止。根据奥地利心理学家、精神分析学派的创始人西格蒙德·弗洛伊德的说法，禁忌一词具有两种相互对立的含义。一方面，它意指“神圣的”“被圣化的”；另一方面，它又具有“神秘的”“危险的”“禁止的”和“不洁的”含义。[1] 图腾禁忌是由图腾观念衍生而来，在生产力极其低下的远古时期，原始人类希望通过不断调整自己与自然的关系来改善生存条件，而他们借以调整自己与自然关系的一项重要手段便是以敬畏的心情确立起某些禁忌。禁捕杀、禁食用、禁触摸，甚至严禁直接呼唤图腾的真实名字等禁忌，说明原始人相信图腾具有保护或惩罚图腾群体成员的能力。在巫术方面，“禁忌”指弗雷泽口中的“消极巫术”，与实行法术的“积极巫术”相对。

在蒙昧的原始人看来，饮食之际灵魂可能从口中逃逸，或者被在场的敌人以巫术摄走，所以有的原始人部落在吃东西时会避人，而对国王的饮食禁忌要更严格一些，甚至把他吃剩的饭菜掩埋，防止敌对巫师借此对国王施加致命的魔咒。原始社会具有神性的王和祭司应遵守的圣洁仪式，在许多方面与悼亡者、刚生完孩子的妇女，以及猎人渔夫等所应遵守的规定一致，这些人可以分为神圣者和不洁者，都要遵守一定的禁忌行为，使那可怕的鬼魂危险既不能接近他们，也不能从他们身上向外扩散。由于相信动物的鬼魂或精灵存在于血肉之中，有些地方的禁忌规定，巫师不能接触生肉，目视鲜血，一般也忌讳把鲜血滴在土地上，特别是具有王室血脉的人。原始人把头部视为神圣部位，不仅理发有一定的仪式，即使是剪下的头发也会进行特殊的处

1　西格蒙德·弗洛伊德. 图腾与禁忌［M］. 赵立玮，译. 上海：上海人民出版社，2005：27.

理。在一些部落，剪掉的指甲和吐出的唾液在处理上也有一定的禁忌。

在希伯来人中，不管有意还是无意，只要一个人接触到不洁的野兽、牲畜的尸体或爬行动物的尸体，他就会变得不洁，而且有罪。当他意识到这一点以后，必须以忏悔和献牲的方式赎罪。在印度安达曼群岛居住的先民，在生孩子上有一系列的禁忌，不仅要在孩子出生前把名字起好，而且孩子的父亲也要为妻子的顺产遵守饮食等方面的禁忌。禁忌是一个亘古不变的行为规范。即使在现代人的世界，仍然有许多关于禁忌的例子，而且还有破解这种禁忌的方法。在当代英国，人们认为应该避免把盐撒掉，撒了盐的人将会有厄运，但这种厄运可以通过将撒掉的盐捡起一撮，从自己肩上扔过去的方式来避免。很多禁忌是因原始人对现实世界的无知及恐惧而产生，流传至今的一些禁忌成为一种民俗或迷信，已经不再对人们产生太大的影响，从心理学上讲，禁忌是人类对不可知事物的恐惧，并想通过一定的仪式来消除这种心理的行为。

麦克斯·缪勒认为，宗教的产生和发展是沿着三条基本线索展开，即从自然对象中形成物质宗教，从人类自身中形成人类宗教，然后在心理宗教中合流。在物质宗教的形成中，有的学者认为，万物有灵是最初的宗教形式，自然崇拜只不过是从它派生出来的一种次要信仰，相反，也有学者认为自然崇拜才是宗教演变的出发点，对神灵的崇拜只不过是其中一种特殊情况。时至今日，人们一直试图用多种理论合理地解释宗教思想的起源，宗教很早就从图腾崇拜的巫术阶段演化而来也是其中的一个观点。一般认为所有民族的信仰都是从自然崇拜开始，经过多神教的过渡，最终定格在一神教。从唯物主义的角度看，原始信仰的产生是在极端落后的生产条件下，蒙昧的原始人为了应对未知的恐惧和克服疾病灾害而臆测出的迷信方式。如果从积极的方面看，原始信仰本身有助于给早期人类一种安全感，这些信仰被视为能以无限的力量把原始人武装起来驾驭大自然，而各种崇拜仪式是使他们能以自己的意志征服世界的手段。因此宗教远非产生于人们面对宇宙时的渺小感，而是从相反的情感中得到启发，即人类控制自然或利用自然的欲望和能力。随着人类的进步和时代的发展，这些原始信仰早已退出历史舞台，但一些元素却以别样的面目永远地留在了人类的信仰世界。

第二节 绚烂的神话传说

现代社会与神话传说有了前所未有的疏离，但在上古时期，神话是人类社会不可或缺的信仰形式，它不仅引导人们领悟生活的真谛，而且为人类心灵深处一些不可触及的恐惧提供化解的出口。泛而言之，神话是讲述古老的、非宗教性质的神和英雄或者半神的诞生及其生平事迹。人们默契地达成共识，把叙述神的生平事迹称为神话，而把讲述英雄事迹称作传说。大多数神话的起源显然是来自对大自然的观察以及大自然各种各样的影响力与创造力，这些影响力与创造力对富于想象力的欧洲南部各民族来说仿佛就是神的各种行为与状态。[1] 人类学家的观点认为，神话是宗教的一个组成部分。它可以十分简约，像特洛布里恩德岛上的氏族起源神话；也可以十分详尽，如波利尼西亚的起源故事。有些是追本溯源，阐明一种信条，有些仅仅是描述神的某些行为；有些是证明宗教仪式的合理性，还有一些甚至是为某些仪式提出模式。但不论神话的具体形式和作用是什么，一般都认为，它们体现着社会共同的信仰体系，表达和支持了一些最基本的社会观念和价值观。[2]

当天地万物还处于萌芽状态时，关于原初神灵的神话故事大多清楚地解释了自然界存在的真实情况。在远古时期，神祇家族的概念很常见，而神灵间血亲通婚所孕育出的怪物神也不鲜见。神话既是人类社会发展过程中的一个信仰阶段，也是人类现实生活的一种真实映照。神话传说虽然不是真实的历史，但却反映了创造和流传这些神话的时代特征和普通民众的信仰世界。

---

1 奥托·泽曼. 希腊罗马神话［M］. 周惠，译. 上海：上海人民出版社，2005：1.

2 阿兰·邓迪斯. 西方神话学读本［M］. 朝戈金，等译. 桂林广西师范大学出版社，2006：254.

我们从这些经久不衰的美丽传说中不仅可以窥探西方人的原初信仰，也可以理解当下西方文化生活中的信仰要素。

诸神的盛宴：古希腊罗马神话

公元前 8 世纪，古希腊人便开始崇拜神话中的神灵，约公元前 7 世纪，古希腊诗人赫希奥德通过他的著作《神谱》（Theogony），为我们构筑了从原始诸神到后世英雄的世系谱牒。古希腊的神话诠释了从宇宙与诸神的起源，一直延伸至特洛伊战争及其后果。古罗马神话的形成，深受古希腊神话的影响，公元前 2 世纪罗马人对希腊的征服，使得古希腊神话和罗马神话几乎融为一体，两种神话之间虽然存在不同之处，但相似度非常高。

古希腊人认为居住在最高峰奥林匹斯山山顶的众神统治着世界，然而在他们之前已经存在更老的神祇，奥林匹斯诸神只能算是第三代神灵。宇宙万物形成之前，世界处于天地未开的混沌时期，这种混沌在希腊哲学家的思考中可能呈现多种形式，但在神话体系中混沌孕育了最初的三大神祇：盖亚（大地女神）、尼克斯（黑夜女神）和俄瑞波斯（黑暗之神）。在造物的下一阶段，盖亚从自己的体内分娩出了乌拉诺斯（天神）和蓬托斯（海神）。在新世界诞生的第一代神灵中，既有大地女神与乌拉诺斯的后代，也有她与蓬托斯的结晶。在乌拉诺斯家族中，主要包括十二位泰坦神，其中分别是六位男神和六位女神。在泰坦神之间相互结合的夫妻中最重要的一对是克罗诺斯和瑞亚，他们的儿子宙斯将是未来世界的统治者。蓬托斯家族的成员主要是一些海神。相传乌拉诺斯因担心他与盖亚的儿子们会挑战自己的统治地位，在孩子刚出生时便把他们藏到地下很深的地方，有的说法是被禁锢在盖亚的子宫内。结果在母亲盖亚的帮助下，小儿子克罗诺斯阉割了自己的父亲，解救了被囚的兄弟姐妹，并且获得了统治世界的权力。相传乌拉诺斯被阉割后，便诅咒克罗诺斯将遭遇同样被自己的儿子弑杀的命运，从乌拉诺斯伤口飞溅到盖亚身上的鲜血使其生下了复仇三女神，她们专门捕杀在家族或氏族内部犯有谋杀罪的人。克罗诺斯为了避免其父的诅咒，将自己的婴孩都吞进了自己的肚子里。悲伤的母亲瑞亚设计救下了自己的小儿子宙斯，长大后的宙斯制服了父亲克罗诺斯，强迫他吐出了所有被他吞噬的哥哥和姐姐。在被

图 1－1　从宙斯神殿看雅典卫城

救兄长的帮助下，宙斯战胜了父亲克罗诺斯及其他泰坦巨神，并与兄弟瓜分了对世界的统治权。生性暴躁的海神波塞冬成为海洋的统治者，哈得斯掌管冥界，宙斯则获得了掌管人间和天界的权力。

在古希腊和罗马神话中出现的十二位奥林匹斯主神中，有十一位是克罗诺斯的后代。宙斯（Zeus）是希腊人普遍信仰的最高天神，不仅是奥林匹斯诸神的最高统治者，也是世界万民的天父及主宰者。宙斯不仅掌管自然界的风雨雷电，也操纵着人类的生老病死。宙斯是赋予国王权柄的最高神，维持世间统治秩序的同时也维护人类的道德修养。宙斯的妻子赫拉是他的姐姐，掌管着人类婚姻，也是女性的保护神。赫拉作为天后，拥有巨大权力，作为婚姻和生育的保护神，赫拉是一位仁慈善良的女神，但在维护自己的婚姻上，她却变成了残酷的怨妇。宙斯是出了名的情种，爱侣遍布仙凡魔三界，为了躲避妻子赫拉的耳目，宙斯多次化身为动物去接近心仪的对象。宙斯曾变身为白天鹅去吸引斯巴达的王后勒达（Leda），也曾变为白色的公牛诱拐腓尼基的美少女欧罗巴，更有甚者，他曾化为雄鹰把爱慕的美男子盖尼米德叼上奥林匹斯山。赫拉与宙斯的婚姻成了一切与她有关神话的核心，因嫉恨和惩罚宙斯的情人及私生子，赫拉的嫉妒心和好斗成为世人作品中的主要特征。

太阳神阿波罗和月亮女神阿尔忒弥斯是一对孪生兄妹，是宙斯和泰坦女神勒托的子女。阿波罗是希腊神话中的十二位主神之一，也是宙斯最杰出的儿子。主司光明的阿波罗是一切邪恶与黑暗势力的征服者，也是一位能预知未来，并且为医生和牧羊人提供佑护的神祇，但在某些时候，太阳神也是给人类带来致命伤害的死神。与古希腊神话中的许多神灵一样，太阳神也有许多男情女爱的神话流传，但与其父宙斯的屡屡得手不同，阿波罗的情史算是悲情坎坷。深爱的山林水泽女神达芙妮宁愿变成月桂树，也不愿接受阿波罗炽热的追求。他钟情于貌美的斯巴达王子雅辛托斯，却因误伤致其死亡。悲伤的爱情也有浪漫感人的地方，阿波罗将月桂树作为自己的圣树，并用该树枝叶编织花环来寄托自己的哀思，为了铭记爱人雅辛托斯，阿波罗让他的鲜血长出了美丽的风信子花。阿尔忒弥斯是与阿波罗相对应的女神，所代表的原始意义与其兄弟完全相同，也是光明之神，但她同时也是女性的保护神。在所有女神中最著名的要数智慧女神雅典娜，关于雅典娜的出生，也有相关的神话故事流传。相传具有预知能力的大地女神告诉宙斯，他与智慧女神墨提斯的儿子将会延续上几代的诅咒，犯下弑父的罪行。为了避免这一悲惨的命运，宙斯把已经怀孕的墨提斯吞进了自己的肚子，结果从宙斯的头部生出了女神雅典娜，而雅典娜出生时便是一位全副武装、富有智慧的青春美少女。雅典娜是保护国家的战神，也是为人类福祉带来技艺和科学的智慧女神。雅典娜是希腊流传范围最广的女神，也是雅典城的守护神。在成为城邦的保护神之前，相传智慧女神雅典娜与海神波塞冬还进行过激烈的争夺。因为古希腊人所处的地理位置靠近海洋，他们的活动范围与广阔的海洋密切相关，使得海神波塞冬在他们的神话传说中占据重要的位置。

宙斯和赫拉的儿子阿瑞斯是战神，与雅典娜代表了聪明的战争指挥者不同，阿瑞斯代表了战争的残酷和血腥的一面。在古希腊神话中，阿瑞斯的声名不佳，崇拜他的圣地也不多。在罗马神话中，与之相对应的战神玛尔斯却享受了特别的尊崇，这一点与罗马的好战精神不无关系。在罗马神话中，天后朱诺为报复丈夫朱庇特独自生下密涅瓦，在充满怨恨的状态下借助花神的帮助独自生下了玛尔斯，相传玛尔斯是罗马城的创始人罗慕洛斯的父亲。在古希腊神话中，战神阿瑞斯与美神阿芙洛狄忒之间的情爱故事才是被津津乐道的话题。古希腊神话中的阿芙洛狄忒在罗马神话中被称为维纳斯，相传她是从大海泡沫中诞生的美丽女神。在奥林匹斯的神话谱系中，爱与美之神阿芙洛狄忒是宙斯与泰坦女神狄奥涅的女儿，顾名思义，阿芙洛狄忒是爱与美的化身，后世文学与艺术作品中都少不了她的身影，而阿瑞斯与阿芙洛狄忒之间的私情更是成为各种艺术作品喜欢刻画的故事。此外众神的信使赫耳墨斯、火神和匠神赫菲斯托斯也是希腊神话中的主要神祇，在罗马神话中也有与他们相对应的神灵。

古罗马人全盘吸收了古希腊的神话传说，两个神话系统中存在相对应的神祇。比如古希腊神话中的宙斯，在罗马神话中是朱庇特（Iupiter），相应的赫拉对应的是朱诺（Iuno）、雅典娜对应的是密涅瓦、阿芙洛狄忒对应的是维纳斯，唯一没有变换名称的重要神祇是太阳神阿波罗。罗马神话中也有如门神雅努斯及萨图尔努斯等古老特有的神明。虽然罗马人把古希腊神话中与他们自己传统中具有相似职能的神相混合，罗马神话还是存在自身的一些特点。王焕生总结了罗马神话不同于古希腊神话的特点，他认为不同于希腊神话对神明世界及神明与人的关系进行的自由想象，罗马宗教对这方面的内容进行了精细的规定并要求严格执行，从而造成了罗马神话传说的贫乏。同时，庞大的罗马帝国也开放性地吸收和包容了当地各个时期发展的信仰内容和形式，罗马神话也具有相似的特点。[1] 罗马帝国时期神话的一个重要发展是对皇帝的崇拜，尤里乌斯·恺撒在公元前 44 年死去之后被元老院神化为“神圣的奥古斯都”，而且平民百姓也深信他真的成了神，其后对活着的皇帝也开始进行崇拜。

希腊神话中的诸神不仅在外形上是神人同形，而且在本性上也具有人类的七情六欲。只是居住在奥林匹斯山顶上的神灵，无论在外貌、智慧还是勇力上都具有超出常人的特点，他们在不同于人间的天际享受着锦衣玉食，而且还长生不老。在希腊和罗马都流行这样的观点，即神本质上是通情达理的，假如人类尽了他们对神的义务，那么就能享受到神的恩惠，或者至少可以避免神的伤害。希腊人和罗马人祈求神赐给他们真实的礼物，如作物和畜群的生长、对

---

1 王焕生．古罗马神话传说［M］．北京：社会科学文献出版社，2010：6－8．

敌人的胜利、疾病的康复和对生活难题提出英明的建议。许多神的职权范围在很多方面是重叠的，任何神的活动领域都没有确切界限。概括来讲，古希腊罗马神话不仅具有实用的理性特征，也充满了感性的人性色彩。

在希腊人和罗马人的信仰中，干涉人类事务的至高无上的神在数目上是不受限制的。随着活动范围的扩大，除了信仰主神外，他们还敬仰保护家族田地、森林、泉水的无数小神以及各种游荡的妖怪和幽灵。他们崇拜一些死去的人和一些活着的人，在他们的神的列表中甚至包括抽象的概念。[1] 希腊人和罗马人的信仰比较庞杂，对其他外来的宗教信仰方式也持相对宽容的态度。希腊人和罗马人的信仰更多是关注今生的发展，而不是死后或来世的福祉。在希腊人和罗马人中间也存在相当规模的“神秘信仰”，这些信仰在教义上具有神秘色彩，但对信仰者的政治和社会地位没有要求，而且可以更加自由地表达信仰情感。通过承诺给予人类期望的最大回报，并把回报给予所有皈依者，神秘宗教吸引了很多信奉传统崇拜形式的希腊人和罗马人，特别是那些被剥夺了继承权的人。

冰与火之歌：北欧及凯尔特神话

北欧神话[2]

北欧偏隅欧洲大陆的北端，有部分地区处于北极圈内，气候寒冷潮湿，严冬漫长，日照稀少。一般意义上的北欧包括丹麦、挪威、瑞典、芬兰和冰岛五个国家，从整体上讲，北欧属于土地辽阔、人口密度很低的区域。在海盗时期（780—1070）北欧人（亦被称为斯堪的纳维亚人）的触角向南远达西班牙、意大利，向东达到基辅、巴格达，向西到达不列颠，甚至北美洲。在近三百年的时间里，北欧人以“蛮族人”的面孔，向东、南和西几个方向扩张掠夺，他们的骁勇和野蛮举世闻名。基督教从公元 9 世纪初才传入北欧，公元 1000 年，冰岛才改信基督教，直到 12 世纪末基督教才在北欧站稳

1　M. J. 卡里，T. J. 哈阿霍夫. 希腊罗马世界的生活与思想［M］. 郭子林，曹彩霞，译. 郑州：大象出版社，2012：261.

2　北欧国家包括芬兰，但芬兰的神话体系跟本书叙述的北欧神话不同，芬兰语属于乌拉尔语系，信仰的是极地萨满教，文中没有做介绍。

脚跟。虽然基督教对古老的多神教进行了清洗，但是在瑞典等国家关于古代诸神的神话至今依旧流传。

最早的北欧神话是以歌谣的形式出现，公元前已在日耳曼的部族内流传，在中世纪时这些神话传说通过文字记载得以留存。至今保存最完整的北欧神话主要包含在冰岛的诗体《埃达》和散文《埃达》中，关于北欧国家起源的神与人的英雄传说，包含在多部《萨迦》之中，大小《埃达》反映的是神的时代，而《萨迦》则是英雄时代及向人的时代的转化。北欧多神教亦被基督教称为北欧异教，信奉多神，崇拜太阳和生殖，是古代拜日教的衍变异种。这一宗教没有神学，也不设专门的祭司，但是有许多自成体系的神话故事、教义教规、训谕戒律都是通过神话故事来表达的。[1] 北欧神话与古希腊罗马神话一样，也描写了宇宙起源、神祇生活等内容。

相传远古洪荒时期，世界一片混沌，在南北两极分别盘踞着火焰巨人苏尔特和冰霜巨人尼弗尔，在两者的中间地带是一条巨大的裂缝，两边冰与火的交融经过漫长的结晶，生成了巨人伊米尔。伊米尔通过吸食一头叫奥拉姆布拉的母牛的奶存活，并从腋窝生出后代。母牛在舔食冰雪中的盐食时，发现了众神的始祖布利。布利高大英俊、强壮有力而性情温良。他不久生下了一个同样高大雄壮的儿子包尔。包尔长大成人以后与一位女巨人结婚并生下了三个儿子，分别是奥丁、维力和威，他们是最初的神祇，神的时代由此开始。奥丁和两个兄弟合力杀死了巨人伊米尔，并用他的身体创造了世界：他的血成了江湖海洋，他的肉成了大地，骨头堆成了山……为了抗击冰霜巨人的侵袭和保护众神祇的生存，奥丁又率领众神祇在大裂缝的中心建立一座名为“阿斯加尔德”的城寨。之后众神又创造出了黑夜白昼、日月星辰，人类也是奥丁通过海滩上的两根浮木创造而成。

根据两部《埃达》的描述，北欧神话中的宇宙由三层空间构成。上层是天界或称阿斯加尔德，是神族居住的地方，中间是尘世，是人类居住的地方，下层是冥界，是死亡女神赫尔统治的地方，宇宙中央有一颗名为伊格德拉西尔的三界之树，成为串联三界的中轴。奥丁是北欧神话中的主神，是众

1　石琴娥. 北欧文学史［M］. 南京：译林出版社，2005：2.

图 1－2　雷神木雕

神之君，万民之父。在奥丁及其配偶弗丽嘉之下，还有十二位主神和十三位女神。在天界乐园里，有用黄金和白银修建的十二座金碧辉煌的宫殿，十二位有名分的正神各占一座，主神奥丁居住的瓦尔哈拉宫尤为壮观。天界通往外部的出入口是一条名为彩虹桥的通道，奥丁与海神之女所生的儿子海姆达尔在此守护，防备冰雪巨人的偷袭。在北欧神话中，奥丁的形象是银须长髯的长者，只有一只眼睛，相传他用自己的一只眼睛换了拥有智慧魔力的圣水。他发明了文字，而且可以预知未来。作为天界的统治者，奥丁的形象是手持长矛和金环，身披金色盔甲，肩上站着两只乌鸦，脚下趴着两条恶狼。奥丁不仅骁勇善战，而且崇尚武道，他在自己的宫殿里收容战死沙场的英灵，与他们把酒言欢，操练习武，他的宫殿也被称为英灵殿。奥丁的形象除了威严和英勇外，也有反复无常、暴虐残忍的一面，他会以战神和死神的面目示人。北欧众神中最受欢迎的可能是托尔，他是主管天空的雷神及战神，也是保护尘世的法律和制度之神。托尔是奥丁与大地女神费奥琴所生的长子，孔武有力的他也是丰产之神，因不满奥丁的一些作为，父子之间存在嫌隙，但托尔在众神之中拥有很高的威望。托尔最大的特征是携带一把大铁锤，铁锤既能产生闪电和雷声，也是杀敌的致命武器。其他重要的神祇还有奥丁的正妻弗丽嘉，弗丽嘉是主宰婚姻和家庭的爱神，丰饶神弗雷与孪生妹妹春天女神弗蕾娅都是执掌生殖的丰产神。此外，以火神洛基为代表的邪神也在北欧神话中占据重要位置。

与古希腊神话一样，众神的情爱生活在北欧神话中也不少见。主神奥丁就是一位喜欢拈花惹草的色鬼老头，丰产神弗雷与其妹弗蕾娅也是生性淫荡。然而北欧神话突出的一点是对末世毁灭的描述。主神奥丁早就知道末世的预言，他与众神将被毁灭，对此他也无计可施。在末世来临前，先是连续三年的酷寒严冬，接下来的三年是神族间的不和与战争，然后是三年天灾，南方的火巨人苏尔特一路焚烧袭来，各类猛兽怪物也全体出动。在末日劫难里，奥丁被恶狼吞噬，雷神托尔也中蛇毒而亡，其他神祇也无一幸免。火巨人苏尔特焚烧了整个宇宙，日月星辰无不被毁，大地沉入海洋。不知过了多久，一个新的世界从大海里冉冉升起，侥幸存活的人类始祖开始成为大地的主人，奥丁的后裔诸神也陆续回到大地，神与人的后裔英雄成为时代的主角。[1] 北欧传统的日耳曼人神话对多数人来说，是一个本质上悲观主义的神话体系，反映了仿佛是永无止境的北方冬天的漫长而黑暗的日子。另外一些人可能以印度的方式，把它看作是在宇宙的大背景下出生、死亡、复活的自然进程。[2] 即使存在悲观主义的色彩，北欧神话仍然具有生动活泼的特点，受地域特征的影响，冰雪成为神话场景不可或缺的部分，而骁勇善战的北欧人的神灵也更加注重勇敢这个优秀的品质。虽然北欧神话在艺术作品中的地位不及希腊罗马神话，而在当下的欧美影视作品中，北欧神话的元素却很流行。

亚瑟王传说

除了希腊罗马神话及北欧日耳曼神话外，欧洲最有名的就要数凯尔特人

1　石娥琴. 北欧文学大花园［M］. 武汉：湖北教育出版社，2007：1－9.

2　戴维·李明. 欧洲神话的世界［M］. 杨立新，冷杉，译. 北京：三联书店，2010：116.

的亚瑟王传说了。凯尔特人是铁器时代的欧洲人，被浪漫主义者称为“高贵的野蛮人”。他们并不是由单一的宗族群体发展而来，而是一个具有共同文化和共同语言体系，但操着不同方言的各种宗族的集合体。公元前 3 世纪，凯尔特文化达到高峰时期，势力遍及从爱尔兰到意大利、从伊比利亚半岛到现代乌克兰的广大地区。直到 16 世纪和 17 世纪，学者们才意识到古老的凯尔特人的语言与一些现代语言形式，如爱尔兰语、马恩岛语、威尔士语、康沃尔语、布列塔尼语和盖尔语（即苏格兰人所说的凯尔特语），以及一些地方的方言，如法国、西班牙和意大利北部等地的方言，都存在着千丝万缕的联系，最终确定凯尔特文化的普遍性和流传性。[1] 亚瑟王传说是凯尔特神话中最重要的一个部分，在此基础上衍生出相关的骑士文学作品，是中古欧洲文学的瑰宝，在西方流传很广。在当今世界，通过魔幻文学及影视作品，亚瑟王传奇的热度依然不减。亚瑟王的传说经过发展演变，既糅合了神话魔法的内容，也加入了历史传说。早在 12 世纪，关于亚瑟王的传奇故事已经在英国和法国流传开来。有关该传说的出处已然不可考证。历史上是否真有亚瑟其人存在一定的争论，但可以肯定的是没有历史人物与亚瑟存在很大的相似度，关于他的故事绝大部分也是虚构的。

记载亚瑟王的经典版本是 12 世纪的威尔士高级教士蒙茅斯的杰弗里所著的《不列颠诸王史》[2]，作者表示这部著作的来源是牛津大助祭沃尔特送给他的一本用不列颠文字写成的古书。在杰弗里的笔下，亚瑟是不列颠六世纪时的一位著名国王，是不列颠国王大龙头尤瑟的儿子，在父亲去世后，加冕为不列颠的国王。时值不列颠受到萨克森人的侵扰，年仅十五岁的亚瑟凭借自己的勇气和谋略，经过多场战争，终于把萨克森人赶出了不列颠，还让他们称臣纳贡。在接下来的岁月中，亚瑟不仅征服了爱尔兰，还让挪威、丹麦、高卢等地臣服。但是亚瑟的功绩遭到罗马元老院的妒恨，并派兵征讨。亚瑟集结了各路军队，双方进行了艰苦卓绝的战斗，期间亚瑟还打败了巨人，也有梦境征兆，最终亚瑟获得了成功。就在战斗快要结束时，亚瑟的侄

1　戴尔·布朗，凯尔特人：铁器时代的欧洲人［M］．任帅，译．北京：华夏出版社，2002.
2　蒙茅斯的杰佛里．不列颠诸王史［M］．陈默，译．桂林：广西师范大学出版社，2009.

图 1－3　亚瑟王与梅林向湖中女神询问王者之剑的消息

子莫德雷德自立为王，并与王后圭尼维尔通奸，勾结外敌，做了最无耻的背叛者。亚瑟赶回不列颠，杀死了莫德雷德，平定了叛乱，但亚瑟也受了致命伤，被送往阿瓦隆岛接受照料。在这本书中，既有梅林的预言，也有象征寓意的红龙白龙争斗，但总体上，亚瑟王是被当作抵御外敌、带来繁荣的不列颠明君来描述的。无论亚瑟是民间传说中抵御外敌的英雄，还是神话中能为凯尔特人摆脱外族统治带来希望的救世主，他的故事都吸引了各地的民众，并经过后世的多种改编和演绎，成就了西方一大神话源泉。

在那些流传于威尔士的断篇残章中，亚瑟王要比蒙茅斯的杰弗里笔下的那个形象更接近于一位超凡入圣的人物。在 11 世纪的威尔士诗歌中，亚瑟和一群同伴云游四方，消灭了各类恶魔。12 世纪后半叶，欧洲大陆开始出现一系列韵文传奇，其中所歌咏的主人公，都属于亚瑟圆桌骑士团的成员。14 世纪，诗人创作的亚瑟王传奇继续在欧洲传播，英国人托马斯·马洛礼所写的散文体《亚瑟王之死》，在 1485 年出版，是具有代表性的骑士文学作品。在这部书中，亚瑟本为尤瑟王之子，但在出生后被抱走，在其父死后，国家处于危难之际，亚瑟因能拔出巨石中的宝剑，而被推举为王。除了综合以前各种传说和记事中关于亚瑟王的武功韬略、恢宏业绩，这部中世纪文学作品中，加入了很多浪漫的骑士爱情，各种灵异类的预言和巫术，并糅合了基督教的多种元素。兰斯特洛与王后圭尼维尔的爱情、圆桌骑士团和寻找圣杯在这个版本中成为重要内容。

虽然亚瑟王不是真实的历史人物，但他的盛名超过了英国任何一位真实的国王。他是对抗野蛮入侵的文明象征，是扶弱抗暴的民族英雄。他不仅带领不列颠人战胜蛮族人萨克森的侵扰，即使在死后，也永留民众的心里，成为医治这个世界伤痛的弥赛亚式的想象人物，神话便成为他们延续希望的手段。在威尔士、康沃尔、苏格兰和布尼塔尼等拥有凯尔特人后裔的地区，共有 17 个地方据说是亚瑟王最后一战的战场；有 25 座城堡自称是圆桌会议召开的地方；有 5 个池塘被认为是亚瑟王投放宝剑的地方；还有 9 个村落宣称自己是亚瑟王的最终安息地。无论是考据历史来源，还是反观当下在很多地区的历史遗迹，都说明亚瑟王的传说有着太多的影响。

从石中剑到玻璃樽，从神秘的魔法师梅林到地位平等的圆桌骑士，从抵御外敌的民族英雄，到浪漫忠贞的爱情友情，亚瑟王的传说和神话经过代代演绎和传承，成了西方人心中永远的经典和梦想。对某些人来说，与亚瑟王有关的各种神话或传说，只是文人墨客的虚构及想象，也有很多民众深信亚瑟王的故事，不仅仅是对早期历史文献的笃信，或受各种文化传说的熏陶，或是人类的内在或原始信仰中，都有一份对魔幻世界的好奇，对英雄的崇拜，以及对不可知力量的畏惧和对美丽传说的向往和梦想。

“凡有人类的地方，必有神话”。一种神话就如一座灯塔，在我们探索人类信仰的道路上为我们引路，让我们窥见早期人类信仰世界的一角。神话并不仅是愚昧的人们对神灵世界的妄想与虚构，它也不会因为人类的发展进步而被抛弃。“神话并非人类历史上的粗浅尝试，也从未宣称其故事为客观事实。神话如同一本小说、一出戏剧或者一幕芭蕾，它是一种‘信以为真’，同时是一场游戏，用以美化这个破碎的悲惨世界。”[1] 这样的比喻很适合我们评判古代的神话，从信仰的角度看，神话对当时的人来说也许是整个世界。

1　凯伦·阿姆斯特朗．神话简史［M］．胡亚豳，译．重庆：重庆出版社，2005：9.

第三节　基督教的产生及早期发展

耶稣的生平及传教

关于耶稣的生平，犹太和罗马的历史学家只有零星的记载，因为涉及的内容不是转述，就是因与基督教经典《圣经》中福音书的记录相似而被疑是后人添补，都不具备让人信服的真实内容。"福音"的字面意思是指"宣告一个好消息"，在《圣经・新约》的文献中，使徒们赋予该词新的含义，即把耶稣基督所宣告的消息与对基督的信仰联系在一起。福音书中有关耶稣生平的记载并非是真实的历史事实，更多是信徒对耶稣身份的解释性叙事，拥有的神学意义要远高于其历史学功能。因为基督教信仰的核心教义就是《圣经・新约》中的耶稣生平及传教，这也是后世基督徒的核心信仰，下文将根据福音书的记录来介绍耶稣及其宣教的核心价值。

耶稣的父母居住在加利利的拿撒勒城，其母玛利亚是童贞女受孕，其父约瑟是一位干着木匠活的义人，在他俩成婚之前，天使在梦中向他俩显现，告知他们圣灵感孕之事及嘱咐他们要把所生儿子起名叫耶稣。约瑟遵照天使的吩咐，娶了已经受孕的玛利亚。在耶稣出生之前，罗马皇帝为了核实税收情况，要求犹太人必须在规定日期前到出生地报名上册。约瑟是大卫家族的后裔，必须去大卫的诞生地伯利恒办理登记手续，已经重孕在身的玛利亚跟随约瑟到达伯利恒后，便到了生产的日期。因为伯利恒的客栈都已住满，他们只得栖身在一个马槽中，当天夜里，他们的儿子便在马槽中出生，而在同一天夜里，几个牧羊人在伯利恒的郊野看到了天使显现报告救世主诞生的喜

图 1－4　耶稣的诞生

讯，得到指示的牧羊人在找到马槽中的婴儿后，便把这奇事传播开来。按照犹太人的律法，这个孩子在出生后的第八天，接受了割礼，作为头生子敬献给上帝。遵照天使的嘱咐，这个孩子起名叫耶稣。在耶稣出生后不久，陆续有先知和受到圣灵启示的人，发出耶稣为圣的预言。没过多久，因为看到天空中的异象，几个来自东方的博士带着重礼拜见耶稣。犹太人的统治者希律王听说东方的博士在寻找将要做犹太人王的孩子，很是不安。希律王想要加害耶稣的想法被天使托梦告知约瑟，约瑟带着妻儿连夜逃往埃及。希律王下令把伯利恒城里和四境之内所有两岁以下的男婴全部杀死，耶稣因得到天使的提示而幸免于难。在希律王死后，约瑟在梦中得到天使的吩咐，带着玛利亚和孩子回到了加利利的拿撒勒城居住。

在每年犹太人的宗教节日逾越节，约瑟和玛利亚都会带着小耶稣前往耶路撒冷欢度节日。在耶稣十二岁那年，逾越节之后他仍留在耶路撒冷的圣殿中，坐在教师中间一面听一面问，在场的人都称奇他的聪明和应对。当他的父母回来找他并质问他时，耶稣回答说，“为什么找我呢？岂不知我应当在我父的家里吗？”（《路加福音》2 章 49 节）比耶稣早出生六个月的撒伽利亚的儿子约翰，同样因神恩而生，在他成年后，听从上帝的召唤，在犹太的旷野讲传上帝的国。“那时，耶路撒冷和犹太全地，并约旦河一带地方的人，都出去到约翰那里，承认他们的罪，在约旦河受他的洗。”（《马太福音》3 章 5－6 节）耶稣从加利利的拿撒勒来到约旦河，见了约翰，坚持让约翰为他施了洗。当耶稣从约旦河水中上岸的时候，“就看见天裂开了，圣灵仿佛鸽子降在他身上。又有声音从天上来说：‘你是我的爱子，我喜悦你！’”（《马可福音》1 章 10—11 节）耶稣受洗后，被圣灵引到旷野，接受魔鬼撒旦的试探。在渺无人烟的旷野，耶稣禁食了整整四十个昼夜，四十天后，撒旦分别用食物、好胜心和权贵来试探耶稣，但是这三次试探均以失败告终。经受住考验的耶稣，带着圣灵的力量回到加利利开始传道。在自己的家乡拿撒勒，耶稣的传道并不被当地人接受，他开始在加利利地区的几个小城中穿梭讲道。

关于耶稣在加利利海周围传道的情形，几部福音书中的记载有点出入，但主体内容还是很清晰。耶稣在各处的犹太会堂宣讲福音，并用神迹医治了多种疾病，获得了很多信众的追随。“耶稣走遍加利利，在各会堂里教训人，传天国的福音，医治百姓各样的病症。他的名声传遍了叙利亚。那里的人把一切害病的，就是害各样疾病、各样疼痛的和被鬼附的、癫痫的、瘫痪的，都带来了，耶稣就治好了他们。当下，有许多人从加利利、低加波利、耶路撒冷、犹太、约旦河外来跟着他。”（《马太福音》4 章 23—25 节）耶稣在传教的过程中行的神迹，除了让瞎子见着光明、让瘸子可以走路、让麻风病人变洁净，还包括变水为酒、使人复活、平复风浪、丰富食物和水上行走等。耶稣不仅通过这些神迹让百姓信服，而且通过各种教导让信徒归顺。在耶稣主张的信条中，最重要的原则是“爱”，首先是爱神，其次是爱人。一个文士问耶稣最大的诫命是什么？耶稣回答说：“第一要紧的，就是说：‘以色列啊，你要听，主我们神，是独一的主。你要尽心、尽性、尽意、尽力爱主你的神。’其次就是说：‘要爱人如己。’再没有比这两条诫命更大的了。”（《马可福音》12 章 29—31 节）敬畏唯一的神耶和华是犹太教律法和信仰的核心教义，耶稣在肯定这一传统的基础上，加入了对神的爱，要求门徒们追

图 1－5　负十字架的耶稣（范·戴克）

求与神同在。耶稣强调对神的爱不在于形式，而在于内心，同样，这种爱是无条件且超越一切的爱。“爱父母过于爱我的，不配作我的门徒；爱儿女过于爱我的，不配作我的门徒；不背着他的十字架跟从我的，也不配作我的门徒。”（《马太福音》10 章 37—38 节）在“爱人如己”的信条中，最突出的表现是爱自己的仇敌。耶稣在爱仇敌的论述中表示，“只是我告诉你们：要爱你们的仇敌，为那逼迫你们的祷告。这样，就可以作你们天父的儿子，因为他叫日头照好人，也照歹人；降雨给义人，也给不义的人。”（《马太福音》5 章 44—45 节）

除了要爱神爱人外，根据福音书的描述，耶稣还对律法、婚姻、祷告等关乎人们生活的重要内容作了训诫。耶稣擅长用各种比喻来宣传训诫和福音，其中有撒种的比喻、芥菜种的比喻、面酵的比喻、藏宝的比喻等，在解释用比喻的原因时，经文上说，“这是要应验先知的话，说：‘我要开口用比喻，把创世以来所隐藏的事发明出来。’”（《马太福音》13 章 35 节）耶稣早期的传道活动主要集中在加利利地区，他采用的基本方式是旅行布道，活动内容包括传讲教义和行神迹。从地理位置上讲，加利利在巴勒斯坦的北部，地处东西交通要道且地势平坦，商业较为发达，与罗马的交往也更为深入，不仅人口比南部地区的多，而且民族成分也更为复杂；从古代犹太教的传统来说，北部地区受先知的影响浓厚，以先知语式传讲上帝的话语，并以行神迹显示先知身份，是其显著特点。耶稣在加利利地区的传道方式正是继承了这样的先知传统。[1] 和耶稣同时代的人认为，他是犹太教的拉比，跟随他的信徒认为他是先知，等耶稣受难并复活后，他就成为上帝的儿子，为人类洗去罪孽的救世主基督。

在耶稣生活的时代，犹太教中主要有两个派别，分别是法利赛人和撒都该人。法利赛人是人数最多的宗教团体，这一派别的名称以及他们对宗教信仰的态度均源于希伯来语中意思为“分开”的一个动词。他们强调律法的各个方面，并强制人们遵守许多附加的律法；他们承认先知，也承认经书中的先知书都源于上帝的启示；他们坚信灵魂不朽、身体复活以及天使的存在。撒都该人是拥有土地的贵族，祭司长也常从他们团体中选出。撒都该人的总人数很少，但他们的影响力很大。他们反对死人复活的事，也不相信有天使或灵魂，他们倾向物质化的信仰观，强调圣殿仪式的重要性。[2] 撒都该人是犹太人内部的统治阶级，法利赛人是犹太中产阶级和宗教知识分子的代表，同时也存在艾赛尼人和奋锐党人，后两者是犹太人中的少数派。在福音书中对撒都该人和法利赛人均有提及，但都是以反对耶稣的形象出现，其中尤以法利赛人为多。法利赛人和撒都该人常常用各种方式试探和为难耶稣，既包括教义上的内容，也含有政治上的表现。在宗教方面，法利赛人对耶稣的攻击主要是其不守安息日，在安息日做了不该做的事，耶稣对此做了有力的反驳。在政治上实施陷害较著名的一次是，法利赛人派门徒同希律党的人去见耶稣，说：“夫子，我们知道你是诚实的人，并且诚诚实实传神的道，什么人你都不徇情面，因为你不看人的外貌。请告诉我们，你的意见如何？纳税给凯撒可以不可以？”耶稣看出他们的恶意，就说：“假冒为善的人哪，为什么试探我？拿一个上税的钱给我看。”他们就拿一个钱来给他。耶稣说：“这

1 游斌. 基督教史纲［M］. 北京：北京大学出版社，2010：22－23.

2 迈克尔·基恩. 耶稣［M］. 李瑞萍，译. 北京：北京大学出版社，2005：25－26.

像和这号是谁的?”他们说:“是凯撒的。”耶稣说:“这样,凯撒的物当归给凯撒;神的物当归给神。”(《马太福音》22 章 16—21 节)耶稣不仅称法利赛人是伪善的人,并且通过“酵”的比喻,要求门徒防备法利赛人和撒都该人的不轨。耶稣及其门徒对现存社会宗教团体的质疑,必将遭到后者的压制和报复。

正统的犹太教祭司和一些文士一直伺机陷害耶稣,耶稣三次在不同的场合预示自己将在耶路撒冷受死和复活。耶稣最后一次前往耶路撒冷是去过犹太教的逾越节,当他骑着驴进入耶路撒冷时,受到了信众的高声欢呼。耶稣赶走了在圣殿里做买卖的人,洁净了圣殿,这却让祭司和文士非常不满,想要除掉耶稣。在逾越节的前夜,耶稣与十二位门徒一起吃逾越节的宴席,即“最后的晚餐”。耶稣在宴席上预告了自己已被出卖,并通过饼和酒设立了圣餐礼。吃完宴席,耶稣和门徒前往橄榄山的客西马尼园祷告,随后被门徒犹大带来的兵丁抓捕。耶稣被兵丁押解到大祭司该亚法那里,祭司长和全公会都在寻找见证,要控告耶稣并治他死罪。因为犹太人没有判决死刑的权力,耶稣被押往罗马巡抚彼拉多处受审。彼拉多认为耶稣并没有什么罪,祭司长和长老却极力诽谤耶稣煽惑百姓,在犹太各地传道。即使彼拉多想通过节期的恩典来赦免耶稣,也被受到教唆的百姓拒绝。为了平息众怒,耶稣被判死刑,并被钉死在十字架上。在基督教传统中,这条从彼拉多官邸到耶稣最后被埋葬处的路被称为“苦路”。在行刑前,耶稣遭到兵丁的戏弄和折磨,最后与两位强盗一起被钉死在十字架上。

耶稣被钉十字架后,天地出现了异象。从正午到下午三点,遍地都黑了,太阳没有了光。耶稣气绝后,圣殿里的幔子裂成了两半,大地震动,坟墓也张开了。到了晚上,亚利马太的约瑟向彼拉多求得了耶稣的尸首,与尼哥底母一起把耶稣按照犹太人的殡葬规矩安葬了。因为担心耶稣生前声称自己将在三日后复活的预言成真,祭司长和法利赛人向彼拉多进言,说耶稣的门徒会来偷尸首并谎称救世主复活升天。在征得彼拉多同意后,他们不仅用大石封住耶稣的墓葬,还派人进行严密看守。根据福音书的记载,耶稣确实在死后第三天复活,先是天使向前来看坟的妇人显现,报告耶稣复活的消息,后来耶稣也分别向自己的门徒显现,差遣他们继续传道的事业。在复活

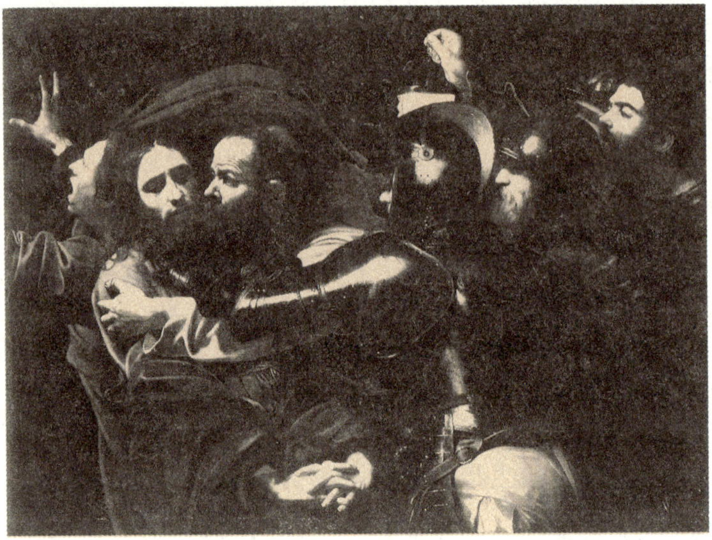

图 1－6　犹大之吻

40 天后，耶稣升天。

耶稣生于公元前 6 年，于公元 30 年在耶路撒冷被钉死在十字架。对 30 岁开始传道的耶稣来讲，他的一生短暂而辉煌。与他同时代的人如何看待耶稣及其宣扬的正道，几乎无从考究。也许在罗马执政官彼拉多的眼中，耶稣是一个扰乱社会安宁的煽动家，犹太教的祭司和文士则将其视为抨击犹太信仰基础及律法的空想家。耶稣的反对者认为，处死他，任何失控的危险都将得到扼制，一切将归于宁静和和平。然而，让他们始料未及的是，正是耶稣在十字架上的殉难，开创了一个新的信仰时代，产生了一个对全人类都有着重大影响的宗教信仰。

基督教的产生

耶稣生前并没有建立教会的计划，但是他的思想中存在由心中信仰神的人组成一个看不见的社会，而这在福音书中已有所体现。于是教会经由他，并根据他兴起的社团的经历产生了。就如阿尔弗雷德·鲁瓦齐所言，“耶稣宣称的是天国，到来的则是教会”。耶稣的降生、传道、受难和复活，无疑是基督教信仰的重要内容，甚至是其基础。然而基督教的雏形——基督徒社团真正开始的时间是在“五旬节”，即耶稣被钉十字架后的第五十天。在《圣经·新约》的《使徒行传》中，对此有生动的描述。耶稣的十二位门徒，象征性地代表了以色列的十二支派，犹大因叛主而自杀后，马提亚替补入列。“五旬节到了，门徒都聚集在一起。忽然，从天上有响声下来，好像一阵大风吹过，充满了他们所坐的屋子；又有舌头如火焰显现出来，分开落在他们各人头上。他们就都被圣灵充满，按着圣灵所赐的口才说起别国的话来。”（《使徒行传》2 章 1—4 节）以彼得为首的众使徒向信众证明神已经让耶稣复活，而且立他为救世主基督。彼得告诉信众要悔改，奉耶稣基督的名受洗，使自身的罪得到赦免。在彼得宣道的当天，受洗入教的信徒约有三千人。后来，基督教教会就把这一天定为“圣灵降临节”，这一天也被认为是基督教教会的开始。

从建立伊始，基督教就显现出几个鲜明的特点。（一）它是一种“外传型宗教”。彼得通过宣讲和行神迹，而使许多人归服基督教。（二）它具有很强的社会整合性。基督信仰对于早期教会来讲，不是一种孤零零的“个人私事”，而是一种生活方式。（三）具有跨阶级、跨地域、跨民族的包容性。彼得开始宣教时，第一批归信的“众人”包括各阶层的人。（四）基督教与其文化处境之间矛盾加剧。[1] 彼得行的神迹包括治好了瘸子，让偷藏私钱的夫妻倒地身亡。上帝借着使徒的手在民间行了许多神迹奇事，信奉上帝的男男女女也越来越多。初期基督徒社团是由使徒们直接领导，由专人掌管教户。门徒们带领信众过着符合耶稣教诲的生活，为成为上帝之国的成员做准备。随着信徒的增多，管理社团日常生活影响了使徒们的传教工作，经过会议的推举，形成了专门管理日常杂务的社团执事，也被称为长老。使徒们专事布道，基督教的活动范围也以耶路撒冷为中心，逐渐向外扩散。早期基督徒之所以能够凝聚在一起，是因为他们有着共同的信仰，即认定耶稣是上帝派来的基督或是弥赛亚，通过在十字架上的流血牺牲，洗刷了世人的罪孽，现在他永远坐在了上帝的右手边。耶稣将他的灵送到世间，这灵可以宽恕人的罪孽，在门徒们身上体现出的正是这灵，它给了他们治愈病患和驱逐魔鬼

1　游斌．基督教史纲［M］．北京：北京大学出版社，2010：31.

的力量。当主耶稣重临世间的时候，他将凌驾于恶的力量之上，建立他的国度，这些最初的信仰者坚定地等待着他们的主的回归。[1]

犹太教的正统派本以为随着耶稣的死亡，他的追随者将四散而尽，然而随着信徒宣扬耶稣已经复活并且升天，却坚固并扩大了对耶稣的信仰。在信仰耶稣的人和正统犹太人之间已经有了实际的宗派分歧，基督教社团的发展引起了撒都该人及其他正统派的不满和忌恨，他们开始想方设法地迫害基督教的信徒。信徒司提反被犹太宗教当局判处死刑，被众人用石头砸死，成为双方冲突的高峰。迫害活动愈演愈烈，耶路撒冷基督教社团的大部分信徒被迫离开了这座城市。司提反的殉教是原始基督教发展的一个节点，在此之后基督教开始加速向耶路撒冷以外的地方传播。在基督教向外发展的过程中，信徒保罗起到关键性作用。

保罗原名扫罗，出生在大数的一个虔诚的犹太教徒家庭，拥有罗马公民的身份。在优越的家庭环境中，保罗自幼受到良好的教育，精通犹太教律法，是法利赛派的忠实信徒。保罗站在本教派的立场上，参与了对基督徒的迫害，在司提反一案中，他也是参与者之一。大约在公元 36 年，保罗在前往大马士革捉拿基督徒的路上，因遇见异象而奇迹般的转变归主。据《使徒行传》记载，保罗听到了耶稣的召唤，并且经受了三天的失明和禁食，后经信徒亚拿尼亚行神迹后才重见光明，随后保罗受洗转信归主。保罗受耶稣的召唤要他到外邦人中传道，从此以后，向外邦人传播福音成为保罗的神圣任务，他也因此被称为“外邦人的使徒”。保罗的宣教旅程遍及希腊和小亚细亚的大多数城镇。据记载，保罗先是在安提阿随同巴拿巴传教，公元 47 年在耶路撒冷与门徒彼得和雅各会晤后，作了三次旅行传道。他的传教范围逐渐从小亚细亚的犹太文化区向希腊地区扩展，在此过程中，他既经历了与东方宗教的冲突，也曾与希腊哲学家进行辩论。罗马大道所连接的城市和乡镇是保罗传教的主要去处，他的信徒又把福音传递到更偏远的村庄。保罗是早期宣教士中工作效果最突出的一员。他不仅在各地建立起多家教会，而且在他写给罗马、哥林多、以弗所等教会的 14 封书信中，阐述了早期教会的教

1 皮埃尔－玛丽·伯德. 早期基督教［M］. 周嫄，译. 上海人民出版社，2005：27.

义和信徒的行为规则，包涵了非常系统和深刻的神学思想。这些书信被收入《圣经·新约》，为后世广为铭记。保罗的神学核心思想包括基督中心论、因信称义论、以爱为核心的伦理思想等内容，他宣传的主要信条是：耶稣不仅是一位先知，而且是人类的“救世主”，人只要诚心信仰耶稣基督，就能摆脱因上帝的惩罚而带来的苦难。

随着基督教社团在地中海沿岸诸希腊化城市中的广泛建立，加入社团的外邦人越来越多，其人数甚至超过了犹太人而成为社团的主体。社团内部逐渐分化为犹太人基督徒和外邦人基督徒两大阵营，其代表使徒分别是彼得和保罗。彼得是基督教传播初期的重要代表人物，被称为基督教的支柱。就其个人而言，彼得接受向外邦人传道，但在一些细节问题上与保罗存在观点分歧。双方争论的焦点在于：那些响应福音信息的外邦人在成为教会的成员之前，是否需要先成为犹太人？外邦人是否要行割礼和遵守犹太人的饮食律法？彼得的观点是外邦人需要顺从犹太人的宗教律法，而保罗则认为犹太律法对犹太基督徒和外邦基督徒意味着不同的事：（1）犹太背景的基督徒可以守律法，但不必一定要守：拯救的关键已不再是做“律法的事工”，而是信仰耶稣基督；律法的事工不应再按其字面来理解，而应根据圣灵来理解。（2）非犹太背景的基督徒只需接受律法的伦理诫令，不须接受律法事工所发展出的一套涵盖整个犹太人生活的礼仪型戒令。换句话说，他们不必被迫采取犹太生活方式：割礼、节日、安息日、关于清洁与安息日的诫令。[1] 为了解决这场争论，约在公元 48 年，使徒们在耶路撒冷召开了一次会议（有人称之为基督教史上的第一次宗教会议），会议通过的决议支持保罗的观点，即外邦人不必先成为犹太人的归化者，就能成为基督徒。这一裁断的重要性不仅在于化解了教会内部的矛盾和怨隙，而且为基督教成为普世性的宗教奠定了教义上的基础。耶路撒冷会议为外邦人皈依基督敞开了大门，此后，基督徒社团的发展更加迅速。

从公元 1 世纪末期开始，贯穿整个公元 2 世纪，是基督教全面扩张的时期。公元 1 世纪末见证了犹太人与基督徒之间越来越明显的分歧，犹太基督

1　汉斯·昆. 基督教大思想家［M］. 包利民，译. 北京：社会科学文献出版社，2001：19.

徒被犹太人视为“异端”，并被驱逐出犹太会堂。基督教的文献也开始强硬地反对不相信耶稣救恩的犹太人，导致两者间的鸿沟日益加深。犹太人的基督教会一直在寻求遵守摩西律法和耶稣信仰之间的平衡和兼容，以此形成自己独特的生活风格。然而与那些在外邦人中发展起来的基督教运动相比，它们逐渐处于边缘化的位置，公元6世纪左右，犹太基督教会的独特性便不复存在。

初期的基督徒主要是犹太人，犹太人的散居是早期基督教扩展的历史前提和重要组成部分，犹太人的散居地是早期教会分布的基本脉络。亚历山大里亚不仅是希腊化犹太教的中心，也是希腊化基督教的神学中心，犹太传统与早期基督教具有重大的关联性：第一，犹太教尤其是希腊化犹太教是基督教希腊化的中介。犹太教身处多元文化背景之中，不可避免地受到希腊文化的影响，由于早期教会对犹太教有一定的依附性，因此受到希腊化犹太教的影响，并在其影响下缓慢希腊化。第二，犹太人的散居是早期基督教传播的基础，影响早期教会的普世性建构。早期基督徒绝大多数是犹太人，基督信仰的扩展在犹太人中间先行展开。第三，早期基督教与犹太教在共生的情况下冲突、分离，朝希腊化方向发展。[1]

五旬节时众使徒的宣教，标志着基督教会雏形的出现，以及基督徒社团向全世界传讲耶稣基督福音的开端。基督徒的社团只是一个没有自我意识的犹太教新派别，在随后的发展中基督徒与犹太教徒之间的分歧日甚，最终基督教完全脱离了犹太教。从1世纪中叶起，随着基督教向地中海东部传播，越来越多的非犹太人加入基督教，在不断吸收其他民族宗教思想和习俗的基础上，基督教自身也逐渐形成自己的教义、组织制度和礼仪。2世纪中叶，基督教会的初步形态基本成型，各地的基督教会逐渐由主教领导，主教制开始建立。基督教的教堂也逐渐从犹太教的会堂脱离出来，并逐步建立了自己的宗教活动场所。4世纪初，基督教会的建制最终定型。基督信仰在初期的传播不仅范围广泛，而且速度也非常快。之所以会有如此强劲的表现，主要有以下几个方面的原因：首先，古代世界在消极方面和积极方面都为新的信

1　章雪富，石敏敏．早期基督教的演变及多元传统［M］．北京：社会科学文献出版社，2003：12－13.

仰做好了准备，表现在古代宗教的空虚和消失，各种替代品的出现和一神论的倾向，希腊化语言和文化的传播等等。早期教会的种种神恩为基督信仰作证，尤其是治病和驱魔的神恩，以及其他的特殊现象或奇迹。其次，早期基督徒对信仰的热忱具有影响力。根据早期教会的看法，每一位领过圣洗的人都有当传教士的义务，无论他们的出身和条件如何，都应以平民信徒的身份去传福音，并且用他们生活中的美德和榜样作最好的宣教。最后，也是最能促进人们皈依的是基督徒们在教难中的勇气和殉道者的坚定信仰。[1]

基督教在罗马帝国的发展

基督教起源于犹太教的一个分支，最初被称为拿撒勒派，基督教所处的政治环境对其产生和发展具有重要的影响。首先我们需要对犹太的发展史有大致的了解。犹太人的家园以色列是一个以圣殿为中心的国家，由于内部矛盾，很早就分化为北方的以色列和南方的犹太两个国家。公元前722年，亚述帝国并吞了犹太人的两个小国。公元前597年，巴比伦人又占领了这里，并把一部分犹太人掳往巴比伦。在国家沦亡的处境下，犹太人逃散到了近东的各个地区，特别是大商业城市。为了抵抗外邦人对其宗教及生活方式的侵袭，部分犹太人坚守宗教和文化传统，按照“摩西五经”中的律法要求严肃克己，流离失所的政治现状也被视为他们的神耶和华的惩罚，坚持悔罪的同时，他们也盼望着救世主弥赛亚的降临。征服者波斯人为以色列人提供了较宽松的政治环境，从公元前4世纪到公元前3世纪，整个近东处于希腊文化日益扩大的影响之下。[2] 公元前63年，罗马人吞并巴勒斯坦，并在犹太人中设立附庸国王，以代表罗马维持和平。以残暴的希律王（前40年—前4年）为代表的独裁统治以及罗马征收的赋税迫使犹太人不断发动骚乱。为了应对这种局面，奥古斯都撤销了这个附庸国，由罗马帝国直接统治，派一名行政长官负责维持秩序和收取贡金。这便是基督教产生的政治背景。

在城邦时期，罗马宗教多是地方性的，并且是一种自然崇拜，所崇拜的

1　毕尔麦尔，等. 古代教会史［M］. 雷立柏，译. 北京：宗教文化出版社，2009：41.

2　彼得·李伯庚. 欧洲文化史（上）［M］. 赵复三，译. 上海：上海社会科学院出版社，2004：75－76.

神灵与人们的日常生活关系密切。罗马宗教的发展，体现了两个基本潮流：一是继承并融合了希腊宗教的神灵系统，二是政治程度不断加深，并形成正统的“帝国宗教”。罗马宗教的特点是：多神崇拜、偶像崇拜、以祭祀为中心、带有强烈的政治色彩。它的崇拜对象除了传统的古希腊罗马神灵之外，还有随着皇帝的增多而不断扩大的神灵谱系。这些神灵都以塑像或雕像的方式被供奉在神庙之中。祭祀是罗马宗教的核心内容，它强调祭祀甚于信仰，强调集体的参与甚于个人与神灵之间的关联。[1] 随着罗马帝国的扩张，罗马人对所属地区的宗教信仰多持宽容态度，在遵循帝国政治宗教仪式的前提下，对各种当地信仰并不进行过多干预。公元 48 年左右，基督教使徒们在耶路撒冷举行会议之后，基督教正式向外邦传播，在罗马帝国的大部分地区缓慢而稳步地发展，自此基督教与罗马帝国开始产生密切的联系。公元 66—70 年间，犹太人发动了反抗罗马人的起义，罗马人镇压了这次起义，并在公元 70 年捣毁了耶路撒冷的圣殿，为了避免受到战乱波及，基督教徒大量迁出巴勒斯坦，更加坚定地奔向外邦人的世界。

基督教对当权者的态度是友好顺服的。保罗在写给基督徒的信中劝告他们要顺服掌权者，“在上有权柄的，人人当顺服他，因为没有权柄不是出于神的，凡掌权的都是神所命的”。（《罗马书》13 章 1 节）从公元 2 世纪开始，基督教的影响力迅速扩大，在罗马的执政者和平民中间引起了不小的反响。罗马的政治性宗教与基督教的信仰之间的差异越发明显，两者走向对立和冲突是在所难免。基督教的发展逐渐成为罗马帝国的政治问题，基督徒们进入了宣誓信仰和殉教的时代。

公元 112 年，罗马帝国比西尼亚省的总督普林尼在形容基督教在该省的传播时，不无忧虑地表示：“这里有一大群不同年龄、不同社会阶层和性别的民众陷于或者即将会处于一种危险的境地之中。这种迷信不只是在城市里传播，甚至像传染病一般扩散到乡镇和农村。”罗马统治者对基督教的厌恶和不安可见一斑。一般认为真正的教难开始于公元 64 年。是年，罗马皇帝尼禄宣称基督徒造成了罗马城的大火，继而大肆展开捕杀。罗马历史学家塔

1　游斌. 基督教史纲［M］. 北京：北京大学出版社，2010：51 -2.

图 1－7　在尼禄时代殉难的基督徒

西佗（约55—120年）在其名著《编年史》中，描述了尼禄用精心设计的酷刑折磨基督徒，“我们不仅仅把他们弄死了事，而是做游戏似的让他们穿上兽皮，驱使猎狗把他们咬得皮开肉绽；或者把他们缚在十字架上，涂上易燃物，当天黑以后，他们像火炬似的照亮黑夜。”[1] 按照教会传统，人们通常认为在罗马帝国时期，基督徒共经历了从皇帝尼禄到戴克里先统治时期10次大的迫害。按照现代某些学者的观点，“在头三个世纪的大多数时间内，虽然基督徒在正式和公开场合被歧视，但是在大多数的地方和时间内，他们在私下里相当程度上是可以各行其是的。……迫害虽然是残酷，但也只是偶尔为之，故此只有零星的人被卷入进来。即使初期的基督徒可能面对某种程度的社会歧视，但是鲜有实质性的压制。”[2] 罗马皇帝对基督教的压制和迫害是阶段性的，或为了加强帝国的宗教政治而打压基督教，为了显示自己的忠诚而排挤新的宗教信仰。

基督教受罗马官方及民众非难的原因主要有以下几个方面：首先，基督教视耶和华为唯一的真神，并且反对偶像崇拜，这与罗马帝国崇拜多神，且重视祭祀的官方信仰相左。基督徒远离帝国宗教的行为，被视为公开的政治挑衅或政治不忠；其次，罗马的很多公共活动都带有偶像崇拜的背景和行

1　贝西埃．耶稣——无法意料的神［M］．马振骋，译．上海：上海书店出版社，2007：139.

2　罗德尼·斯塔克．基督教的兴起：一个社会学家对历史的再思［M］．黄剑波，高民贵，译．上海：上海古籍出版社，2005：229.

为，基督徒对此避而远之，只在私下进行自己的宗教活动，这种回避行为很容易让人产生疑虑；最后是坊间流传的中伤基督徒的谣言。基督徒信仰的教义和崇拜的形式，被不了解实情的人恶意抹黑，“彼此友爱”被说成是乱伦和淫乱，圣餐使用的饼和酒也被传成“吃人喝血”或“杀吃婴孩”。然而事实却是，基督徒坚守基督及使徒的教导，谨慎地完成他们作为国民的任务，并在他们的礼拜中为皇帝和帝国献上他们祝福的祈祷。即使如此，关于基督徒的谣言仍然是层出不穷，这些无中生有的中伤，使得基督徒成为很多灾难及暴行的替罪羊。护教士德尔图良曾写道：“当台伯河涨水淹没罗马，当尼罗河无法灌溉埃及的田地，如果天体没有运动，如果大地震动，如果有了饥馑，如果有了瘟疫，人们同时发出一个声音：‘把基督徒拿去喂狮子！’”

罗马帝国对基督徒的迫害，使早期基督教产生了独特的群体——殉道者。一切在危险中坚持基督教信仰，特别是用生命证实信仰的信徒，都被称为殉道者，他们在教会中享有很高的声誉，被视为“效法基督的人”。公元115年，安提阿的主教伊格纳修被判死刑，将在罗马受到喂野兽的惩罚。伊格纳修在前往罗马的途中，一直保持着给当地教会写信的习惯。在这些书信中，他吐露出想要殉教的强烈愿望，他恳求在罗马的基督徒不要作任何援救他的尝试：“我由衷地希望为上帝而死。因此，我恳求你们，不要对我有任何不合时宜的好意。就让我成为野兽的食粮，通过这样的方式，我有可能会找到上帝。我是上帝的麦子，我将由野兽的牙磨碎以成为上帝纯洁的面包。”[1] 几乎每个信徒都向往殉道者的桂冠，罗马人主要是将基督教的领袖人物处死，所以早期基督教的殉道者主要是主教或知名的领袖。早期教会较为完整地记录下了这些殉道者的名字，并通过一些纪念活动来铭记他们的奉献，但留存下来的关于原始殉道的文献材料很少。可以肯定的是这些坚定的基督徒在一种持久不灭的信仰陪伴下毅然赴难，将之作为一场血的洗礼，进入他们渴求的永生之所。因害怕遭受酷刑或害怕死亡，一些教徒选择了放弃基督的信仰，但这一小部分人的懦弱远没有欣然赴难者带来的影响大。殉道

1 皮埃尔－玛丽·伯德. 早期基督教［M］. 周嫄，译. 上海人民出版社，2005：95－96.

者的鲜血，被称为教会发展的种子，他们的殉道行为大大坚固了其他信徒的信心，并且吸引了很多非信徒的入教。

在基督教的教难中，伴随殉道者产生的是一批护教士的出现。顾名思义，护教士就是为基督教的信仰进行辩护的人。从公元 2 世纪开始，基督徒的行列中出现了一些受过教育的知识分子，他们对有关基督徒的各种控诉及谣言进行了驳斥和澄清。护教士的出现表明基督教已经赢得部分知识分子的信仰，同时他们的著述也是以知识阶层为对象。从内容上讲，护教士的文章主要是详细描绘基督教的各种宗教仪式，宣扬基督信仰的核心价值观，即通过系统地阐述信仰与理性、基督教与希腊哲学、基督教核心思想等问题，为基督教信仰的合理性进行辩护，同时通过对基督教皇教仪式和宗教内容的描述，打破外界种种不实的谣传。最早的护教士是雅典人夸德拉都，他于公元 125 年曾向罗马皇帝哈德良上书护教。在历史上记载了十五位重要的护教士，他们通过向罗马皇帝递交请求书的方式来为自己的信仰辩护，并表达基督徒对帝国的忠诚。在这些护教士中，比较有代表性的是查士丁，他提出护教的首要任务是为基督信仰提供清晰的证明，这一观念后来为一切护教者所接受。查士丁在为基督教辩护时，很少求助于基督所行的神迹，也不会为了赢得争论而陷入似是而非的诡辩，他主要是通过预言应验法，求助于《圣经》旧约部分，同时他列举了基督徒的种种德行来赞扬他们的道德行为。总而言之，查士丁认为，基督教不是一套抽象的行为准则，而是人生的真正改变，基督徒寻求一种神圣的生活，他们内心的动力是普爱。[1] 基督教的护教士称得上是最早一批基督教思想家，他们完成了基督教进入希腊罗马世界后，必须用系统和理性的方式阐述基督信仰的使命，他们对信仰的这种阐述成为基督教神学的开端，著名的护教士德尔图良便被称为“拉丁神学之父”。

早期教会的信徒，相信基督不久后会再次降临，进行最终的审判。随着时间的推移，信徒们意识到应该准备教会的长期存在和发展，以等待未来的基督降临。因为具有强烈的末世倾向，早期使徒时期的教会只是在天国实现

1　王晓朝. 信仰与理性：古代基督教教父思想家评传［M］. 北京：东方出版社，2001：12－15.

前，具有过渡性质的组织。随着末世的不断推迟和教会的扩展，由集体管理的初期教会已经不能满足日益增加的各种需求，而基督教在前三个世纪的传播，也是依赖其建立了一个其他宗教派别无法比拟的组织结构。这种新的宗教组织形式就是主教制，即通过自然形成或公众推举逐步产生的具有一定权威的教会领袖，由他们主持教会事务。主教成为教会统一的中心，他们既是使徒传统的见证人，又是使徒统绪的继承人。围绕着主教制，早期基督教完成了一个制度化宗教所必需的科层化、专业化和等级化建设。3 世纪中叶，神职人员已经成为一个特定的阶层。他们的身份是多层次的：在灵性层面上，他们是上帝之道的现实代表；在道德层面上，他们规训并劝化普通大众；在文化层面上，他们传承并转化古代文明；在社会层面上，他们扮演着组织者和领导者的角色。当晚期罗马帝国的皇帝们试图以军事和行政力量重整广袤的帝国时，主教们已经依靠他们的宗教和道德力量编织起另一个灵性王国。[1] 公元 3 世纪，皈依基督教的人数进入了快速增长的阶段，罗马帝国的政治动荡和经济困境使得人们渴望从现实的泥沼中解脱出来，而救赎永生的应许成为人们信仰的归属。

罗马帝国的统治者对基督教的态度开始出现转变，311 年 4 月，帝国西部奥古斯都君士坦丁与东部奥古斯都李锡尼共同发布《宽容赦令》，对基督徒的信仰采取宽容的态度。两年后，再次签署了《米兰赦令》，给予基督徒完全的信仰自由。324 年，君士坦丁击败所有的对手，成为罗马帝国唯一的元首之后，基督教开始成为与政治关系密切的主流宗教。罗马皇帝君士坦丁最终把基督教立为正统，对他归信的原因有多种解释。据教会史家尤西比乌的记载，312 年 10 月 27 日，君士坦丁在祈祷的时候，在重大战役之前亲眼看到太阳的上方有一个闪亮的十字架，上面刻着“以此征服”，而且君士坦丁的整个部队都目睹了天上的显影。故此，君士坦丁在军事上的胜利，是归因于基督的佑护，为了感谢这份恩赐，君士坦丁用整个罗马作为回赠的献礼。除了军事上的胜利外，君士坦丁的母亲是一个虔诚的基督徒，对他也有

1　游斌．基督教史纲［M］．北京：北京大学出版社，2010：73．

图 1－8　君士坦丁的奉献

一定的影响。同时基督教已经发展壮大为一支不容忽视的社会力量，也是原因之一。从现实角度讲，君士坦丁对基督教的支持，也有利于其进行政治统治。之后，历任罗马皇帝继续对基督教采取支持和利用的政策，而基督教则借助政府的力量逐渐成为正统的国家宗教。392 年，罗马皇帝狄奥多西用法令的形式确定了基督教的国教地位。

基督教成为罗马帝国的主流宗教后，充分利用政治的力量打压其他宗教信仰。当基督教在 4 世纪末正式成为罗马的国教后，基督教迎来了有史以来的最大胜利，而其他宗教崇拜在私人和公共生活中都宣告终结。395 年，罗马皇帝曾发布命令："任何地方，凡神殿、神龛中仍有神像，仍有异教徒前往敬拜的，此等地方应一律夷平……建在城镇的神殿，应予没收，改归公用。一切神坛都予摧毁。"[1] 基督教的佑护并没有阻止罗马帝国的衰败，但罗马帝国的灭亡却没有影响基督教的传播与扩展。

1　彼得·李伯庚. 欧洲文化史：上［M］. 赵复三，译. 上海：上海社会科学院出版社，2004：90.

第四节　皇冠与权杖的碰撞

基督教在“蛮族”中的传播

当基督教从内部征服罗马帝国之时，日耳曼蛮族则从外部威胁着罗马帝国。日耳曼人是对生活在欧洲中部和北部的古代族群的总称，在历史上从来没有固定地特指哪一个宗族、部落或民族。早在公元前2000年中叶，即青铜器时代，日耳曼人就在从斯堪的纳维亚半岛经过丹麦直达德意志中部的广大地区内建立起早期文明。从公元前2世纪起，日耳曼人开始向南迁移，慢慢地成为当时欧洲的唯一国家——罗马帝国的近邻，其中的一部分在恺撒大帝时甚至成为帝国的一个省。[1] 罗马历史学家塔西佗在公元1世纪末期的著作《日耳曼尼亚志》中，把“日耳曼尼亚”描述为北邻大海、南至多瑙河、西接莱茵河、东临维斯杜拉河的这片土地，而日耳曼人是自不可考年代以来一直生活在这里的族群。日耳曼人有很多分支，其中，史籍上著称的有哥特人、汪达尔人、法兰克人、勃艮第人、盎格鲁人、撒克逊人、伦巴第人。由于来自亚洲的匈奴人西迁，受到挤压的日耳曼人纷纷进入罗马帝国境内，掀起了民族大迁徙的浪潮。

日耳曼人在罗马人的眼中是“蛮族”，既不识字，又野蛮尚武。为了防止蛮族大规模入侵，罗马帝国曾在边境地区设立集团式的边防军，但实际上，罗马人和日耳曼人之间有着频繁的往来，既有友善的，也有敌视的。罗马人与日耳曼人之间有稳定的贸易关系，罗马人会拉拢一些日耳曼部族，共

1　刘新利. 基督教与德意志民族［M］. 北京：商务印书馆，2000：2.

同对付其他日耳曼部族。公元4世纪，日耳曼部族经常充任消耗严重的罗马军队的辅助部队，有时日耳曼人还获准居住在罗马帝国的边界地区。到4世纪末，西罗马军队中大部分将领是日耳曼人。日耳曼人在与罗马人的接触过程中，不断被罗马的文化和信仰所同化。日耳曼人信仰的是多神的原始宗教，崇拜掌管自然万物的人格神。人们通常用口耳相传的神话去解释这些神的神性及其力量，并且通过祷告和献祭来安抚遥远的众神。早在4世纪，已经有基督徒在日耳曼部族中传教。最早接触基督教的是生活在多瑙河流域的哥特人，而给他们带来基督信仰的是从罗马帝国掳来充当奴隶的基督徒。乌尔斐拉斯（Ulfilas）在哥特人中传播福音的成绩比较突出，他的祖父母是来自小亚细亚的基督徒战俘。乌尔斐拉斯在多瑙河附近传教达40年之久(342—383年)，并将《圣经》翻译成哥特语，被认为是哥特地区的主教。

日耳曼人归信基督教的细节已经很难考证，与之前几百年的教会史不同，这种皈依一般不是个人的皈依，而是群体性的皈依，也有一些外在的、世俗的理由起了作用。在一般情况下，当一位家族的长老或一个酋长皈依了基督教，他的随从和族人就纷纷效仿。在日耳曼人的部落中，社会生活和宗教敬拜之间有着密切的关系。因此，成为一个基督徒在他们那里不只是宗教上的行为，同时是一种政治事件。[1] 早期在日耳曼人中传播的基督教都是阿里乌斯教派，它得名于利比亚教区主教阿里乌斯。阿里乌斯认为圣子是受造物，从属于圣父，上帝才是唯一的神，耶稣不具有绝对的神性。罗马帝国认同的正统教义认为，上帝只有一个，但在一个本体之中包含圣父、圣子和圣灵三个同等的位格，即“三位一体”。在325年召开的尼西亚大公会议中，阿里乌斯派被斥责为“异端”，受到打压。阿里乌斯派在分散的日耳曼人中更容易被接受，而认为基督是首生的受造物也与日耳曼人的王族神化有相似之处，受到基督教正统派压制的阿里乌斯派却在日耳曼人中广为流传。

受匈奴人西迁的影响，居住在德涅斯特河地区的哥特人被迫大规模进入罗马帝国东部。376年，在表示顺服于罗马帝国的管理后，罗马皇帝瓦伦斯同意接受哥特人的避难请求。随着涌入的哥特人越来越多，双方矛盾迅速激

1　毕尔麦尔，等．古代教会史［M］．雷立柏，译．北京：宗教文化出版社，2009：156.

化，最终在378年的亚德里亚堡进行了决战，结果罗马人大败，皇帝瓦伦斯也在战争中阵亡。罗马帝国新任皇帝狄奥多西与哥特人苦战多年，最后，通过给哥特人划定居住省份的方式达成妥协。395年1月，皇帝狄奥多西病死，罗马帝国分为东西两个部分，东部的首都是君士坦丁堡，西部的首都是罗马，分别由他的两个儿子执掌，自此，罗马便分为东西两个帝国。401年，哥特人直逼罗马，西罗马皇帝不得不逃往军事重镇拉文那，并把拉文那作为帝国的陪都。410年，哥特人攻陷并洗劫了罗马城，西罗马帝国的处境岌岌可危。哥特人从东部进入帝国的同时，汪达尔、勃艮第等日耳曼部族也开始突破帝国的北部防线，深入帝国的腹地。此后，西罗马皇帝与蛮族部族间维持着一种同盟关系，各蛮族国王名义上尊西罗马皇帝为宗主，实际上只视他为傀儡。476年，日耳曼人出身的罗马将领奥多雅克废黜了西罗马皇帝，西罗马帝国正式终结。

公元4世纪至5世纪的民族大迁徙和频繁的战事，永久地改变了欧洲的文化与政治格局，以族群为单位的民族王国纷纷建立。这些民族王国经历了100多年的彼此争斗和历史淘汰之后，520年前后，形成了高卢地区的法兰克王国、西班牙地区的西哥特王国、意大利地区的东哥特王国、北非的汪达尔王国、北欧的盎格鲁萨克森王国、中欧的勃艮第王国，与东部的斯拉夫人和拜占庭王国一起，开始了真正的“欧洲”历史。[1] 受西哥特人的影响，东哥特人、勃艮第人、汪达尔人在4世纪时先后接受了阿里乌斯派的基督信仰。法兰克人是日耳曼人中第一个接受罗马公教信仰的部族，他们的归信必将产生深远的意义。

法兰克人最初生活在离莱茵河较远的地区，受罗马文化的影响较小，当日耳曼各部族普遍接受基督教阿里乌斯派时，他们的宗教信仰仍然是某种原始的自然崇拜。从3世纪开始，法兰克人越过莱茵河进入罗马的高卢地区，在罗马当局可控的范围内，双方保持一种相对和平的共处方式。在国王克洛维（481—511年）时期，法兰克崛起为一个强大的王国，克洛维国王不仅肃清了罗马人在高卢地区的影响，而且抑制了南部的西哥特人，在高卢地区

1　游斌. 基督教史纲［M］. 北京：北京大学出版社，2010：101－102.

建立了稳定的政权。国王克洛维带领族人集体受洗加入罗马基督教，在教会史上有着重要的地位。国王克洛维的归信过程有着众多说法，比较流行的版本与罗马皇帝君士坦丁的归信过程类似。克洛维的妻子克洛提尔是勃艮第的一位公主，更是一名虔诚的公教信徒。除此之外，主耶稣在战事上对克洛维的帮助，是传说中的重要内容。相传，在与阿勒曼尼人的一次战斗中，克洛维的军队处于溃败的边缘，他大声地向主呼救："耶稣基督，克洛提尔说您是永生神的圣子，您能够将得胜赐予希望活在您之中的人。将胜利赐予我吧，我就会受洗。我祈求过我的神祇，他们抛弃了我。我祈求您，救救我吧！"[1] 结果阿勒曼尼人的国王阵亡了，他的军队四处溃散，克洛维的军队转败为胜。其后，在妻子克洛提尔的引领下，克洛维与其 3000 名随从一起在兰斯受洗入教。496 年克洛维率众加入基督教公教，开启了蛮族国王与基督教会缔结联盟的时代。接受了基督教公教的法兰克人不仅获得了教会当局的支持，而且在与其他信仰异端流派的蛮族进行战争时，获得了宗教和道义上的合法性。在克洛维统治下，法兰克王国形成了在奥尔良召开宗教会议的惯例，教会成为政治构架中的重要部分。随着法兰克王国的扩张，罗马基督教在其他蛮族人中逐渐扩展，共同的信仰使得不同族群间的分歧在缩小，为整个西欧的整合奠定了基础。

最早接受基督教的北部民族还有不列颠诸岛上的居民。不列颠曾是罗马帝国最西部的行省，从公元前 55 年到公元 409 年被称为罗马不列颠时期，罗马人占领了不列颠岛的东部和南部，北部因地势险峻和蛮族的阻击，一直没有被征服。早在基督教成为罗马的主流宗教之前，不列颠岛的基督教信仰已经发展得有声有色。基督教约在公元 2 世纪传入不列颠，在 3 世纪时便有了确切的殉道记载。314 年，约克、伦敦和林肯三地的主教便聚集在一起召开地区性的宗教会议。迟至 4 世纪，基督教已经在不列颠的城镇和乡村得到传播。爱尔兰没有被罗马征服。然而爱尔兰与不列颠及欧洲大陆的接触，使得基督教渐渐传播进来，可以确定在 5 世纪时爱尔兰已经传入基督教。431 年，罗马教皇凯勒斯丁向"相信基督的爱尔兰人"派遣了第一位主教帕拉底

---

1 布鲁斯·L·雪莱. 基督教会史［M］. 刘平，译. 上海：上海人民出版社，2012：158.

乌，这位主教的活动范围主要在爱尔兰的南部和东部地区。基督教在爱尔兰的早期传播，主要归功于使徒帕特里克，大致而言，帕特里克于5世纪在爱尔兰传教。他的个人经历非常传奇：曾是不列颠的基督徒，年轻时被俘并带往北爱尔兰为奴，几年之后逃脱，然后受到感召而作为传教士回爱尔兰传播基督教信仰。

据传，585年，后来成为教皇的格列高利在罗马的奴隶市场上看到几个待售的金发碧眼盎格鲁青年，当得知他们仍然是异教徒时感慨万千，"如此明亮的脸庞竟然成为内心黑暗者的奴隶"，遂萌生了前往传教的念想，终因受阻而未能成行。590年格里高利成为教皇，在得知肯特国王埃塞伯特娶了一位法兰克的基督徒公主为妻后，便于596年派遣由奥古斯丁带领的修士团前往英格兰传教。埃塞伯特在次年便皈依了基督教，并建造了坎特伯雷大教堂，奥古斯丁也成为该教堂的第一任主教。国王的皈依带动了亲信和百姓的入教，奥古斯丁成为英格兰地区的大主教，他设立12名主教管辖整个英格兰地区，并以伦敦和约克作为教会的两个首府。经过半个世纪的磨合，基督教于650年左右确立了在英格兰的牢固地位。在英格兰传教的还有来自爱尔兰的传教士，且传教成果非常突出，所以，英格兰的教会继承了爱尔兰修院式基督教和罗马公教的两大传统，前者提供的主要是宗教的信仰，后者偏重的是教会的制度。两种形式的基督教在节日和教义方面存在一定的分歧，最终通过宗教会议的形式确立了罗马教皇的权威。苏格兰地区最早于6世纪从爱尔兰传入了基督教，在1210年正式成为罗马教皇所辖的一个教区。威尔士地区是最早接受基督教的地区，后附属于英格兰，宗教上也归英格兰辖制。

西罗马帝国在476年被哥特人所灭，而东罗马帝国则一直存续到1453年。与西罗马帝国一样，东罗马帝国也受到北方蛮族的侵扰，但东罗马帝国抵挡住了一波波入侵的浪潮，并在君士坦丁大帝时期一度收复了罗马帝国的大片疆土。在与蛮族人的征战中，东部教会也逐渐渗入这些蛮族王国，促使他们基督教化。东部教会在东罗马帝国即拜占庭帝国的支持下，在东南欧，特别是巴尔干地区和俄罗斯的传教取得了很大成功。东部教会也被称为东正教，9世纪是东正教在巴尔干及东欧地区大规模传教的开始。865年，保加利亚国王波利斯一世皈依基督教，并定基督教为国教。从10世纪后期开始，波西米亚人、波兰人和匈牙利人逐一归信了罗马公教，俄罗斯也于这一时期归信了东正教。

公元1世纪，在黑海北岸的克里木一带便有信仰耶稣的基督徒，俄罗斯人的祖先斯拉夫人的一支——古罗斯人有可能接触到基督教。据俄罗斯早期的历史著作《古罗斯编年史》记载，从使徒安德烈在古罗斯布道起，基督教便开始在古罗斯传播，这一说法可能对事实有所夸大，但应该有零星的基督徒存在。基督教从867年正式传入古罗斯，据拜占庭的史书记载，古罗斯人派使者前往君士坦丁堡请求入教，拜占庭皇帝巴西尔委派大主教弗提乌前往基辅传教，而这一年就是弗提乌为部分罗斯人施洗的年份。955年基辅罗斯女大公奥莉加在君士坦丁堡接受洗礼，是罗斯公国大规模接受基督教的开始，奥莉加在基辅、诺夫哥罗德等城市建造了多座教堂，传教士基里尔和梅福基创造的斯拉夫字母表促进了罗斯人对基督教的信仰和接受。由于在宗教与政治上是否从属于拜占庭帝国的问题上存在分歧，罗斯公国并没有举国加入基督教。988年，在奥莉加的孙子弗拉基米尔时期，整个罗斯才正式归信基督教。关于弗拉基米尔选择宗教的故事，基辅的修道士和历史学家都有记载。弗拉基米尔先是派遣使者去了解几大宗教的特点，据此得出东正教的信仰是最合适且触动心灵的信仰。在弗拉基米尔受洗之前，也发生了具有重要影响的显圣事件。在弗拉基米尔准备受洗之后，他的眼睛因为天灾而失明，但弗拉基米尔仍然依照计划接受洗礼。施洗的主教刚把弗拉基米尔的头从圣水盆里托出，弗拉基米尔立刻重见光明，他万分激动地高呼："我刚才见到了真正的上帝!"弗拉基米尔大公的侍卫军也被此奇迹震撼，马上接受了洗礼。[1]

几乎与古罗斯人同时接受基督教信仰的还有北欧人，但基督教在北欧国家成为主流宗教要向后再推两个世纪左右的时间。在多数情况下，北欧是以武力胁迫达成的"和平改教"，是由当地统治者从上至下推动的改教行为，

1　T. C. 格奥尔吉耶娃. 文化与信仰：俄罗斯文化与东正教［M］. 焦东建，董茉莉，译. 北京：华夏出版社，2012：69－70.

但在引导人民以及组建教会方面，他们得到了来自西欧传教士的帮助。凶猛彪悍的北欧人崇尚勇武善战的神祇，基督教刚传入北欧时，并不为一般民众接受，赞美诗在他们看来只是无力的歌唱，他们向往的是征战中的血脉偾张，而不是沉浸于悔罪的心灵静寂。当基督教在北欧站稳脚跟后，一方面通过宣扬教义制定教规，来构建北欧人的宗教生活，另一方面通过打压和清除原有的多神信仰，树立基督教的霸主地位。然而古已有之的原始信仰，不可能被新的基督信仰完全替代，基督教在破除这些原始信仰时，吸收和转化了部分根深蒂固的信仰和习俗。

中古前期欧洲人的信仰及政教合一

中世纪早期，基督教信仰开始在欧洲人的精神世界中占有重要地位，然而蛮族人曾经的原始信仰仍然拥有一席之地。基督教在各蛮族王国中的传教是一个渐进的过程，整个王国的基督教化需要一两百年的时间。追随国王信教的普罗大众，无论是自愿还是被强迫，他们的习俗依旧粗糙，迷信和外教人的观念继续存在。法兰克国王克洛维死后，按照部族的习俗，他的儿子们瓜分了王国，每一个儿子似乎都继承了他的神圣性。日耳曼人的传统观念认为国王是神祇的后裔，民众们据此认为克洛维的儿子们身上流淌着神的血液，因而应该具备种种魔力：他们只要在田间行走一趟，就能令谷物丰产；他们能够听懂鸟语、兽言；他们在战场上是不可战胜的，前提是他们不得剪发。[1] 与法兰克人一样，同时代的其他蛮族王国也留存了诸多原始信仰，异教的神灵即使被贬为邪恶的精灵，往昔的信徒依旧向其献出贡品，以防精灵们降下灾难。因为日耳曼王国中的基督教信仰是集体归信的结果，很多人只是名义上的基督徒。魔法、占星术等迷信思想和外教人的习俗，或公开或潜在地继续存在，因为社会变化太快及民族大迁徙造成的动荡，教会始终无法完全战胜这些迷信。对于表面上顺服的基督徒，教会的责任就是锲而不舍地转化他们的观念，这一过程需要漫长的努力，而原始信仰中的一些元素永远都不会被完全剔除。

1　马丁·基钦．剑桥插图德国史［M］．赵辉，徐芳，译．北京：世界知识出版社，2005：13.

北欧人接受基督教的时间较晚，即使单一的基督信仰代替了土著的多神信仰，成为王国的主流信仰，北欧多神教的许多习俗、神话故事和传统仍然在民间变相地保存下来。在同样接受基督教比较晚的斯拉夫人中，原始信仰的残留更加突出。罗斯在接受基督教后，一神教的信仰与传统的多神信仰之间的矛盾长期存在，从表面上看，基督教从确立为正统信仰开始，便用强势压制着后者的信仰传统，虽然原始信仰的反扑并没有成功，却从与基督教的融合中获得了部分生存发展的机会。尽管斯拉夫罗斯人慢慢接受了基督教，但他们并没有彻底遗忘古老的多神教信仰，许多旧传统和旧习俗得以保留，并渗透于基督教的信仰之中。例如古罗斯人的祭奠亡灵日便被基督教会吸纳和修改，以“祭奠亡灵日”的形式重新出现。教会把这一天定在复活节之后的第十天，并将此节日与宣告“耶稣基督复活”的喜讯联系起来，所有的东正教徒都要举行相应的仪式和纪念活动，亲人和死者家属也是怀着“喜悦”的心情，去墓地祭奠祖先或亲属的亡灵。在基督教与原始异教的斗争中，基督教拥有的信仰优势不言而喻，这种优势体现在宗教、道德和文化等层面。基督教不仅在入教、宣教等程序上有一套完备的礼仪，严密的教会组织也几乎包办了人生中所有重大的事件。基督徒的道德优势主要体现在克己与慷慨两个方面，根据耶稣基督的教诲，虔诚的基督徒必须信守严苛的道德修为，“爱人如己”的训诫，也使基督徒形成乐善好施的传统，教会承担了公共慈善的重担。在文化方面，继承了古希腊罗马文化的优秀传统，自然要比脱胎于原始阶段的蛮族人强很多。从基督教正式成为各蛮族王国的正统宗教开始，基督教的信仰必然成为压倒性的主流信仰，即使这种信仰并不总是处于发展的态势。

在500—700年间的西欧，罗马宗基督教社会经受了各种严峻的考验。各日耳曼王国对教会的支持力度不及罗马政府，在克洛维建立的墨洛温王朝时期，基督教会的组织明显衰落。法兰克教会依附于国家政权，主教和修道院院长的任命多出于政治考虑，教会内部亦十分腐败，宗教领袖对宗教事务的注意力也有所下降，寻求财富和权力成为一些主教追逐的目标。“虽然中世纪早期是人们满怀强烈宗教热情的时期，但总的来说，宗教生活反映出的精神境界很低。异教和基督教相混合产生的宗教思想，强调的是达到物质的目的以及通过巫术和圣徒的介入来躲避邪恶，而不是学习基督教的基本教义和奉行基督教的道德。”[1] 基督教的修道运动产生于其形成的早期，一方面，随着教会规模的扩大，教徒内部存在良莠不齐的状况，一部分人为了摆脱教会的腐化因素而选择更加个人化的修行；另一方面是在教会的和平发展时期，当殉道变得不可能时，一部分人为了给宗教献身的理想而选择刻苦的隐修。修道运动从沙漠中的个人苦修到城乡的集体修道院，既是对制度化教会的反动，也是对教会的重要补充。随着时间的流逝，虔心修道的特征和制度都在发生变化，从最早在沙漠中隐修的安东尼，到开创了中世纪修道典范的本笃，修道士的功能也在发生转变。中世纪的修道院已经衍生出两个基本功能，一是向外传教，开拓基督教的疆土；二是为教会培养人才，同时充当基督教的信仰净化器。然而在蛮族王国接受基督教后，以国王为代表的王室会大范围地介入修道院的建设，这既反映了他们的宗教目的及渴望，也体现了他们的政治目标。为了自身的多种利益，贵族在修道院建设的潮流中也不甘落后。“修道主义的产生原是为了追求自制、自我超越、与上帝合一，追求个人自愿与社会脱离的理想，但到了7世纪，越来越与拥有土地，以及实现王族和贵族的利益等同起来。……修道主义呈现出很多代祷特点，越来越多的修士成为牧师，以便为社会提供圣餐代祷，回报他们的捐赠。”[2] 修道院出现了宗教利益与精英的世俗利益相结合的趋势，这一趋势在以后的几个世纪中得到进一步的发展。

公元7世纪时，法兰克墨洛温王朝的国王已徒有虚名，王国的实际权力掌握在加洛林家族占据的宫相手中，原来作为宫廷管家的宫相成为总理国家事务的首脑，国王沦落为宫相的政治傀儡。加洛林家族在“赫斯塔尔的丕平”时已成为法兰克王国拥有实权的宫相，丕平死后，他的私生子查理·马特接任宫相一职。查理在任时取得不错的功绩，但他维持了墨洛温王朝的存在。直到他的儿子“矮子丕平”继任宫相后，才废黜了墨洛温王朝，代之以

---

1 理查德·苏里文，丹尼斯·谢尔曼，约翰·哈里森. 西方文明史［M］. 赵宇烽，赵伯炜，译. 海口：海南出版社，2009：232.

2 玛丽琳·邓恩. 修道主义的兴起：从沙漠教父到中世纪早期［M］. 石敏敏，译. 北京：中国社会科学出版社，2010：207－208.

图 1-9　15 世纪流传下来的查理曼画像

加洛林王朝。丕平在登基之前，做了两方面的工作：一是笼络法兰克的贵族大会，让他们推举他做王；二是巴结罗马教皇，为他的篡位披上神圣的色彩。751 年，丕平登基为法兰克国王，其仪式是先按法兰克的习俗由贵族们推举为王，然后由神职人员为其加冕。在法兰克人的传统观念中，王族血统中存在魔力，缺少这种魔力的丕平通过寻求教会的祝福，用上帝的权威来为自己的登基寻求神性，他也是第一位借助上帝之名进行统治的国王。为了彰显神的意志，754 年罗马教皇专门为丕平及其子重新举行加冕礼，在神学上意味着圣彼得将世俗权力赐予丕平，这一举动也拉开了中世纪教权与皇权彼此消长的序幕。世俗君主利用"君权神授"的理论为自己的统治寻求神性，也必然要承担起捍卫教会权力的重任，做他们的世俗保护者。丕平于 754 年和 756 年两度出兵意大利，从伦巴第人手中夺回拉文那地区和其他城市，并将它们献给罗马教皇，这就是著名的"丕平献土"。西欧在法兰克王国和拉丁教会的基础上实现了统一，这一点在丕平的儿子查理大帝（查理曼 768—

814 年）统治时期，得到进一步的彰示。

查理大帝是中世纪早期时期地位最显赫的君主之一，经过 30 年的持续战争，他把中欧、北欧和意大利中部的大片领土都纳入了法兰克王国的版图，建立了威震一时的查理曼帝国。这个帝国的版图包括法国、比利时、荷兰、德国及奥地利和匈牙利的一部分、意大利的大半部分及西班牙的东北部，伴随着法兰克王国的扩张，基督教也进一步得到推广。新征服地区拥有教区的被并入法兰克的教会系统之中，没有归信基督的萨克森人被强制信教，至此，征服罗马的日耳曼蛮族，最终在精神上被罗马的基督教完全征服。根据国王的神授义务，查理曼大帝承担着国家宗教生活的主要责任，他不仅颁布法令加强教会组织建设，而且确立了统一的教义和礼拜仪式。为了提高牧师的水平，他要求担任教会职务的人必须有更高的道德和教育水准。在查理曼的推动下，欧洲出现了中世纪的第一次文艺复兴，史称“加洛林复兴”。他以基督教的思想文化建设和推广为中心，依靠遍布于西欧的主教府和修道院，延揽西欧著名的教士学者，建立学校，倡导教育，整理古典文化，支持文字改革，其目标是要在法兰克建设一个“新雅典”。[1] 查理曼大帝高度重视法兰克教会的文化复兴，使之从墨洛温王朝时期的衰败中重新焕发活力。

799 年罗马教廷动荡，教皇利奥三世受到恣意攻击，迫使其向查理曼大帝求助。作为教皇和罗马的保护者，查理曼大帝于 800 年前往罗马亲自开释教皇，并恢复其拥有的权力。在当年圣诞节的庆典上，当查理曼大帝到圣彼得大教堂参加弥撒时，教皇把王冠戴在了他的头上，在场的牧师和民众欢呼这位法兰克国王成为“上帝加冕的奥古斯都，带来和平的伟大的罗马人皇帝”。人们理想中的两个权力中心，一个是地上的“普世性”国家，一个是属于天上的“普世性”教会，现在已经合一了。教会在教皇身上体现为基督在世上的代表，国家则在皇帝身上体现了完美神圣帝国的模式。教会以精神力量支持帝国，帝国以军事力量保护教会，在短期内，这是对双方都有益的

1 游斌. 基督教史纲［M］. 北京：北京大学出版社，2010：123.

联盟。[1] 查理曼时期的教士阶层宣扬，是他们的神佑护了法兰克这个年轻的民族和他们年轻的皇帝，他所取得的辉煌胜利是他宗教虔诚和传播基督教的善报。查理曼大帝不仅采取了基督教的文化政策，而且扩大了神职人员的权力，这就为王权和教权的相互结合奠定了基础。罗马基督教的信仰未停留于社会上层，成为他们专属的宗教和文化，它的信仰基础是广大的群众，因此伴随着正统基督教信仰的是异教的习俗和迷信。为了扩大基督教的影响及传播其教义，一些被民众广泛接受的异教信仰也被基督教会所接纳。在查理曼帝国时期，既存在日耳曼的基督教化，也存在基督教的日耳曼化，这是一种双向的文化互动。经过查理曼时期的发展，基督教在西欧的地位得到进一步的巩固，西方也在千禧年之后进入一个基督信仰的全盛时代。

1　彼得·李伯庚. 欧洲文化史：上［M］. 赵复三，译. 上海：上海社会科学院出版社，2004：117.

第二章 中世纪西欧人的宗教世界

西欧的中世纪是信仰的时代，也是基督教的一统天下。在基督教统治下的欧洲，人们的宗教生活虔诚但无知，宗教文化却辉煌灿烂。即使在基督教极盛时代，被视为异端和异术的迷信行为依然存在，并且与基督教的发展存在千丝万缕的关系。

第一节　基督教一统天下

基督教的兴盛

查理曼大帝死后，其子“虔诚者路易”继承了王位，勉强维持了查理曼帝国的辉煌。徒有宗教虔诚的皇帝路易，根本没有驾驭帝国的能力，在他死后，他的三个儿子于843年签订《凡尔登条约》，瓜分了帝国，长子罗退尔继承皇帝称号，分得法兰克一部分、意大利和罗纳河河谷一带，是后来意大利的雏形，次子路易获得了莱茵河以东地区，是今日德国的雏形，幼子查理则分得了法兰克的大部分地区，是当今法国的雏形。这一领土的划分，奠定了中古后期政治格局的基本形态，但各个王国内部层层分封的庄园主，各行其是，整个西欧处于封建割据的分裂状态。此时，罗马教皇不仅成为捍卫帝国观念的强力支持者，而且是统一西欧精神世界的当然领袖。帝位的拥有者频繁更换，而为其加冕的教皇的权威却在逐渐加强，帝国已不是法兰克帝国，而是徒有虚名的神圣罗马帝国。一个统一的西欧观念，并不是由一个中央集权式的君主引领，而是由信仰的主宰者基督教的核心——罗马教皇来维护。

基督教会直到2世纪中叶才形成单一的主教制，而各地主教并没有公认的领袖。在基督教史上的最初几个世纪，在罗马帝国的西部教会中，罗马教会享有的声望在逐渐提升。4世纪晚期，罗马主教便取得了普世教会中的优先地位。伴随着蛮族的入侵，基督教也难免受到影响，而罗马主教成为维护教会利益的重要代言人。西罗马帝国灭亡后，以罗马主教为首的教会接替了原来政府的诸多功能，在政治上，教会充当了城市保护人的角色，其社会功能主要是为下层民众提供基本的生活救助。5 世纪时，罗马主教开始行使西部教会的最高领导权。“教皇”（papa）一词最初表达的是教士对其信众施加的慈父般的关怀，在罗马帝国时期，是基督徒用以表达对主教和一般神职人员的尊称，6 世纪，该词专门用于指称罗马主教。罗马主教之所以拥有教皇的头衔，西部教会提出的理论是罗马教会由彼得所建，而耶稣曾亲口说彼得是教会得以建立的磐石。这一说法的依据是《圣经》上的圣谕：“你是彼得，我要把我的教会建造在这磐石上；地狱之门不能胜过它。我要把天国的钥匙交给你；凡你在地上所捆绑的，在天上也要捆绑；凡你在地上所释放的，在天上也要释放。”（《马太福音》16 章 18—20 节）按照使徒统绪的传承，主教们的权柄来自于耶稣拣选的门徒，而彼得是十二门徒之首，因此他建立的教会也应是所有教会的首领。彼得和保罗都在罗马殉教，也为罗马教会增添了神圣性。教皇制是一个极具争议性的主题，其他任何制度都比不上它那么既为人所珍爱，又为人所憎恨，一些基督徒尊重教皇为“基督的代理人”，另一些则谴责他为“敌基督者”。[1] 无论对教皇制如何评价，这一体制都是中世纪西欧的重要主宰者。

西罗马帝国灭亡后，在破败混乱的废墟上逐渐形成的文明世界，是由基督教带来的文化和秩序让欧洲在涅槃中的重生。作为西方教会的统领者，罗马教皇的权威随着时间的流逝而逐渐加强。罗马主教利奥一世（440—461 年在位）为教皇制的产生提供了重要的理论依据，并自视为统领基督教的教皇，而格里高利一世（590—604 年在位）是中世纪教皇制的奠基人，成功树立了教皇的权威。604 年格里高利逝世后不久，便被教会尊称为“大格里高利”（Gregory the Great），大公教会将他的名字列于奥古斯丁、哲罗姆等“拉丁教父”的行列，单从对神学思想的贡献而言，格里高利可能不属于这个行列，但就他伟大的行政才能和为罗马教会做出的贡献而言，这一荣誉实至名归。格里高利的墓志铭上称他为“神的执政官”，这一称谓恰当地描述了他像一位罗马政治家一样统治教会及主宰世界，而中世纪教皇的特权在很

1　布鲁斯·L·雪莱. 基督教会史［M］. 刘平，译. 上海：上海人民出版社，2012：134.

大程度上依赖于格里高利在乱世之中建立的强力政权。在格里高利当选教皇后不久，伦巴第人开始围攻罗马，格里高利以罗马主教的身份成为保护罗马城的真正组织者，他不仅组织武装力量防御伦巴第人的进攻，而且通过外交途径与伦巴第的国王进行和谈，在多种策略的运用下，成功保住了罗马城。在混乱的局势中，格里高利将教皇管辖权扩大到意大利中部，罗马教皇成为罗马及意大利中部诸省的实际统治者，他在经营“圣彼得教产”时，合理利用理财措施，稳固的经济来源也为教会的发展奠定了基础。格里高利在任期间扩大了基督教的传教范围，不仅在西欧扩大了日耳曼人归信罗马公教的范围，还在北非扩张宗教据点。在整饬教会内务的过程中，格里高利要求严格执行教士独身制，修士和信徒必须苦修及遵守服从的誓言。格里高利一世毕生极有成效的活动，为罗马公教教权的扩大和日后教皇国的形成奠定了基础，他正式宣布“教皇”的称号只能属于罗马主教，其他主教不得再称“教皇”。格里高利在教会史上被称为是站在古代和中世纪新旧世界分界线上的“伟人”，他也是“中世纪教皇之父”，此后，西方教会在教义、教会组织和修道院生活等方面都是沿着格里高利所开创的方向发展。[1]

756 年，法兰克加洛林王朝的国王“矮子丕平”把从伦巴第王国获得的意大利土地赠送给罗马教皇，这就是教会史上著名的“丕平献土”，在此基础上，罗马教皇建立了由其执掌世俗权力的教皇国。在加洛林王朝的发展阶段，罗马教会在法兰克国王的支持下在西欧的发展呈上升趋势，直至查理曼时期达到高峰。9 世纪初查理曼帝国瓦解后，基督教会摆脱了法兰克皇帝的控制，同时也失去了王权的庇护。9 世纪末至 10 世纪上半叶，意大利的政治纷争加剧，教皇不断被卷入争夺意大利统治权的纠纷中，一些世俗的权贵，竞相通过控制教皇的废立来谋取私利，随着罗马被不同的政治派系控制，教皇也频繁地更迭。伴随加洛林王朝的瓦解，欧洲大部分地区的主导趋势是宗教分权，继之是教会腐败，大多数教堂和修道院成为领主的私产。“许多主教和修道院长发现，与照顾自己的子民相比，骑马打猎、养育后代、参加那些已经成为中世纪标志的连续不断的小战争显得更有意思。越来越少的教士

1　刘明翰. 罗马教皇列传［M］. 北京：人民出版社，2013：10－21.

在干着自己该干的事情，为穷人服务或者施善行变成了一件苦差事。现在，主持洗礼、结婚仪式，或者为死者祈祷都要收费。”[1] 在教会中出现的问题主要是教士自身的宗教知识低下，而且道德败坏，教会中的买卖圣职现象普遍。为了整肃教会内部的腐败，修道主义在西欧再次出现高潮，这次基督教复兴运动的引领者是于910年建立的克吕尼修会。

由克吕尼修道院发起的这场教会改革被称为“克吕尼改革”或“克吕尼运动”，从整个运动的发展过程看，它经过了三个阶段：第一阶段着力清除修道院中的腐败现象，摆脱封建主和神职人员把持教产和教权的状况，要求修士遵循严格的教规、强调修道院实行自治，不受任何主教和世俗领主管辖，只听命于教皇、强调修道院连同其地产均由罗马教廷监护，不受任何外界侵犯；第二阶段越出修道院的范围，通过倡导“上帝和平”及“上帝休战”，制止封建主之间的混战及骑士内部的比武，为社会营造和平的环境，提高教会的地位和威望；第三阶段由整顿修道院制度向反对神职人员腐化的方向发展，把修道院改革变为整个教会的运动。[2] 教会内部的改革派克吕尼修道院以法国为中心，在德国、意大利、英国和西班牙等地发展了一批从属修道院，形成了一个强大的宗教和政治系统。克吕尼派改革基督教会的一个重要方面是极力抬高罗马教会的地位，宣扬罗马教廷是整个基督教核心的观念。拥有克吕尼派背景的教皇，进一步推动了教会的改革与教皇权力的提升。

从1046年德意志皇帝亨利三世任命具有改革派思想的主教出任教皇开始，主张改革便成为继任教皇的主要任务。最重要的一个改革措施是于1059年颁布的关于教皇选举的敕令，根据该敕令，提名新教皇候选人的权力只属于枢机主教，世俗权贵将不再拥有该项权力。格列高利七世（1073—1085年）担任教皇期间，教会改革运动取得了重大的进展。格列高利认为教会的责任是在俗界创建“正当的秩序”，他不仅要求教士要独身并遵守服从原则，而且认为世俗的统治者也必须听命于自己，帮助他改革世界并向世界布道。

---

1 安妮·弗里门特．信仰时代［M］．刘毅，译．北京：中国言实出版社，2004：36.

2 沈敏华，程栋．十字军东征［M］．上海：上海书店出版社，2009：14－16.

格里高利七世的继承者们都专心致力于实现教皇至尊这一目标，他们的手段主要是强化教会法律及行政管理。在教皇的指导下，基督教会在 12 世纪基本形成了教会法。教会法不仅对教会有关教士的各种判例，而且对结婚、继承、寡妇和孤儿的权利等各种问题都做了权限上的规定。教廷发展为比当时绝大多数世俗机构更先进的官僚机构。这使教皇变得更富裕、更有权势、更强大。最后，教皇们通过更严密地控制主教选举，通过在罗马召集宗教会议，颁布法律，显示自己的领导地位，以此表明自己在教会内的权力。[1]

从 12 世纪到 16 世纪，教会受控于罗马教皇，中央集权使得普世教会的有效运行依赖于罗马教廷。从 1100 年起，整个西部教会都史无前例地感受到罗马教廷的权势，被各级教会奉为权威的中央行政机构的建立，在 14 世纪达到顶峰。在属灵事务上，教皇作为圣彼得的继承人，是信仰传播的指导者和监督者，在教会内部，教皇是教会的头脑，教会的权力经由教皇通过教阶制逐级向下渗透。在教会的各级地方组织之外，教皇在地方上也有自己的代理人，他们被称为教皇的使节。“基于早期经验与先例而改进并建立起来的教皇使节制度，在 13 世纪已发展成熟。它使得教皇可以深入地方，并有某种程度的直接控制。教皇使节的地位高于一切地方教会当局，俨然一方教皇，有权推行被认为是必要的任何改革。”[2] 教皇在教俗两界的超高权威是基督教在整个西方世界兴盛的一个真实写照，而基督教的勃兴表现在很多方面，渗透到各个阶层生活的方方面面。

教权与王权之争

在基督教的早期发展过程中，并不存在教权与王权之间的权力争夺，当基督教成为欧洲的统治力量时，教会的统治者教皇与世俗统治者国王之间的权力冲突才开始显现。教权与王权之争的核心是世俗主教的叙任权的归属问题，这一斗争的表象是教皇与君主究竟谁服从谁的问题，但实质却事关权力

1　罗伯特·勒纳，斯坦迪什·米查姆，爱德华·伯恩斯. 西方文明史：I［M］. 王觉非，等译. 北京：中国青年出版社，2003：323.

2　罗伯特·斯旺森. 欧洲的宗教与虔诚 1215—1515［M］. 龙秀清，张日元，译. 上海：上海三联书店，2012：52.

及现实利益的争夺。在中世纪后期，西欧的封建制很发达，主教们也拥有大片的领地，并因此而附属于某位国王，他们在行使神职的同时也拥有世俗方面的权力，具有世俗和神职的双重身份。根据“君权神授”的理论，西欧各国君主的权力来源于上帝的授予，同时也因此而具有神圣性，君王既是世俗王权的代表，也是基督教群体的领袖。这种政教不分的状况，从 11 世纪开始有所变化。在教皇格列高利七世时期，格列高利与神圣罗马帝国皇帝亨利四世的斗争是中世纪政教冲突的高峰。

格列高利与亨利四世之争的导火索是对米兰大主教的任命。米兰大主教管辖的区域是教皇国与德意志之间的过渡地带，教皇与帝王均任命自己中意的人为米兰大主教，由此激化了双方的矛盾。教皇与皇帝在争斗的过程中，彼此对权力的掌控将直接决定斗争的胜负。教皇格列高利能够用以进行攻击的手段，主要是对皇帝进行绝罚，即革除亨利四世的教籍，废除他拥有的神圣权力，同时挑动亨利治下的离心贵族进行反叛。然而，世俗君主在面对教皇的绝罚及挑拨时，也有应对措施，即向教皇表示臣服的同时整肃内部的异己分子，待实力强大后便对教皇进行反扑。在格列高利与亨利之间便上演着这种斗争的戏码，你来我往，反反复复。1075 年，格列高利七世发布《教皇敕令》27 条，宣称：“唯有教皇一人具有任免主教的权力”“一切君王应该亲吻教皇的脚”“教皇有权废黜皇帝”“教皇有权解除人民对邪恶的统治者效忠的誓约”“教皇可以命令臣民控告他们的统治者”“罗马教会从未犯过错误，也永远不会犯错误”……格列高利七世的努力，大大加强了对整个教会的中央集权统治，巩固了教皇的权威。[1] 同年，格列高利在罗马召开的宗教会议上，以买卖圣职罪开除了亨利四世的五位近臣，并罚没了他们的教产。自此，教皇与皇帝的斗争日趋白热化，此后，两人既进行唇枪舌剑的人身攻击和相互诋毁，也在进行明争暗斗的实力较量和真正战斗，其间在历史上留有盛名的是“卡诺沙事件”。1076 年 2 月，教皇颁布法令对德皇亨利四世处以最严厉的绝罚，随之德意志国内也出现了多方反叛的势力。同年 10 月，德意志的诸侯和贵族向皇帝递交了最后通牒，要求他必须在一年内恢复

1　王美秀，段琦，等. 基督教史［M］. 南京：江苏人民出版社，2006：83.

教籍，否则将废黜其皇位。孤立无援的亨利四世只能祈求教皇的原谅，但格列高利却对亨利的悔罪置之不理。在最后限期日益临近之际，亨利四世巧施苦肉计，在严寒隆冬时节，身披悔罪的麻衣且蓬头赤足站立在教皇入住的卡诺沙城堡的内庭，足足三天。避而不见的教皇也经不住这般乞求，在旁人的劝说下，格列高利于第四天接见了这位负荆请罪的皇帝，在亨利四世的一番悔罪言辞后，教皇宽恕了他，并恢复了他的教籍。人们通常把“卡诺沙事件”作为教皇盛世的标志，而“到卡诺沙去”这一历史典故却成为“屈辱投降”的代名词。[1] 然而，格列高利与亨利四世的斗争并没有结束，渡过难关的亨利四世开始在国内争夺权力。因为对政治形势的判断失误，格列高利扶植亨利四世的政敌以立新的皇帝。然而风云突变，亨利四世最终赢得了德意志的内斗，形势得以反转，接着上演的戏码何其相似，亨利四世主导的宗教会议废黜了教皇格列高利七世，选举了新的教皇克莱门特三世（1080—1100 年在位）。虽然做了最后的努力，教皇格列高利七世仍然难挽败局，于 1085 年郁愤而终。

教皇与德意志皇帝对主教续任权的争夺，并没有在格列高利七世与亨利四世的争斗中落下帷幕，为这一斗争画上句号的是《沃尔姆斯协定》。1122 年，教皇与德意志皇帝亨利五世在沃尔姆斯达成协定，即德意志的主教和修道院院长不再由皇帝任命，而是按照教会法规，由教士组成的选举会议推选；在德意志选举主教时，须在皇帝或其代表在场的情况下进行；选举中如有意见分歧，皇帝有权与大主教或邻近地区的主教们协商裁决。德意志主教授任时，首先由皇帝授予以节杖为象征的世俗职权；然后由罗马教皇授予以权戒和牧杖为标志的宗教权力。在意大利和勃艮第等地，授予主教世俗权的仪式应在授予宗教权之后的 6 个月举行，主教续任统归教皇掌握，皇帝不能干预。[2] 一个划分权力的协定，只能在一定时段内维持教皇与皇帝之间的和平，两者间的斗争始终是主要形态。1152 年，随着霍亨斯陶芬家族的弗里德里希·巴巴罗沙登上帝位，神圣罗马帝国的皇帝对宗教事务的控制达到了一

1　刘明翰．罗马教皇列传［M］．北京：人民出版社，2013：49.

2　游斌．基督教史纲［M］．北京：北京大学出版社，2010：168－169.

个顶点，在12世纪后半叶王权与教权的斗争中，教权处于明显的下风。直到1198年，教皇英诺森三世（1198—1216年在位）才扭转了这一局势。1197年，德皇亨利六世去世后，德意志的政局再次陷入混乱。英诺森三世即位后便积极插手德意志内政，并挑起内战。然后以皇位应由教皇授予为名，在皇位斗争中渔利。在教皇与皇帝的权力争夺中，经过反复的博弈，皇权终不敌教权，最后以教皇英诺森三世扶植的傀儡皇帝腓特烈二世上台而告终。

英诺森三世自称“万王之王、万主之主”，在他的任内，罗马教皇的权势达到了顶峰。英诺森三世不仅在与世俗王权的争斗中完全占据上风，而且在教会内部也是独揽大权。为了替自己的强势与专权寻求神圣性，他大肆宣传“教皇权力至上”的理论，并为此理论制造法律依据。在英诺森三世之前，教会便存在“双剑”（亦被译为两把剑）理论，即通过福音书中的话语得出教会有“双剑”，即属灵的权柄和属世的权柄，这两种权柄都由教会掌握。而且，一柄剑要置于另一柄剑之后，即属世的权柄要服从于属灵的权柄。英诺森三世对“双剑”理论的阐释是，教皇亲自掌握神权这把剑，而且通过对君王的加冕，暂时把政权之剑交给君王掌管。为了进一步加强教皇的权威，英诺森三世还提出了“太阳和月亮”的理论，即“教皇和国王，犹如太阳和月亮，月亮从太阳处借得了光辉，国王从教皇手中获得了权力”。至于原来关于俗权和神权都属于耶稣基督的说法，英诺森三世表示教皇是基督在世间的代表，位于上帝之下，万人之上，所以属灵和属世的权柄都由教皇掌控，世俗国王因教皇的授予才获得了属世的权力。在与所有世俗国王的斗争中，英诺森三世游刃有余地施展着属世的最高权柄，即使远在欧陆之外的不列颠也难逃干预。

英诺森三世与英格兰国王的争斗亦起因于对大主教续任权的争夺。1205年，英格兰坎特伯雷大主教去世，英王约翰（1199—1216年在位）任命自己的亲信出任该职。教皇英诺森三世宣布该项任命无效，并于1207年派遣在自己手下工作多年的英格兰神甫斯蒂芬·兰顿赴任。作为反制措施，约翰不仅拒绝兰顿入境，而且下令没收大主教及听命于教皇的修道院的财产，把效忠教皇及老弱的修士遣返欧洲大陆。约翰的反制措施彻底激怒了英诺森三世，教皇开始运用一切手段制裁英格兰国王。首先，英诺森三世于1208年3

月下令停止罗马教会在英格兰的所有宗教活动。次年 10 月，教皇又宣布革除约翰的教籍。其次，在行使教皇传统的绝罚后，英诺森三世也在背地里玩弄权谋，利用自己的政治影响力置英格兰国王约翰于绝境。一方面，教皇鼓动英格兰的贵族反叛；另一方面，教皇唆使英格兰的宿敌法兰西国王对约翰在欧洲大陆的属地进行占领。在内外交困的形势下，英格兰国王约翰不得不屈服。1213 年 4 月，约翰不仅接受兰顿为坎特伯雷大主教，退回没收的教产，赔偿教会的损失，而且还向罗马教廷每年多交 700 镑的年贡，以教皇的附庸自称，宣布英格兰是教皇的领地。[1] 不仅德皇和英王在英诺森三世的股掌之中，即使是法王也难脱教皇的干预。法王腓力二世因要求离婚得不到批准，遂决定与教廷对抗。英诺森三世同样通过绝罚等手段对付法王，最终逼迫腓力二世俯首称臣。通过软硬兼施的谋略和手段，教皇英诺森三世控制了西欧和中欧的绝大部分国家，成为名副其实的欧洲霸主。

英诺森三世不仅在与世俗国王的争斗中取得了胜利，宣示了自己对属世权柄的掌控，而且对罗马教会的控制也达到了极致，同样宣示了教皇拥有属灵权柄。英诺森三世一方面扩大教皇的宫廷机构，向各地派遣教皇特使行使监督职能；另一方面加强教皇在主教选举中的最终裁决权，把对教会内部高级职位的任免权牢牢掌控在手中。通过这些手段，西欧的罗马教会成为在教皇治下的严密体系。英诺森三世在 1215 年召开了第四次拉特兰公会，对教会体制和礼仪进行了全面的规范。“这次公会议可谓尼西亚会议之后最重要的一次公会议，使罗马公教成为一个成熟、系统、清晰而又全面的宗教体系，使西欧有了一个统一而又清晰的宗教身份。”[2] 为了提高教会的威信、扩大传教和压制异端，英诺森三世在任内还批准并支持了两个修道会的发展，这两个修道会分别是方济各会和多明我会。对教义的纯洁性，英诺森三世也有严格的规定，对异端大加鞭挞。一方面通过遍布西欧的宗教裁判所对异端思想进行管控和打击，另一方面组织了第四次十字军东征，攻击东正教和伊斯兰教，削弱异教的影响。

1　刘明翰．罗马教皇列传［M］．北京：人民出版社，2013：69－70．

2　游斌．基督教史纲［M］．北京：北京大学出版社，2010：196．

英诺森三世之后的教皇已不再拥有彼时的巨大权势，而且这种权势的衰落呈不可阻挡之势。14 世纪初，法王腓力四世与教皇卜尼法斯八世的斗争是教皇权力衰落的标志。从 13 世纪后期开始，传统的分封制开始瓦解，西欧各国的民族国家意识日益增强，国王的权力也得到了加强。在这种背景下，教皇已很难和国王抗衡，与以前作为个人的国王不同，现在的国王代表的是一个国家，而教皇代表的罗马教会却是外部势力，很难获得民众的普遍支持。教皇卜尼法斯八世（1294—1303 年在位）没有认识到时局的改变，试图恢复英诺森三世时期的荣光，结果以悲惨的下场收尾。卜尼法斯八世的悲惨结局起因于与法王腓力四世的斗争，双方矛盾的触发点是征税。1295 年，因与英格兰战争的持续，法王腓力四世急需大量的金钱以填补巨额的战争开支，扩大征税范围便成为题中之意。法王胆敢向拥有免税特权的教会征税，引起了教皇卜尼法斯八世的强烈反制。教皇在 1296 年 2 月颁发了《教俗敕谕》，宣称教会一向拥有至上权力，任何人未经教皇同意，无权向教职人员征税，凡违背此谕而向教会征税或交税者，一律受“绝罚”，革除教籍。[1]对于教皇的出招，法王也狠狠地予以回击。在同年 8 月，腓力四世下令禁止法兰西的金银货币出境，并且驱逐教皇手下的教会官员。教皇继续重申自己的圣谕，法王不仅置若罔闻，而且到处揭露卜尼法斯八世曾犯下的罪行，教皇的政敌也乘机发难。在内外交困的形势下，卜尼法斯不得不做出让步，于 1297 年 7 月发表妥协声明，不再禁止法王向法兰西教会征税。教皇与法王之间的争斗经过短暂的停歇后，两者间的纷争再起。法王通过支持教皇的政敌意大利的科伦纳家族，进行颠覆教皇的图谋，教皇针锋相对地连发谕令责罚法王。在双方的骂战中，法兰西于 1302 年 5 月召开了首次三级会议，全国三个等级的代表与会批判教皇的滥用职权。倔强的卜尼法斯仍抱着“神权至上”的观念不放，与拥有整个国家做后盾的法王死磕，结果被法王支持的政敌从宫邸劫走，经受了百般凌辱和虐待，后虽被救逃脱，不久便郁闷而终。有人评价贝尼法斯八世，“爬上教皇宝座时像只狐狸，统治时像头狮子，最后死时像一条狗”。这一评价比较形象，然而此时的教皇已很难像狮子一样

1　刘明翰. 罗马教皇列传［M］. 北京：人民出版社，2013：85 – 86.

统治了，充其量是一只没有牙的狮子。

教皇卜尼法斯八世受到的凌辱与德皇在“卡诺沙事件”中受到的羞辱形成鲜明的对照，只是彼时的皇帝与此时的教皇在位置上发生了变化，教权已经很难左右王权。这一斗争的结局与当事人的才干和策略不无关系，但关键的要素是时代已经发生了变化。在14世纪初，欧洲出现了一批具有民族主义色彩的著作，如意大利著名诗人但丁在《论帝制》一书中认为，王权与教权都直接来源于上帝，王权是人类追求现世幸福的必需，教权是引领人们得到永生幸福的保障，两者都必不可少，也不应彼此干预对方的职权。有整个王国做后盾的国王，在民族意识上升的时代，很容易超越具有外来者形象的教皇。教皇贝尼法斯八世死后，经过只任职一年的本笃十一世之后，时任法兰西波尔多大主教的博特朗·戈特当选为教皇，新教皇的名号是克莱门特五世（1305—1314年在位）。克莱门特五世上台后，便把教廷迁往意大利北部小镇阿维农，由此开启了教会史上为期72年的“阿维农之囚”（1305—1377年）时期。

“阿维农之囚”亦被称为“教皇的巴比伦之囚”，是借用了《圣经·旧约》中以色列人被掳掠至巴比伦的典故，这一时期的教皇受制于法王，且两个时期的时间均为70多年，故有此说法。阿维农紧邻法王的领地，被法王扶植上台的克莱门特五世想靠近自己的家乡，或者害怕意大利及罗马人民的反对，所以把教皇的驻地迁往了法王的势力范围。克莱门特五世在阿维农建立教廷后，在枢机主教团中增加了9名法兰西人，这些人都是教皇的亲信。为了取悦法王，教皇克莱门特不仅取消了前任贝尼法斯八世发布的责罚法王的历次通谕，而且发布《荣耀君王》的圣谕，宣称世俗国王由上帝直接设立。教皇一方面美化法王的统治，另一方面授予法王向教会财产征税的权力，完全沦为法王的傀儡。阿维农时期的七任教皇仍以其他世俗王国最高统治者自居，并不时干预各王国的世俗事务，但他们拥有的实际影响力已经大大降低，教廷也不时被其他世俗国王干预。教权在这一时期急遽衰落，除了受制于法国王权外，教廷自身的腐化堕落也是原因之一。教皇在阿维农建立了一个庞大的奢侈王国，随之产生的是一个巨大的盘剥机构，历任教皇不仅出卖圣职，而且通过兜售赎罪券和贩卖“圣物”敛财。教皇个人的道德品质和私生活也广受诟病，拥有众多私生子已是世人皆知的秘密。作为基督教教会核心的教廷腐败堕落到如此境地，整个教会的情况就可想而知了。

教廷迁至阿维农后，教皇对教皇国的控制远不如前，许多教产也落入贵族之手。为了维持教廷的庞大开支，教皇除了加重“什一税”外，还巧立名目设立各种苛捐杂税，增加对意大利民众的盘剥。负担不起这种重压的民众揭竿而起，意大利北部和中部均出现了反对教廷的农民起义。为了镇压意大利人民的反抗，教皇格列高利十一世在 1377 年把教廷迁回了罗马，至此，教皇的“阿维农之囚”时代宣告结束。次年教皇格列高利在动乱中死去，枢机主教团中的法兰西人希望把教廷再次迁往阿维农，因罗马民众的反对而未能成行。在罗马民众的压力下，法兰西人占据多数的枢机主教团被迫选举意大利人出任教皇一职，即乌尔班六世（1378—1389 年在位）。四个月后，枢机主教团声称之前受暴民胁迫，推翻了此次教皇选举，重新选举法兰西人出任教皇一职，称克雷芒七世（1378—1394 年在位）。克雷芒七世不敢待在罗马，重回阿维农建立教廷，而乌尔班六世拒不退位，在罗马继续维持教廷。于是，罗马公教会的历史上，第一次由同一个枢机主教团选出两位教皇，而且两者形成了并立及对峙的局面。两位教皇都自称正统，指责对方为“伪教皇”，并且都建立了各自的枢机主教团及教廷，相互开除教籍，甚至发展到兵戎相见的程度。两个教廷都在教会中行使权力，并向民众征收赋税。为了维持自身的权威，两位教皇积极争取世俗王国的支持，与分裂的教廷一样，西欧国家也分裂成两个敌对阵营，支持罗马教廷的地区主要有意大利北部和中部、德意志的大部、英格兰、波兰、北欧等，而阿维农教廷的支持者则是法兰西、西班牙、苏格兰和意大利南部王国。这些王国内的大学、修道院、神学家、主教、神甫等团体和人员，也追随国王选边站队，支持各自阵营的教皇。

教廷的分裂，严重损害了教会在欧洲大陆的威信，而且导致欧洲世俗王国内部的混乱和彼此间的对立。从 14 世纪末开始，呼吁结束教廷分裂的声音日甚，世俗国王也在为统一教廷而努力。1396 年，英法两国签订《加莱协约》，主张两个教皇同时退位，两年后德法也签订了类似的协议，但两个教皇都以对方先退位为由拒不退位。因时局的变化，两位教皇的支持者逐渐减少。1409 年，在法兰西的推动下，欧洲的世俗君主及两个枢机主教团召开了寻求结束教廷分裂的比萨会议，在此次会议上宣布宗教会议拥有废立教皇的权力。随后两个教皇都被以异端罪予以废黜，亚历山大五世（1409—1410 年在位）被选为新的教皇，也称为比萨教皇，全面管理教会事务。然而仍有一部分君主支持原来的两位教皇，导致三位教皇鼎足而立的局面，欧洲的基督教会更加分裂和混乱。1417 年，为了镇压风起云涌的农民起义，各国君主达成协议，同时废黜了三位教皇，重新选举意大利教士奥托・科隆纳为教皇，即马丁五世（1417—1431 年在位）。至此，从 1378 年开始的西方教会的大分裂时期宣告结束。

王权与教权的斗争是中世纪基督教昌盛的一个标志，教权在教皇英诺森三世时期达到顶峰后，便开始进入下行轨道。教皇贝尼法斯八世的受辱事件是教皇权威衰落的标志，此后的“阿维农之囚”及“西方教会的大分裂”时期均是教权衰落时期。即使 1417 年教皇的权位得到复归，教权也永远无法超越王权。教权的兴衰是整个教会及基督教信仰兴衰的晴雨表，经过中世纪盛极而衰的过程，基督教的影响逐渐归于平淡。

第二节　中世纪的宗教生活与文化

基督教徒的宗教生活

基督教在中世纪成为欧洲人的主导信仰，基督教教会及信仰渗入了人类生活的方方面面。如果达到基督教教会制定的思想及行为要求，并力求完成此世的朝圣之旅，那么中世纪基督徒的几乎全部生活都包含宗教意义。中世纪的人群可以简单地分为教士、贵族及平民三个阶层，教士是整个基督教社会的大脑部分，为整个世界的运行提供精神指导和行为规范。作为模范的教士阶层的宗教生活也是内容最为丰富，规范最为严格的，他们的宗教生活完全由教会做出规定。中世纪教会的礼拜活动有三种主要形式，分别是日课、周课和年课。日课是规范教士阶层日常宗教生活的礼拜活动，其主要内容是进行一系列的祈祷和读经活动。作为教会内部培养教士及主教等宗教人才的灵修主体——修道院对日课进行了细致的规定。日课开始于朝赞（最初于午夜举行，逐渐推迟到黎明），其后依次是早课、晨祷、三时经、午祷、午后祷、晚课及宵祷。日课通过吟唱赞美诗和读经来赞颂神和冥想神的道，每天吟唱和读经的内容都不相同，一般会用一年的时间读完整部《圣经》，而赞美诗也会按一定的周期进行轮唱。修道士或献身于隐修的人需遵守严格的日课规范，世俗教士也会在教堂举行类似日课的祈祷和读经活动。部分虔诚的信徒可以去教堂或在自家的私人礼拜堂内进行祈祷和读经，而教堂预告日课的钟声为想要做祷告的人做了提示。

周课是指在一周内，有几个特殊的日子将举行一定的仪式，同样，年课也是指一年内将对特殊的节日举行崇拜仪式。根据《圣经·旧约》中的

《创世纪》，上帝用六天时间创造了万物，在第七日休息。犹太教据此定每七日为一周，第七日为安息日，即上帝所订立的休息日，时间是每周五日落到周六日落。基督教产生后，根据耶稣在周日复活的传说，将安息日改在周日，即把七日的第一日定为“礼拜日”（主日），这一划分方法一直沿用至今。主日是教会节期中的重要环节，一周中除了主日，其他的日子称为平日。平日的宗教礼仪有周三、周五及周六的守斋，周三守斋源于耶稣在此日被出卖的传说，周五守斋是因为耶稣在此日被钉十字架，周六是为了铭记因耶稣被埋在坟墓而带来的忧伤。[1] 一个礼拜内举行的节日崇拜有轻重之分，礼拜三的重要性要逊于礼拜五，礼拜六在有些地区的崇拜内容并不相同，有的地方在礼拜六供奉圣母玛利亚，并举行各种弥撒庆典。周日是一周中最重要的礼拜日，这一天专门用来敬奉上帝。每个堂区教堂都会举行一系列完整的仪式活动，除极其特殊的情况外，所有劳作与交易都必须停止，娱乐活动也被禁止。周日的礼拜亦被称为主日崇拜，这一天教徒们必须心怀虔诚，衣履整洁地步入教堂参加礼拜活动，由牧师主持的礼拜仪式拥有固定的程序，主要包括祈祷、唱赞美诗、读经、讲道和祝福等内容。礼拜日既是上帝创造宇宙的纪念日，也是耶稣基督复活的日子，基督徒在这一天举行重要的礼拜活动，既是对一周信仰生活的坚固，也是为新的一周奠定美好的开端。

基督教的年课包含丰富的内容，其中有圣诞节和复活节两个重要的宗教节期，还有很多重要的宗教节日。依照基督教的传统，在不同的宗教节期和节日将举行不同的礼拜仪式。杜尔干在《宗教生活的初级形式》一书中，将全部宗教现象归结为信仰和礼仪两大范畴，信仰是信念状态，而礼仪是行动方式，内在的信仰必须通过外在的礼仪才能得到体现和巩固。基督教的两大宗教节期——圣诞节期和复活节期分别与耶稣基督在尘世的“生”与“死”密切相关。这一用以强化宗教意识的宗教节期中的两大节日，逐渐演变成为西方的节日庆典。在现代的西方基督教国家，圣诞节和复活节都是法定的公共假期。圣诞节是为了纪念救世主耶稣的降生。直到耶稣去世 100 年左右，才有基督徒开始纪念耶稣的降生，《圣经》中并没有关于耶稣诞生时间的确

1　康志杰．基督教的礼仪节日［M］．北京：宗教文化出版社，2000：140.

切记载，各地信徒庆祝耶稣降生的日期也不尽相同。336 年，罗马城的基督徒率先把太阳神阿波罗的生日（12 月 25 日）改为耶稣的诞辰予以庆祝，直到 440 年，罗马主教正式宣布 12 月 25 日为耶稣圣诞节，这一日期被基督教世界一直沿用至今。圣诞节的主题是耶稣的诞生，通常以音乐的方式进行庆祝。圣诞节的前一天晚上被称为圣诞夜，或平安夜，有些地方的教会组织圣诗班从午夜开始向每一家唱圣诞颂歌，类似当初天使向牧羊人报告耶稣降生的佳音。在圣诞节期内，还有其他一系列的宗教节日。圣诞节期的第一部分是耶稣降临节，即从圣诞日前四个星期的礼拜日开始，一直持续到圣诞夜，设置这一节日的目的是为即将到来的圣诞日做准备。圣诞节期的第二部分便是圣诞节，也是这一节期最重要的节日。基督徒必须出席圣诞节期的宗教活动，这是教会强制性的要求，拒绝出席者将受到教会法庭的惩治。[1]

复活节是为了纪念耶稣死后的复活，被广泛地看作是基督教年历中最重要的节日。这个节日的重要性是其宗教意义，首先它肯定了耶稣的身份是复活的救主，其次它肯定了基督徒的盼望，即基督徒将从死里复活这个基本信念，并因此不再害怕死亡。[2] 复活节的日期不固定，在 325 年召开的尼西亚公会议上，复活节的日期被定在每年春分月圆之后的第一个星期日（一般在 3 月 21 日至 4 月 25 日之间）。在复活节期间，所有的教堂都会举行隆重的崇拜活动，同时还会为新入教的信徒举行洗礼仪式。之所以把洗礼安排在这一天，就是为了通过耶稣的死而复活来象征受洗者已经从黑暗走向光明，从死亡走向新生。复活节期间的庆祝方式多种多样，比较流行的方式是相互赠送复活节彩蛋。这一发端于 12 世纪的庆祝形式一直保留至今。以复活节为中心形成的宗教节期，前后持续了很长时间。漫长的复活节期，以为期 40 天的"封斋期"作为开端，经过复活节后，结束于持续 40 天的"耶稣复活季"。之所以把斋期定为 40 天，是根据耶稣在正式传道前，于荒漠旷野斋戒了 40 天，并经受住了魔鬼的多次试探。封斋期也称为"四旬节"，起始日期是复活节前的第七个星期三，即"圣灰节"，期间共有 46 天，除去无需斋戒

1　刘城. 中世纪西欧基督教文化环境中"人"的生存状态研究［M］. 北京：北京师范大学出版社，2012：141.

2　麦格拉思. 基督教概论［M］. 马树林，孙毅，译. 北京：北京大学出版社，2003：395.

的 6 个主日，共有 40 天的斋戒日。在《圣经・旧约》中便提及人们通过把灰撒在自己的头发和衣服上，借以表达懊悔和悔改的态度。中世纪的圣灰节便是在教士和人们身上撒灰，以表示认罪和悔改，之后这一做法逐渐改为由教会把棕树的叶子烧成灰，再用这些灰在基督徒的额头上画十字。由圣灰节开始的封斋期是举行忏悔的日子，也是悔罪苦行的季节。在此期间，所有基督徒均不得参与婚庆和娱乐活动，也不能穿着过于艳丽的服饰，只能通过斋戒、施舍和灵修等方式来认罪悔改，直到耶稣死而复活的那一天为止。封斋期结束前的最后一个周日是“棕枝主日”，为了纪念耶稣受难前最后一次进入耶路撒冷的日子，基督徒在这一天手持棕树枝，唱着赞美诗进行巡游。封斋期的最后一个星期被称为“圣周”，周五是耶稣的“受难日”，为了纪念耶稣为拯救人类而遇难，教会将举行以耶稣受难的象征物——十字架为中心的敬拜活动。复活节前夜是整个复活节期中最为重要的时刻，其活动高潮是在子夜时分举行盛大的宗教仪式，其中包括点燃象征光明的复活节蜡烛。经过斋戒期间的悔罪及耶稣受难日的悲痛，基督徒在复活节期间分享到了耶稣复活的喜悦之情。从耶稣复活日开始，是持续 40 天的“耶稣复活季”。根据《圣经・新约》中福音书的记载，耶稣复活后 40 日升天。复活节期的最后一天是“升天节”，在这一天举行宗教仪式是为了纪念耶稣返回天堂。

除了圣诞节和复活节两大节期外，基督教还有其他重要的节日，如“圣灵降临节”“三一节”“万灵节”等。“圣灵降临节”也称“五旬节”，即在复活节后的第 50 天，升天节之后的 10 天，纪念上帝的圣灵在这一天降临到众使徒的身上，及基督教会诞生。五旬节是基督教年历中十分重要的节日，在传统中被视为仅次于复活节的节日。三一节是基督教年历中最后一个主要节日，是为了庆祝基督教三位一体的教义。这一节日的形成时间比较晚，直到中世纪才开始被敬拜，1334 年教皇若望二十二世确立它为主要节日。

在庆祝宗教节日和举行重要礼拜的间隙，一些教堂也会增加简单的戏剧表演。这些戏剧的内容大多取材《圣经》中的故事，目的是为了强化基督徒对教义的认识及对宗教节期的理解。“巩固和加强那些无知的民众和新教徒的宗教信仰”，成为宗教性戏剧演出的一贯宗旨。在欧洲的中世纪，民众读写能力的普及率很低。在文盲为主流的社会，利用戏剧表演来传递基督教信息，灌输宗教信仰成为中世纪教会的宣教手段之一。宗教戏剧最初是从礼拜仪式剧开始，通常以复活节的庆典为展示的中心，表演的内容主要是耶稣的受难及复活的过程。圣诞节和主显节的戏剧表演相对稍迟一点，其表演的内容和形式更加成熟。负责准备戏剧的教士，明显存在借戏剧布道的目的。除了再现《圣经》故事的戏剧外，还存在专门性的教义戏剧及道德感化剧。教义剧表现的是信仰的具体方面，感化剧是对信徒品质及生活规范的说教。这些宗教剧目主要表现的是耶稣为清洗人类犯下的罪恶而受难，人类在受到诱惑后的堕落，及依赖神而战胜自身的欲念，并摆脱罪孽的钳制，最终得到救赎。对许多观众来说，戏剧无疑是一种娱乐而非宗教指导。戏剧是作为娱乐而成长起来的，它的世俗化在所难免。然而，即使娱乐也包括与传递某种宗教信息，或强化已有的教义宣讲意识。[1]

在时间的长河中，基督教会在年月日的时间刻度上都准备了丰盛的宗教礼拜，以坚固基督徒的信仰；在生命的年轮中，基督教会更是为信徒规划了从摇篮到坟墓的宗教仪式，以规范基督徒的生活。基督教会行使的七项圣礼中，除了“圣职授职礼”是为特定的教士群体制定外，其他六项宗教仪式针对的主要是普通信徒，这六项仪式分别是：洗礼、坚振礼、忏悔礼、圣餐礼、婚礼和终傅礼。当然，除了婚礼外，教士群体也要接受其他几项圣礼。对一般的基督徒来说，洗礼、婚礼和终傅礼是教会为他们从出生到死亡过程中的重要节点定下的宗教礼仪，而坚振礼、圣餐礼和忏悔礼是为了坚固信徒的信仰而贯穿其一生的重要宗教圣礼。

洗礼也称“浸礼”，是基督徒在尘世生活中接受的第一项宗教仪式，也是成为基督徒的标志性圣礼。在《圣经·新约》中，浸礼最初是指施洗约翰在约旦河中施的洗，它是一种悔改的记号。耶稣也受过约翰的洗礼。对基督徒来说，浸礼的必要性部分地来自于复活的基督对门徒的命令，即要求他们以圣父圣子圣灵的名义给人们施洗。在《圣约·新约》中，浸礼被看作是成为教会成员的条件和标志。……在保罗的书信中，浸礼被确认为是这样一种

1　罗伯特·斯旺森. 欧洲的宗教与虔诚［M］. 龙秀清，张日元，译. 上海：上海三联书店，2012：87－90.

实践，如果用神学的名词来表达的话，就是与基督同死同复活。[1] 洗礼最初针对的是成年人，从公元2世纪末开始流行为婴儿施洗。为婴儿施洗，是为了洗去人类先祖犯下的原罪，人们相信未在尘世犯下新罪的婴儿，只要受洗便可以在不幸夭折后进入天堂。中世纪的生存条件很恶劣，婴儿的存活率很低，父母都希望为自己的孩子尽早举行洗礼，早早地为他们的今生或来世安排好路径。经过婴儿时期的受洗，中世纪的欧洲人基本上从出生便成为基督教的信徒，等成年后，基督教为信徒的婚姻也做出了训诫和礼仪安排。在基督教主导的中世纪，婚姻的缔结和维持同样属于宗教的范畴。男女之间缔结婚姻既是为了履行为上帝繁衍儿女的义务，也是为了互助互爱，在以家庭为单位的小团体内用自身的言行感染子女，为上帝培养合格的信徒。在基督教的信仰中，婚姻被认为是一种自然的、契约的和属灵的制度，要服从上帝的律法。经过长期的发展，到中世纪时婚礼已经成为教会规定的七项圣礼之一。婚礼被视为接受上帝恩典的途径之一，是基督徒必须履行的一项宗教义务。对教徒的婚姻加以管理成为教会的责任，除了宗教意义外，受到宗教思想辖制的婚姻也具有内在的益处，夫妻之间互敬互爱、彼此忠诚，繁衍后代、教育子女，及为人类的身体欲望找一个合理的限制框架，并避免双方的性犯罪。但宗教性的婚姻观也存在弊端，被赋予神圣色彩的婚姻不能随意地解除，婚姻下的情爱也被严格地禁锢。“维持信仰的最基本的环境就是家庭”，家庭在延续信仰方面的重要性不言而喻，基督教的教义及教会必然对事关家庭组建的婚姻加以规范和约束。从出生到婚配，再到生命的终结，人生中的三个重要阶段都有宗教礼仪的规范。基督教的洗礼、婚礼和终傅礼这三项在人生重要阶段的圣礼，不仅需要教士主持并念诵特定的经文，而且有相应的礼仪形式。

终傅礼是基督徒在尘世生活即将结束时的最后一个圣礼，也是基督徒在尘世举行的最后一次祈祷，最后一次坚定信仰的宗教仪式。《新约全书》中记载的终傅礼有医治疾病、赦免罪恶两种功能，但医治疾病的功能越来越淡化，赦免罪恶的功能越来越加强。大约在10世纪时，医治疾病的功能已经

1　麦格拉思．基督教概论［M］．马树林，孙毅，译．北京：北京大学出版社，2003：379.

完全剥离出去，终傅礼成为专为临终之人举行的忏悔仪式。终傅礼是基督徒临终前最后一次赎罪的机会，其作用是赦免信徒在尘世犯下的全部罪恶，以便灵魂在离开尘世之后尽快进入天堂。[1] 在基督教的教义中，宣扬的也是善恶有报、灵魂不灭的观念。死亡并不是个体的最终归属，而是通往天堂或地狱的入口。为了能够进入天堂享受永世的福乐，避免沦落地狱遭受无止境的痛苦和折磨，基督徒在临终前都会尽可能地为自己积累善因。临终前请教士行使终傅礼是一种方法，通过遗嘱把财产赠送给教会或修道院，也是为了获得上帝的仁慈或圣徒的佑护。基督徒的葬礼只是一个告别仪式，是人生自诞生及婚姻延长线上的一个节点。基督徒的葬礼虽不是宗教上的圣事，但也需遵循一定的宗教仪式。基督徒的葬礼一律为土葬，教会通过强制性的手段统一了下葬方式，日耳曼民族的火葬习俗被当成异教行为而被严令禁止。基督徒的葬礼由教职人士按照一定的宗教礼仪主持，即将下葬的墓地也被祝圣过。墓地的位置很有讲究，教徒都希望埋在教堂内的墓地，以便更多地沐浴神恩。然而，理想的安葬地点需要一定的物质支撑，教堂的墓地是有偿提供的，而且根据具体位置和安葬人身份的不同而区别定价。

在欧洲的许多地区，原有的生活习俗和文化传统不可避免地融入了基督教，与基督教的各种制度并存。在宗教节期形成的过程中，也接受了不同民族和部落原有的传统节日，从而使宗教节期具有更加广泛的适应性。基督教在与死亡相关的葬礼及习俗方面也吸收并调和了当地原来的信仰方式。在较早接受基督教的地区，受教会宣扬信徒死后将进入天堂的影响，死者家属会在第一时间打开窗户，让亡灵进入天堂。在基督教普及较晚的东欧地区，相信亡灵会停留一段时间的原始信仰仍然存在，具有巫术色彩的禁忌也有残留。有些地区的人害怕亡灵继续留在家里，为了让亡灵离开，家人会把死者及其生前的物品一同下葬，并将与之有关的家具及家畜进行调整。如果不这样的话，人们相信死者的亡灵会留在物品中，家畜也会追随死者而亡。为了避免死者给活人带来危险，需要把死者的双眼和嘴巴合上。有的地方还会在

1　刘城．中世纪西欧基督教文化环境中“人”的生存状态研究［M］．北京：北京师范大学出版社，2012：127．

死者的嘴巴里放一枚银币，以此作为通往地府的路费。在死者入土安葬之前，邻居及朋友会到死者家中守夜。在中世纪初期，守夜是十分热闹和愉快的仪式。过程中不仅有守夜宴，还有歌舞表演，后因气氛过于热烈而被教会禁止。基督教世界的死亡及葬礼，既有浓重的基督教色彩，也有民间原始信仰的影子，两者存在矛盾的同时，也相互妥协及调和。有的地方相信死者的灵魂会在一定时间内回家告别，地区教会结合自身的教义把这个时间定为40天，于是在死者死后的第40日为其祈祷，这也是死者灵魂获得真正解放的仪式。[1]

教会除了在基督徒的人生重要阶段设置宗教圣礼外，也在基督徒的生命过程中设置了不断坚定信仰的圣礼仪式。受洗后的真正基督徒，面临的第一个坚定信仰的圣礼是坚振礼。坚振礼的神学含义是“圣灵的恩赐”，即以圣灵为中介持续不断地坚固对上帝的信仰。坚振礼作为圣事之一经过了历史的演进，在中世纪时成为基督徒的成年仪式。经过基督教教义初期培训的少年，通过坚振礼坚固了其在行洗礼时与上帝立下的誓约，从此成为宗教仪式上的合格参与者。圣餐礼是坚固信仰的又一个重要圣事，也是教会举行的最高规格的礼拜仪式。“如果说宗教信条把洗礼视为灵魂的再生，那么圣餐礼则是为再生的灵魂提供食物。”据福音书记载，耶稣在殉道前“最后的晚餐”上，从桌上拿起一块饼，用手掰开后分给门徒说：“你们拿着吃，这是我的身体。”接着又端起一杯葡萄酒，祝谢后，递给门徒说：“你们都喝这个，因为这是我立约的血，为多人流出来，使罪得赦。”（《马太福音》26章26—8节）拉丁基督教神学认为耶稣的行为，象征着以自己的身体拯救了人类，这里的“饼”象征着他为救赎人类而舍弃的身体，“酒”则寓意着他为此而流出的鲜血。在基督教的内部，关于圣餐礼的“化体”教义存在一定的争论，但是这一高规格的圣礼确实增加了信徒的蒙恩感。基督徒一生中最后一个重要的圣礼是忏悔礼。基督教神学把洗礼之后犯下的罪恶称为“个人之罪”，并且将此分成两类：一类是“可宽恕之罪”，即不经意间犯下的轻微罪，犯罪之人只要私下向上帝坦白，就可以得到宽恕；另一类是“必死之

1　阿部谨也．中世纪星空下［M］．李玉满，陈娴若，译．北京：三联书店，2011：76－82.

图2－1 圣餐礼

罪”，是个人在清醒的状态下刻意犯下的罪恶，这种罪恶只有向教会坦白并且通过苦行的方式忏悔，才能得到赦免。忏悔礼就是通过忏悔罪过寻求赎罪的途径。1439年佛罗伦斯宗教会议规定，完整的忏悔礼有三个步骤：第一个步骤是内心的痛悔，既对犯下的罪恶感到羞愧和悔恨，又担心上帝的责罚，并祈求上帝的赦免；第二个步骤是坦白罪恶，即把犯下的罪行用言语向司祭做坦白，并进行忏悔；第三个步骤是补偿，忏悔司祭根据罪恶程度做出判断，要求忏悔者履行某种方式的悔罪苦行（如祈祷、斋戒、施舍）。悔罪苦行的目的是对犯下的罪恶做出补偿，与上帝的意志和上帝的律法重新达成顺从与和解。在悔罪苦行结束之后，由忏悔司祭宣布对所犯罪恶的赦免。[1] 宗教会议把圣餐礼和忏悔礼联系在一起，犯下“必死之罪”的基督徒不能领圣餐，只有在行忏悔礼之后才能继续享有圣餐礼的权利。宗教会议还规定，教徒每年至少一次向堂区祭司行忏悔礼，有的地方教会还增加了教徒忏悔的次

1 刘城．中世纪西欧基督教文化环境中“人”的生存状态研究［M］．北京：北京师范大学出版社，2012：120.

数，定期实施忏悔成为基督徒必须履行的一项宗教义务。忏悔礼本身具有一定的社会功能：一方面，借助于忏悔礼可以使教徒定期进行道德上的反省，以达到约束其日常行为的目的；另一方面，忏悔礼又使触犯了道德规范的教徒有机会悔过自新，以求得到堂区居民的谅解，从而实现社区内的和解。如果说教会法庭是通过“他律”的手段调解社区矛盾，那么忏悔礼则是借助于自律的手段避免矛盾的产生。[1]

在基督教占主导的世纪，普通民众的世界被宗教仪式与宗教节日充满，从生命历程中的重要节点，到生活中的每一天，信仰被各种宗教礼拜加固，悔罪及赎罪的途径为易于犯罪的人类开辟了救赎的道路。宗教节期与宗教圣礼的发展有一个历史过程，直到 12 世纪才发展成熟且成为基督教的信仰中心。虽然社会中不同阶层对宗教生活的实践存在差异，但是教会仍为教徒的宗教生活做了详尽的规划，虔信的教徒也通过多种途径践行着自己的宗教虔诚。

民众表达宗教虔诚的方式

西方人对宗教的热情在第一次十字军东征中表现得淋漓尽致，即使后来的多次东征均以失败告终，中世纪西欧人的宗教热情仍然不减，并通过多种方式释放他们的虔诚信仰。中世纪有个俗语：“上帝把人类分成三类：农民、骑士和教士”，这就是当时社会上的三个主要等级。在教会人士的思想里，三个等级构成的社会结构与三位一体的教义相吻合，各个阶层都有自己的职责，这一切都是上帝的安排。神职人员负责人类的属灵需求，是社会的最高等级；以国王为首的世俗贵族负责征战与管理国家，属于第二阶层；最后一个阶层是劳苦大众，他们的任务是养活前两个阶层的人。不同阶层的人过着不同的宗教生活，教士阶层是整个基督教社会的宗教指导，他们的观念和行为对整个属灵世界的风气有着直接的影响。拥有统治权力的贵族阶层，可以享受到的信仰资源也相对更多。处于社会底层的普通百姓，只能盲目地寻求神灵的庇护，接受乡村教士及多种原始信仰的影响。不同阶层的人，不同的历史时期，信仰的表现形式和状态都有所不同。限于篇幅，下文将概括地介

1　刘城. 英国中世纪教会研究［M］. 北京：首都师范大学出版社，1996：229－230.

绍在中世纪时期，普通信徒如何表达自己的宗教情感和虔诚态度。

在中世纪早期，普通民众对世界的认识仍然处于蒙昧无知的状态，基督教教义宣扬的内容几乎是他们认识世界的全部。对那个时期的人们来说，世界就是上帝的力量无休止地对抗邪恶力量的战场，上帝等同于善，他的对立面是邪恶的魔鬼。自然灾害和超自然现象是魔鬼作祟或上帝对人类的惩罚，魔鬼无时不在引诱人类犯罪，引诱他们背弃对上帝的信仰。为了免受来自各方的伤害，信徒们会向万能的上帝祈求帮助，上帝也会赐恩于向他祷告的忠实信徒。事实上，人们更愿意把易于接近的圣徒作为中间人，请他代为向上帝祈求安康和寻求保护。在 12 世纪至 16 世纪，人与圣徒的关系是表达虔诚的一个重要途径。圣徒身份具有不同的职能，圣徒本身也服务于多种目的，根据他们所能提供的恩惠而被赋予不同的使命。圣徒最直接的功能是作为信徒的权威代求者，同时圣徒也具有政治功能和社会功能。在所有代求者中，神子耶稣基督的地位最高，其次便是圣母玛利亚。在几个世纪的时间内，大量的圣母像和圣母大教堂出现在欧洲的大地上。在不同的王国和地区，信徒会选择各自的圣徒作为保护神。英格兰的圣徒是圣大卫，而苏格兰的圣徒是圣安德鲁，这些不同的圣徒也是这些王国独特政治认同的构建者。对单一圣徒的崇拜可以为政治统治寻求合法性，进而通过维持政治秩序，达到促进国家统一的目的。除了政治功能外，圣徒们还具有更多的世俗价值。例如，行奇迹、治愈疾病、恢复残疾、寻找失物、防止火灾等等。由于被视为守护神与代求者，圣徒的职能使得他们在中世纪虔诚生活中无处不在。除激发虔诚行为外，他们也为其他活动提供了机会，如远足朝圣，纪念品生产，刺激神龛贸易，以及道德教化等。[1]

生前被视为圣徒的人，通常是因为他们践行苦修主义，对信仰极度虔诚并且出世隐修。人们对圣徒的认可或崇拜，是基于圣徒能够通过行神迹来显示其被上帝拣选。死亡是圣徒获得法力的转折点，很多圣徒去世后的葬礼成为引发信徒践行虔诚活动的朝圣之旅。圣徒死后，他们因虔诚修道和纯洁生

1　罗伯特·斯旺森. 欧洲的宗教与虔诚［M］. 龙秀清，张日元，译. 上海：上海三联书店，2012：156.

活而获得的声望将大为降低，人们转而祈求圣徒通过施展奇迹来显示自己的力量。奇迹是圣徒证明自己蒙恩于上帝，可以作为代求者求神施恩于其信众的明证。因为对奇迹的界定非常宽泛，留存下的奇迹记录非常庞杂。施行奇迹是一个普遍的现象，有些奇迹的认定比较片面，即使在当时得到广泛认可的奇迹，也可以用现代的科学进行解释，但这些并不能影响判断奇迹在中世纪信徒信仰中的重要性。圣徒能够施行奇迹，是其扩大及留住信徒的重要手段。一些生前为圣徒的人，如果在死后不能行奇迹，将很快失去原有的信众。信众为了换取圣徒的赐福，必须通过多种敬拜的方式来显示自己的虔诚和祈求。

在寻求圣徒拥有的代求力量时，圣物起到了非常大的作用。圣物的主要功能是帮助获取圣徒的力量，并协助信众向圣徒祈求代求。圣物通常是指与圣徒身体相关的遗物，如遗骸、头发、骨头等，宽泛地讲，包括所有与圣徒有关的物品。与耶稣有关的圣物不计其数，声称是钉死耶稣的真十字架的碎片数量庞大，为了避免对其有效性的争执，教会官方根据福音书中耶稣曾用五饼二鱼让5000人吃饱的奇迹，发展出真十字架自我复制的理论。与耶稣基督有关的圣物还有他受难时戴的荆棘冠，甚至有他的包皮和宝血。教堂是圣徒圣物的最大收藏地，一些王公贵族也会通过购买和掠夺的方式为自己搜刮圣物。同样的圣物可能在多地存在，在欧洲不同的地方供奉着多个施洗约翰的头颅，耶稣受难时的荆棘冠也有好几个，圣徒身后留下几具遗体的情况也不少见。当世上发现新的但已经存在的圣物时，并没有引起信众的疑虑与不安。圣物的真实性大多与虔诚无关，如同圣徒传奇一样，唯一重要的是圣物被视为真货而被接受，并因此具有真正的虔诚功能。[1] 对圣物的狂热崇拜，既产生了糊弄愚顽信众的圣物赝品，也导致了愚顽信众疯狂抢夺圣物的狂举。对圣物的饥渴常会产生令人震惊的暴行，“（德国）图灵根的圣伊丽莎白下葬之前，一群教徒用刀削用手撕她身上的裹尸布，割下了她的头发、指甲、耳朵甚至乳头。”[2] 圣徒在下葬时，被狂热的信徒撕成碎片的现象也偶

1　罗伯特·斯旺森. 欧洲的宗教与虔诚［M］. 龙秀清，张日元，译. 上海：上海三联书店，2012：171－172.

2　约翰·赫伊津哈. 中世纪的秋天：14世纪和15世纪法国与荷兰的生活、思想与艺术［M］. 何道宽，译. 桂林：广西师范大学出版社，2008：176－176.

有发生。对圣徒尸首的疯抢，不仅仅局限于愚顽的信众。中世纪著名的神学家托马斯·阿奎那在弗萨诺瓦修道院去世后，该修道院的修道士害怕失去他的遗骨，毫不犹豫地将他的尸体肢解、烹煮，以便能珍藏他的遗骨。圣物激增所显示出的圣徒崇拜也反映在丰富的圣像中，这些圣像有雕塑品、绘画及彩绘在玻璃上的圣经故事。教堂和礼拜堂布满了奉献给特殊圣徒的烛光和圣像，不仅在窗玻璃上，墙壁和其他家具上也会绘有圣徒的画像或完整的圣经故事。“传统认为，一切圣像的表现形式都是‘文盲之书’；它们本身没有力量，但有利于激发并反映虔诚”。圣像既可以起到宗教熏陶的作用，也是信众向圣徒寻求代求的一个途径。

除了耶稣基督和圣母玛利亚等早期圣徒外，在基督教的发展过程中产生了一大批圣徒，他们被封圣的缘由各异，具有的职能也不尽相同。与疾病相关的圣徒受到信众的普遍崇拜，圣安东尼与各种皮肤病有关，圣莫尔和痛风相关，还有很多圣徒与瘟疫有关。有些疾病就是以相关的圣徒名称命名，圣徒成为引起疾病的原因。这种看法的由来可能是圣徒作为向上帝祈求的中间人，也应作为上帝实施惩戒的经手人，同时，也不排除原始信仰中巫术理论的残余。圣徒致病的观念很普遍，由此带来的恐惧必然导致对圣徒的虔敬，在瘟疫流行时期更是如此。教会允许信徒崇拜圣徒及与其相关的圣物，是看重实在的物体可以增进宗教情感的效果，但对由此而引发的狂热迷信也会加以限制。在16世纪中期召开的特伦托会议上，教会废除了圣徒弥撒，就是消除信徒把圣徒当作符咒崇拜的危险。教会在对圣徒的认定上也具有一定的权威，教皇宣称只有自己才具有册封圣徒的权力。没有获得教会正式册封的圣徒不能拥有公开的崇拜，既不能在教堂里公开举行对他的崇拜仪式，也不会有隆重的纪念节日。信奉者只能在私下里对其进行敬拜，并祈求佑护。封圣程序的发展，使得圣徒身份的确认变得更加烦琐和漫长。封圣过程需要推荐者投入大量的时间、精力和金钱，除非存在幕后交易或政治考虑，一般的封圣不仅需要推荐者提出申请，教会当局还会对准圣徒进行烦琐的调查。封圣逐渐成为官僚化的行为，出身高贵者及高级神职人员成为圣徒的主要来源，教廷对圣徒的确认也受到政治形势的影响。在教会大分裂时期，相互敌对的教皇通过封圣的手段巩固权力，并提升自己的合法性，在分裂危机结束后，曾被封圣的圣徒依然被认可。圣徒是某种精心制作的身份，教会当局不是制造而是确认圣徒的身份，他们认定的圣徒既要满足教会的圣徒观，也要符合民众对圣徒行为的期许，这两者之间的微妙平衡很难准确拿捏。圣徒去世后，为了满足教会的需要与信众的品位，圣徒的形象会被打磨甚至篡改。在众多封圣事件中，比较具有戏剧性的是对“圣女”贞德的封圣。在英法“百年战争”之际，一位自称受到神启的法兰西女孩，手举神圣的民族抗战大旗，带领法兰西军队收复了国家失地，挽救民族于危亡。在一次战役中受伤被俘后，贞德被卖给了英格兰当局，并于 1431 年以异端和女巫罪被烧死在火刑柱上。对法兰西人来说，贞德是传达上帝旨意的圣女，对英格兰人而言，贞德却是受恶魔唆使的女巫。在法兰西人的申诉下，教皇在 1456 年推翻了英格兰教会法庭的异端审判，但贞德的封圣请求直到 1920 年才被批准。

对圣徒的狂热崇拜，也激增了朝圣活动的频率和规模。中世纪的朝圣既是圣徒崇拜的延续，也是践行宗教虔诚的一种重要表现形式。在中世纪的西欧，大大小小的圣殿遍布各地，这些圣殿都供奉着或大或小的圣徒及或多或少的圣物。经过长途跋涉前往各种圣殿朝拜，成为基督徒表达宗教虔诚的重要方式之一。基督徒践行朝圣的目的有多种，从属灵的角度讲，寻求罪恶赦免和灵魂救赎是其主要目的，从世俗的方面看，祈求平安喜乐，消除灾难疾患是重要诉求。在朝觐圣地中，最重要的是圣城耶路撒冷。作为耶稣基督以及众使徒生活和传教的地方，拥有丰富历史遗迹的耶路撒冷成为基督徒心目中最向往的朝拜圣地。从 11 世纪末开始的多次十字军东征，多与收复圣地有关，东征的参与者也把东征作为朝圣之旅。对于西欧的基督徒而言，除了耶路撒冷与巴勒斯坦地区的圣地外，最重要的朝圣地是罗马城。作为圣保罗和圣彼得两大圣徒的殉教地和埋葬所，罗马在基督徒的心目中具有重要的地位。当罗马教皇作为教会的首领，罗马教廷作为教会的核心变得愈加明显时，罗马的圣地名气也愈发提升。罗马成为西欧的朝圣中心之后，吸引了无数朝圣者，其发展如此迅速，以至于前往罗马朝圣在不列颠教会内成为一种时尚。……不列颠人不仅热衷于前往罗马朝圣，更有财力雄厚之人将罗马视为理想的埋骨之地，以至于在罗马形成了不列颠人的聚居地，一些王公贵族

图 2－2　哥特式建筑风格的坎特伯雷大教堂

死后就埋葬在罗马城的几座教堂里。[1] 教皇贝尼法斯八世把 1300 年定为大赦年，更是开启了信徒在大赦年如潮水般涌往圣地罗马的盛况。据说，在 1300 年共有 200 多万的朝圣者到罗马朝圣，以致圣保罗大教堂的教士们需要用耙子来收集朝圣者留下的钱币。

在中世纪的西欧，著名的基督教圣地还有位于西班牙的圣地亚哥－孔波斯特拉、英格兰的坎特伯雷和德意志的科隆。圣地亚哥－孔波斯特拉之所以成为仅次于罗马的欧洲朝圣之地，是因为从 9 世纪开始，在此地“发现”了圣雅各的遗骨。坎特伯雷是英格兰境内首屈一指的宗教圣地，虽然没有基督教使徒的圣物，但在西欧享有盛誉。科隆之所以成为著名的宗教圣地，是因为福音书记载的朝拜耶稣出生的东方博士的遗骨于 1164 年迁移到此。除了在整个西欧都享有盛名的朝拜圣地外，区域性的朝拜中心也很多，其中以遍

1　刘城．中世纪西欧基督教文化环境中“人”的生存状态研究［M］．北京：北京师范大学出版社，2012：268.

布欧洲各地的圣母教堂为最。任何一个有名的圣地都会吸引来自四面八方的信徒，而这些信徒的阶层和目的也不尽相同。有统计数据显示，来法兰西的圣地图尔朝圣的信徒，20% 来自本城或本地区，75% 来自法兰西的其他城市，还有 5% 来自法兰西以外的国家，主要是意大利和西班牙。朝圣者有世俗的大人物，有教士，但 73% 是平民，其中成年男子占 65%，成年女子占 20%，儿童占 15%。大多数朝圣者是病人或身心有残疾的人，他们把朝拜的圣徒圣马丁视为医生，专治双目失明和半身不遂，也治聋哑的、发烧的、得了鼠疫的、中了邪的。被治好的信徒有时会发愿心，年年都要来向圣马丁还愿。假如忘了还愿，圣马丁会提醒他：让他再生病。[1] 这段描述，不仅能大致推断出朝圣的人群特征，也可以了解他们的朝圣目的。

中世纪朝圣的旅途非常艰险，不仅要克服险恶的自然环境，而且要时刻防范意外的“人祸”，其中最凶险的便是专门抢劫朝圣者的强盗。踏上朝圣之途，特别是前往跨国的宗教圣地，都要做好最坏的打算，因为生命随时都有可能终结。尽管朝拜的旅程艰险重重，虔诚的基督徒仍然把前往著名的圣地作为自己终生的理想和奋斗目标。为了让朝圣者能够安心地完成信仰的心愿，教俗两界都为朝圣者提供了一定的便利。一个朝圣者必备的装束是一顶遮阳的宽檐帽，挂在肩上的装着干粮和衣物的皮袋，一根带有坚硬铁头的木手杖，最重要的是结实的便鞋，以便跋山涉水。临行前，朝圣者需要向他所在的教区委员会提出朝圣请求，请求被通过后，委员会会给申请人出具他所需要的信仰证明，并送上神父的祝福。沿途的教堂和修道院会为朝圣者提供食宿，普通的信徒也不会拒绝朝圣者的求助。为了方便后来者，市面上出现了一些朝圣指南类的书籍，法兰西神父艾梅西·皮考所著的《圣雅克之书》就是一部通往圣地亚哥的朝圣指南。该书写于 1123—1140 年间，作者根据自己的亲身经历，在书中画出了通往圣地亚哥的各种路线，并详细记录了沿途水源、食物、当地人的习性和风俗，以及旅途中可以留宿的教堂和修道院。14 世纪，每年有超过一百万的欧洲人踏上危险的“朝圣之旅”。通往西班牙圣地亚哥的朝觐之路，因为路上没有明确的路标，朝圣者在夜晚只能通

1　让·韦尔东. 中世纪的旅行［M］. 赵克非，译. 北京：中国人民大学出版社，2007：217.

过银河的方位来辨别方向，所以这条路被称为“银河之路”，也有种说法认为朝圣者多如银河中的星星，才得此名。

朝圣者中并不全是虔诚的基督徒，异教徒、乞丐、妓女等各色人等也混杂其中，即使教会对各类假朝圣者进行打击，仍不能完全禁绝。中世纪晚期，朝圣者的纯洁性和虔诚度都在下降，甚至出现了职业朝圣者。一方面是朝圣的旅途确实艰险，另一方面是长时间外出会影响正常的生计，出资雇佣别人替自己去朝圣成为一些富人的选择。代为朝圣的目的也不尽相同，有的是为别人祈福，代人寻求灵魂上的救赎；也有人是替别人赎罪，为雇主完成教会法庭判决的责罚性朝圣。这种替代性的朝圣在十字军东征时已经存在，一些富人可以出资找人替自己完成这项“武装朝圣”的宗教义务。一些人也会在死前留下遗赠，以便请人代表自己去朝圣，目的主要是为亡灵祈福。除了属灵的性质外，朝圣也含有旅行和度假的成分，一些人为了暂时摆脱生活中的俗务，可能通过朝圣之旅为自己寻求一时的心灵解脱，而有些人仅是为了朝圣之后获得朝圣证书，以满足俗世中的虚荣心。中世纪末期，宗教成分降低的朝圣之旅，结伴游玩和恋爱、通奸的事也不在少数，起初履行宗教誓言的苦行之旅却变成了寻欢求爱的自由行程。

中世纪的基督徒，在面临战乱、饥荒和瘟疫时，对现世的焦虑和恐慌愈发严重。随着教义的发展演变，人的灵魂在进入天堂前需要接受“炼狱”净化的观点，加剧了人们对来世状态的焦虑。为了拯救自己及所爱之人的灵魂，使之免受炼狱中的净化煎熬，基督徒们竭力通过多种善举来践行自己的宗教虔诚。人们通过向圣徒呼告、敬拜圣物、朝圣、为死者举办弥撒、慈善遗赠、购买赎罪券等方式寻求灵魂的救赎，整个中世纪，西欧人生活的方方面面都无法摆脱宗教对他们的影响。

基督教文化概览

西方的文化源头是希腊文明和希伯来文明。西罗马帝国被蛮族摧毁后，西欧进入了所谓的“黑暗时期”。在蛮族统治下的诸王国中，基督教得以存续，但古典教育已趋消亡，到 6 世纪末，几乎所有的世俗学校都不复存在。在 7 世纪，当传播福音的需要耗尽精通《圣经》的南方人时，（德意志）巴伐利亚地区的某些教士的无知，已经达到了白痴的地步，他们甚至不能用拉丁语正确念出教会仪式上的常用语。这种文化上的低点也表现在俗人中，日耳曼大家族的世俗成员通过立遗嘱的方式间接地掌握了读写能力，并为了实用目的而获得由零碎的法律知识和道德规范构成的最低文化，在8世纪初，为数众多的贵族还不会签写自己的名字。[1] 8世纪上半叶，欧洲大陆的学术水平已经跌到低谷，世俗教育与宗教相分离的政策使得文化仅存于少数修道院的精英阶层。修道院的修士在抄写室内从事手稿的抄写工作，在没有印刷技术的时代，正是通过这些抄写员手中的笔保留下了可能失传的古典著作。这些信仰基督教的文化精英并不完全是古典文化的拯救者，他们的笔既保住了可能失传的文化经典，也删去了他们认为与信仰“不相干”的内容。即使教会文化穿上古典人文的外衣，这件外衣也是根据基督教的启示把古典作家的作品重新裁量做出的。

文化和文字领域几乎被教士垄断，而贵族阶层和普通民众却生活在知识荒芜的世界里。8世纪末，加洛林王朝的查理曼大帝开创了法兰克历史上的“查理盛世”，在他的推动下，欧洲出现了第一次文艺复兴。简要来说，查理曼的文化事业包括四个方面：一、修订基本的《圣经》文本，初步规范基督教教义；二、招揽欧洲最杰出的一批学者，请他们创办宫廷学校或主持修道院，培养法兰克的宗教学者；三、在教会学校里延续古典人文的学术传统，用拉丁文传授“七艺”，即算术、几何、音乐、天文、文法、修辞和逻辑，培养教士与俗人的读写能力；四、改革拉丁文，学习新文字。查理曼大帝下令对古典拉丁文进行改革，以促进文化的普及与传播，这一改革产生了优美的“加洛林小楷字体”。[2] 经过加洛林王朝的文艺复兴之后，欧洲的知识阶层主要分布在两大群体之中，其一是辅助王权统治、拥有文字和法律解释权的神职人员；其二是教会文化与教育集中地修道院中的修士。教士阶层仍然是基督教西欧的文化承载者和知识传播者。随着时间的推移，第一次文艺复兴的步伐并没有停止，而是在世纪的年轮中缓慢向前发展。加洛林王朝选择拉丁语作

1　罗伯特·福西耶. 剑桥插图中世纪史（350－950）［M］. 陈志强，等译. 济南：山东画报出版社，2006：463.

2　游斌. 基督教史纲［M］. 北京：北京大学出版社，2010：124－125.

为宗教语言，导致神职人员和普罗大众之间产生了巨大的文化鸿沟。在公元1000年左右，在高级贵族行列中只有少数出众的女性，有机会通过身边的教士学习《诗篇》，以获得拉丁语的基础知识。到11世纪，这种情况开始改变，除了那些注定要从事教士职业的人，一些贵族子弟也能够通过家庭教师的帮助或进入修道院对外开放的学校，学到基础的拉丁语知识。然而这种趋势只影响到极少数人，即使在骑士阶层中，大部分人对学术文化仍是一无所知。11世纪的大多数世俗人士甚至连契约书后面的签名都不会，除了教士阶层，书面文件似乎是特殊的事情，远远没有形成表达人类思想的标准方法。[1]

11世纪时修道院是最兴盛的文化中心，直到12世纪初修道士仍是文化的主要保存者。作为文化的中心，修道院在文化的传承上起到了不可或缺的作用。从查理曼大帝推动教俗教育的合一开始，修道院就在基础知识的传播上发挥着举足轻重的影响。用今日的术语讲，小学和中学的教育义务均由修道院承担。在11世纪时，修道院的教育职能相较前两个世纪有明显的提升。修道院开办的学校有两种，一种是在修道院之外举办并针对当地所有儿童；另一种是在修道院内部开设且只招收献身修会的儿童。前一种学校类似于现在的公立学校，实行免费义务教育，只是教学内容上宗教成分太多。修道院对普及文化做出的贡献，在一些资料中有明确的记载："（圣贝尼涅修道院院长）创办一些学校，对来到他所管辖的修道院学校上学读书的儿童实行免费义务教育，只要被允许来接受教育者，没有一个人是例外的，不管是农奴还是自由人，是富人还是穷人，都一视同仁地享受着这种爱德所带来的实惠。甚至有一些勤奋好学的人，修道院还为他们提供伙食。"[2] 在这种修院学校上学的世俗儿童，除了学习拉丁语的基础知识及简单的心算规则外，主要的学习内容是与基督教相关的教理问答、背诵经典祷文、了解圣徒故事等。这些是修士们与信众交流最多的文化知识，目的是为了让信众在实践上同基督教融合在一起。在修道院内开设的专门招收未来修士的学校，相当于现在意义上的中学，生源主要是从修院外部学校中选拔出的天赋异禀的农家子弟及

1　罗伯特·福西耶. 剑桥插图中世纪史（950－1250）［M］. 李增洪，等译. 济南：山东画报出版社，2008：105.

2　埃德蒙·波尼翁. 公元1000年的欧洲［M］. 席继权，译. 济南：山东画报出版社，2005：181.

忠于修院体制的贵族少年。在学习内容上，主要是通过对经书的诵读和抄写提升拉丁文的读写能力，并辅以算术及文学等科目来提高综合素养。除了学习的强度在增加，这些少年还要接受严格的生活管制，为以后的修道生活打下基础。

除了初级和中级的教育外，基督教还开设了进行高等教育的学校。承担高等教育的学校被称为主教学校，一般设立在主教府所在的城市。在学生的成分上有三种类型，一种是出身贫寒却勤奋优秀的农家子弟，另一种是来自富贵家庭的贵族子弟，第三种是需要深造的年轻修士。在主教学校授课的多是一些知识渊博的学者，授课的种类也比较全面。从 11 世纪后半期开始，随着封建制度的普遍确立，欧洲各国的农业和手工业得到了较大发展，原来动荡不安的社会趋于稳定，一种由教会支持的新型教育机构，即所谓的“大学”开始在欧洲一些城市出现。人类历史上最早的大学（意大利的博洛尼亚大学）于 1087 年，在教皇格列高利七世的支持下建立，随后包括巴黎大学在内的一批古老大学也在教会的监管下相继在欧洲各国成立。[1] 在中世纪基督教的大一统下，刚产生的大学具有行会的性质，组织形式与教会类似，主要功能是教授神学知识。中世纪的大学在发展过程中，逐渐获得了一些“自治权”，但基督教神学仍然是每个学生的必修课程。

中世纪大学不区分哲学与神学，两者合二为一，中世纪的哲学家也是神学家，而且大多是神职人员。中世纪基督教的知识体系被统称为“经院哲学”，讨论的是基督教神学的基本命题，故亦称为“经院神学”。所有的中世纪经院哲学家都信仰上帝，并在某种程度上承认理性。糅合了哲学思想的神学试图通过理智的思维，为基督教建立一个逻辑框架，使得基督信仰更容易被大众接受。这种想法只是神学思考中的一种，另一派观点认为理性永远不能达到基督启示的真理，所以信仰与理性无关。经院哲学上承古代教父神学，下启近代哲学思潮，大致涵盖了公元 5 世纪至 15 世纪这一时段，分为三个时期。早期经院哲学约从公元 5 世纪至 10 世纪，主要是对古代哲学和神学著作进行抄写、整理和评注，创新性观点不多。从 11 世纪开始，经院

1　徐弢，李思凡. 基督教文化概览［M］. 武汉：武汉大学出版社，2014：82－83.

哲学进入中期发展阶段，这一时期出现了安瑟伦、阿伯拉尔等一批杰出人物。13 世纪是中世纪的黄金时代，经院哲学进入了成熟及巅峰时期。这一时期的代表人物是托马斯·阿奎那，他的天赋才智与高深灵性相结合，为他博得了“天使博士”的称号。托马斯追随他的老师阿尔伯特在理性与真理之间做出区分，认为哲学只能处理那些理性能得到的真理；但神学，其恰当的领域是天启真理的领域，不仅涉及理性能够得到的真理，而且还涉及一切形式的真理。[1] 阿奎那是西方中世纪最伟大的神学家，他以调和主义为指导思想，创造性地融合了亚里士多德的哲学和圣奥古斯丁的教父神学，改良与统一了经院哲学的各派思想。中世纪后期，新出现的神学开始颠覆阿奎那的神学思想，经院哲学逐渐解体。简而言之，经院哲学试图将一切知识——宗教的、世俗的、古典的等——囊括在一个大全式的体系中，把看似矛盾的知识通过逻辑的方式加以调和，同时，该哲学体系也通过对圣事、行善、悔罪等虔诚行为与得救之间关系的阐释，为信徒的信仰做出论证。新出现的神学认为人不能通过理性去认识上帝，而只能通过信仰的方式接受上帝，上帝与个人之间的必然联系也被否认。新的神学终结了盛极一时的经院哲学，开启了新的信仰时代。

中世纪的西欧人绝大部分不认识拉丁文，更不具备读写能力。即便如此，也不意味着他们就没有自己的文化。有迹象表明，那时的欧洲存在着一种高度发达的口头民间文学。但从中世纪早期开始，基督教教会便对各地的异教习俗和文化进行打压，在扼杀与篡改的双重压制下，这种世俗文化的成果留存下来的非常少，只能散见于中世纪后期的文学作品中。与之形成鲜明对照的是光辉灿烂的基督教文化，这种文化不仅体现在严肃的学术研究中，而且表现在方方面面的艺术中。从小处着眼，一本本宗教书籍便是修道士展现艺术才华的天地。修士抄写和装帧宗教或历史书籍被视为荣耀上帝的工作，发挥艺术特长以美化经典受到修道院的赏识和鼓励。修道院的抄写间渐渐成为一个艺术中心，抄写员誊写《圣经》和其他宗教文书已不满足于仅仅

1　胡斯都·冈察雷斯. 基督教思想史：第二卷［M］. 陈泽民，等译. 南京：译林出版社，2008：258.

图 2－3　罗马耶稣教堂的圣坛

是照抄照搬，他们要通过美化这些著作，表达对上帝敬仰之情的同时，让不识字的普通信众更容易理解和信服各种教义。于是修士们变成了各种专家，有的人成了书法家，有的人成了绘画家，有的人则成为装帧家。从大处着眼，一座座教堂便是整个基督教世界的文化和艺术中心。不仅在中世纪，即使在当下，一些著名的西方教堂仍然是不可多得的艺术宝库。

建筑被称为“凝固的音乐”或“石头的史书”，欧洲遍地建造的教堂成为世界永久的文化景观。然而，基督教教堂经历了上千年的发展演变，才拥有后来的恢宏壮观。基督教在创建初期并没有专门的教堂建筑，随着教会在罗马帝国的合法化和信徒的增加，建立公开的礼拜场所成为必需。最初的基督教堂采用的是罗马议会厅的建筑形式，即巴西利卡式。这种古罗马廊柱大厅的建筑结构，以其长方形的正厅为中心，一条纵向的过道将整个大厅一分为二，大厅的四周附设有一些小的通道。大厅的一侧是一个半圆形的建筑，在这里设有圣坛。为了使这一内部结构与基督教的各种仪式相配合，圣坛被移到了半圆形侧厅的东边，圣地耶路撒冷所在的方向，入口则从中部挪到了西部，当信徒走进教堂时，他的前方就是圣坛。从 4 世纪末开始，教会普遍崇拜耶稣受难的十字架，人们在教堂的前半部分出一个走道，使得整个教堂呈现为十字架的形状。基督教堂的这种内部构造，基本保持至今。6 世纪时，东罗马帝国皇帝查士丁尼是一位积极支持兴建教堂的虔诚信徒，在他的努力下，花费大量人力和物力的圣索菲亚大教堂终于在费时 5 年后落成。这座蜚声国际的大教堂，不仅是当时最辉煌精美的基督教堂，而且是迄今最具代表性的拜占庭建筑。当教堂终于建成时，查士丁尼自认为他的成就超过了建立耶路撒冷圣殿的所罗门王，他站在圣坛上高声呼喊："让我们一起来赞美上帝吧，是他赐给我们智慧与力量，完成了这神圣的工作！噢，所罗门啊！我终于战胜了你！"[1] 1054 年，东西方教会彻底决裂为东正教和罗马公教，这场分裂也导致东西欧的教堂已经形成的不同建筑风格有了进一步"异化"的趋势。

西欧的罗马公教，在加洛林王朝的查理曼大帝时期兴起的文艺复兴中，教堂建筑艺术也得到了复兴。在这一时期最具代表性的教堂是亚琛教堂，这是查理曼大帝在结合了罗马式和拜占庭式两种建筑风格的基础上建成的皇家教堂，保留至今的亚琛大教堂仍是西方宗教文化的瑰宝。在 10 世纪之前西欧的教堂建筑并不兴盛，而后才迎来教堂兴建的热潮。自 9 世纪至 10 世纪，教堂的主要建设者是国王，他通过建立教堂来敬奉神，教堂既是神的居所，也是国王的墓地，国王通过捐建教堂的方式来巩固其上帝代理人的角色，确立社会权威。"教堂不但是一种国王为民众或贫民奉献给神的礼物，同时，它也和从前国王装饰于身边的珠宝一般，是一种将王的权威提升到至高无上的伟大纪念。"[2] 11 世纪时，兴建教堂的高潮来临了，法兰克编年史家拉杜福斯·格拉贝尔在 5 卷本的《历史》中写道："当千年后的第三个年头走近之时，好像世界各地的教堂建筑都在整修翻新，尤以意大利和高卢地区为甚。攀比之风促使每个基督教团体都想方设法拥有比别人更宏伟的教堂。如此这般，就好似连同世界都焕发精神，脱去破敝旧衣，处处换上了教堂的白袍。"[3] 经过 10 世纪的灾难及对千禧年的期盼和对末日审判的恐慌，欧洲的基督徒在 11 世纪迎来了新的纪元，一切都呈现出好转的迹象，让基督徒更

1　安妮·弗里门特．信仰时代［M］．刘毅，译．北京：中国言实出版社，2004：121．
2　阿部谨也．中世纪星空下［M］．李玉满，陈娴若，译．北京：三联书店，2011：198．
3　朱子仪．欧洲大教堂［M］．上海：上海人民出版社，2008：6．

图 2－4　教堂的立柱与拱顶

加虔诚地信仰基督，而各地兴建教堂便是信徒表达虔诚的最好方式。欧洲的都市大多是在 11 世纪至 15 世纪间建成，教堂艺术的发展与都市文化的产生之间也有一定的关联。

11 世纪时，风行的教堂建筑风格是罗马式建筑，其核心元素是圆拱，在建筑的入口、窗户、拱廊和穹顶均可见这种结构设计。为了防止火灾，中世纪的人们开始用石制圆顶代替以前的木制平顶，但这一改造的结果是需要加大墙体的耐压性，所以整个建筑的特点是外墙坚固厚重，窗户的面积减少。从审美的角度讲，罗马式的教堂建筑整体性更强，更容易让声音产生共鸣。教堂的圆拱及柱头均雕刻了精美的宗教图像，这些雕塑不仅自身具有创造性，生动美观，而且它们也融入了教堂的整体结构，为整个教堂建筑增光添彩。从 12 世纪开始，教堂的建筑风格开始向哥特式转变。所谓哥特式，意为“蛮族人的”，是文艺复兴时期的人们对这一建筑风格的讽刺性称谓。哥特风格的教堂以尖拱门窗、肋拱顶、飞扶壁和开阔的彩绘玻璃窗为主要特征，与罗马式的教堂相比，具有轻盈高大及飞升的动感。随着哥特式教堂的风靡，高耸入云的尖塔成为各大教堂争相攀比的对象。13 世纪时，哥特式教堂成为西欧教堂建筑风格的主流。一座大教堂不仅在建筑上拥有艺术性，教堂内部装饰的雕塑、壁画和玻璃彩绘等也具有极高的艺术价值。一座教堂的建成需要耗费巨大的财力和物力，教会通过税收和募捐等途径获得了主要的修缮资金，虔诚的信徒则通过捐赠和出义工的方式支持教堂的建设。教堂既是信徒的心灵庇护所，也是整个市镇的文化及公共生活的中心。这些凝聚了宗教及历史含义的大教堂，历经岁月的洗礼，仍然屹立在欧洲各地，文化历史代替宗教意义成为其主要特征。

在礼拜和宗教节日中，最普遍的艺术形式是教会音乐。如同图画和戏剧一样，音乐也是向文盲信众传递宗教信息和培养宗教感情的重要艺术手段。按照基督教教义的规定，在做礼拜时，教徒们要高唱圣歌。圣歌不仅包含宗教内容，而且要有让人陶醉的优美旋律。公元 6 世纪时，教皇格列高利改进了古典音乐的圣歌形式，在歌唱形式和音域广度上均有提升。为了增加音乐在宗教活动中的感染力，在罗马专门成立了培训唱诗班成员的音乐学校，学成人员被派往欧洲各地的教堂教唱圣歌。格里高利式的圣歌在很长时期内都是基督教会采用的圣歌形式，直至后来在此基础上产生了大量更加优美、更加复杂的宗教乐曲。在信仰至上的时代，虔诚的信徒不是为了追求真理而进行学术研究，更不是为了崇尚美而进行艺术创作。无论是晦涩艰深的神学著作，还是精美绝伦的艺术作品，主题都是围绕宗教设立，目的都是为了赞美神，荣耀上帝。

第三节　基督教世界的非主流信仰

基督教世界的异端

什么是“异端”？著名神学家托马斯·阿奎那认为，凡是否认教会制定的统一信仰都为异端。共同信仰的制定者，是基督教会的首要身份，教会内部的“分裂分子”和“持异议者”便是教会需要打击的异端分子。基督教在产生初期便重视信仰的“合一”性，在基督徒的大家庭中，基督是这个群体的头，教会是身体，基督徒应该与整个群体合一。然而如同有上帝就有撒旦一样，从基督教产生伊始，异端和分裂就形影不离，当信徒处于信仰的焦虑状态或面临天灾的责罚时，异端和分裂作为撒旦攻击上帝的一部分，更容易被信众赋予极大的意义。对异端的处理方式也在历史的发展长河中逐渐演变。自古以来，人们就普遍认为，主教们有责任批驳并铲除带来谬误的异端思想。在君士坦丁大帝把基督教作为国教之前，主教们根本没有实施强制措施的权力，他们只能通过神学辩论和开除教籍来达此目的。在尼西亚会议之后，罗马皇帝流放了那些被与会者谴责的异端者，在其后的历史中，对异端者处以极刑，是非常罕见的个案。然而在中世纪，特别是后期阶段，一统天下的基督教不仅不再对异端心慈手软，而且逐渐朝极端残暴的方向发展。

在基督教的《圣经》中，便有对假先知和异端的描述：“彼得告诫说，从前在百姓中有假先知起来，将来在你们中间也必有假师傅，私自引进陷害人的异端，连买他们的主他们也不承认，自取速速的灭亡。”（《圣经·彼得后书》2 章 1 节）在基督教的初期阶段，无论是组织形式还是神学思想都处于形成时期，也是博采众长、百家争鸣的时期，在大公教会确定教义及教会的基本原则后，早已存在的异己派别才被视为“异端”。早期基督教的神学光谱异常丰富多元，它的两端是希腊文化和犹太教传统。脱胎于犹太教的宗教文化传统，发展于古希腊罗马世界的多元宗教文化背景，基督教的神学思想在逐渐成型和发展。在基督教早期阶段，如何界定耶稣基督的身份及其本质成为众多宗教流派产生分歧的根源。在希腊、希伯来文化传统之间，产生了无数个形形色色的神学思潮。在公元2世纪，对基督教造成威胁的最大异端是被统称为诺斯替主义的一个较大的宗教流派。早在基督出现之前，诺斯替主义作为一个宗教流派便已存在。诺斯替主义是一种吸收了东方各种宗教及希腊神秘主义的混合思想体系，这一体系力图吸纳基督教中有价值的内容，使之成为自己流派中的一个部分。为了反对这一做法，基督徒必须证明诺斯替主义对基督教教义的曲解，并重申自己的正统思想。为了应对异端的挑战，早期基督教发展出了“强调使徒统绪”、编撰教会正典《圣经·新约》、“制定信规”等有效措施，不仅有效地抑制了异端的威胁，而且壮大了基督教会正统的神学思想，为“古公教会”的建立打下了基础。[1]

基督教在罗马帝国获得合法地位后，在罗马皇帝君士坦丁的支持下，召开基督教世界的大公会议成为可能。基督教会开始建立清晰明确的正统教义，并不断通过大公会议的决议把异端从教会中剔除出去。在第一次大公会议——尼西亚公会上，关于基督与圣父关系的争论得到解决，主张基督是圣父的造物，低于圣父神性的阿里乌主义被定为异端，而认为“圣父、圣子、圣灵是一个本体，三个位格”的“三位一体”思想被视为正统。在基督教的发展过程中，一直存在异端，也一直存在与打击异端相关的神学思想。著名神学家奥古斯丁把异端者称作迷途的羔羊，而教士则是牧人，他们有责任在需要时挥动鞭子和棍棒，把这些羔羊赶回羊群。只要能够使异端者回到正路，动用刑罚便是合法的，因为它仅是对肉体——“灵魂的监狱”有害而已。神学家哲罗姆认为，杀死异端者是热心捍卫上帝事业的表现，消灭其肉

1　胡斯都·冈察雷斯. 基督教思想史：第一卷［M］. 陈泽民，等译. 南京：译林出版社，2008：138－147.

体是为了拯救异端者的灵魂。[1] 在中世纪早期，异端者要受肉体刑罚，但一般限于监禁或鞭笞。从 11 世纪开始，在欧洲各地，特别是法兰西和德意志地区，因犯有异端罪而被吊死和烧死的现象变得越来越普遍。

与思想觉醒的每个时期一样，12 世纪出现了大量与基督教会的制度和教义格格不入的异端运动。有些异端确实背离了传统的基督教信仰，而有些异端只是反对教会当局的粗浅和腐败，试图另辟蹊径去探寻更深刻的宗教生活。大部分异端都因教会当局的迫害而最终消亡，对于大部分的异端小派别，我们已无法确定它们的教义及主张，只能通过反对者的证言了解一二。它们一般都是安守贫困的穷人，追随发起异端运动的领袖，亲身践行耶稣早年的守贫与传道。这些大大小小的异端运动，受到教会当局的压制与迫害，因为它们与既定的教会制度相悖，而不是提出了忤逆的神学教义。在同类异端运动中，最出名和最持久的是韦尔多派或里昂穷人派运动。彼得·韦尔多出身于里昂一个富商家庭，他仿效榜样人物，为追求完美的传道生活而放弃财产，甘于贫困。韦尔多根据《圣经·新约》的内容，采取游行布道的方式，把福音书中的信仰和生活守则向广大的乡民传播。韦尔多及其追随者坚守“使徒式的贫穷”，赤贫苦行与游走传教的方式吸引了不少下层民众。教会法禁止俗人传教，韦尔多派向民众公开传道的行为受到教会当局的压制。1179 年 3 月，韦尔多带领追随者去了罗马，希望罗马教皇亚历山大三世和第三次拉特兰大会承认他们的生活方式，并授予他们公开传教的权力。韦尔多派的请求虽然得到了教皇口头上的恩准，但在实际操作中却存在诸多困难。韦尔多派的生活方式与传道行为与当时的教会当局很难相容，最终也没有逃脱被取缔和迫害的命运。

在一份中世纪的法庭记录中，有对韦尔多派讯问的相关记载：“我们看到韦尔多派信徒头脑简单，未受过教育……他们急切地希望得到宣教权，实际上他们几乎没有什么知识……正如对牛弹琴，以这样简单的思想不能领会《圣经》，更不用说他们能传下去什么东西，不能这样做，必须遣散……这些人没有固定住所，他们两人一组、赤着脚、穿着羊毛做的衣服并且一无所

1 董进泉. 西方文化与宗教裁判所［M］. 上海：上海社会科学院出版社，2004：25－26.

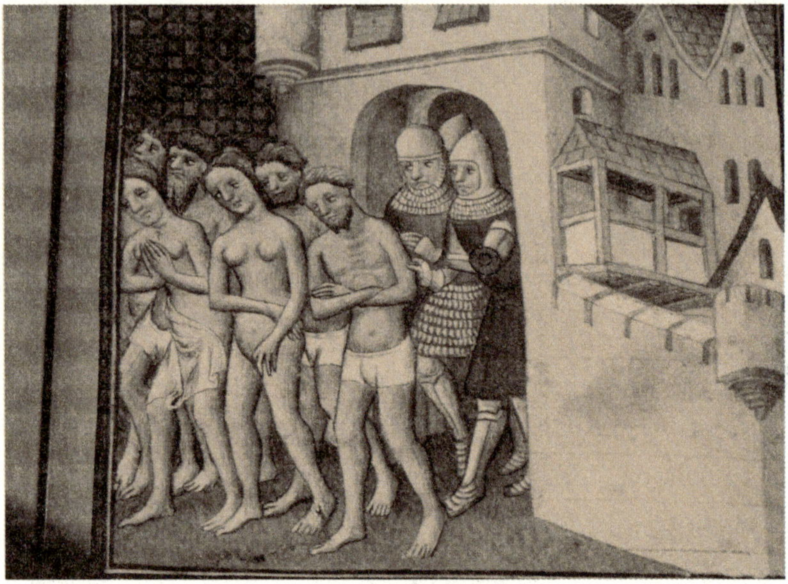

图 2－5　异教徒被驱逐的场面

有，同那些传道者相同的是，他们义无反顾地跟随着一无所有的基督。因为还没有根据地，所以他们开始时很谦卑。如果我们允许他们这么做，那么最终被踢开的将是我们。”[1] 这份材料的描述既显示出教会当局对俗人传教者的蔑视，也反映了他们对危害自身传教垄断地位的警惕。然而教会的严禁并没有阻止韦尔多派的传播，12 世纪末在法兰西部分地区和意大利均出现了韦尔多派教徒的身影。韦尔多派虽被教会当局列为异端，但是他们安守清贫，传讲的也是基督教的正宗教义，充其量是处于基督教体制边缘的热心改革派，对基督教会的正统地位没什么影响，教会当局对它的打击力度并不是很大。与之相对，一个被称为阿尔比派的异端派别，在教义上与正统的基督教信仰有很大的差别，而且它的规模也让教会当局感到不安，最终教皇英诺森三世不惜发动十字军剿灭这个异端派别。

阿尔比派得名于其主要骨干集中地法兰西南部的阿尔比城，这一异端派别亦被称为“清洁派教徒”。该异端派别在教义上信奉二元论的神学，即认

1　罗伯特·福西耶. 剑桥插图中世纪史（950－1250 年）［M］. 李增洪，等译. 济南：山东画报出版社，2008：390.

为世界是由善恶两个终极力量主宰，掌控精神世界的是善的上帝，而物质世界的控制者则是恶的上帝。这种二元论神学既有早期诺斯替主义的影子，也受到东方神秘思想的影响。这种二元论的神学思想与基督教的基本教义相结合，产生的异端思想认为《圣经·旧约》里创造物质世界的上帝是恶的上帝。该异端派别把《圣经·新约》中的福音书作为理论基础，通过严格的禁欲生活，行多种圣礼，特别是所谓的“安慰礼”来清除人自身拥有的原罪，回归善的上帝之国。阿尔比派的宗教道德摈弃一切物欲享受，包括食欲、性爱、财富等，信徒以此摆脱身体的囚笼，上升到纯精神的境界。在现实生活中，只有小部分精英在实践这种极严苛的禁欲理论，他们被称为“完美者”。与“完美者”相对，大部分的普通信徒则不用放弃工作和性生活，少数的“完美者”因苦行而受到他们的敬拜。除了教义上的异端外，阿尔比派还主张反教权主义，即信徒对教士阶层垄断教权的厌恶，及对教会当局腐败的痛恨。阿尔比派的善恶二元论及对教会当局的抨击，吸引了大批的信众。从12世纪后期开始，教会当局通过多种手段压制阿尔比派的发展，但因地方世俗政权的袒护，打击的效果不佳。到13世纪早期，阿尔比派不仅完善了自己的神学体系，而且拥有了系统全面的教会组织，在法兰西南部的影响力有增无减。为了彻底清除这一异端派别，教皇英诺森三世运用外交手段及宗教赦免权，鼓动西方的正统基督徒对阿尔比派发动了持续20年（1209—1229年）的反阿尔比派十字军东征。这场所谓的东征，血腥和残暴的程度一点也不亚于对异教徒的屠杀。十字军在占领毕塞埃城时曾询问教皇特使，如何区别好人与坏人，这位特使的回答是：“只管把他们统统杀光，让上帝去分辨谁是他的子民。”在残酷的绞杀下，法兰西南部的阿尔比派基本被消灭殆尽，只在少数偏僻的地方仍有留存。

当大众异端试图靠自己理解圣经，甚或通过讲道而给他人解释《圣经》时，不言自明，他们是在质疑一个成规：教会是获得救恩的渠道，教会认可的教导是信徒应该遵循的唯一可靠的道路。[1] 13世纪早期，如何正确使用《圣经》成为教会内部讨论的主题，防止对《圣经》文本的僭释成为阻止异

1　吉尔·埃文斯. 异端简史［M］. 李瑞萍，译. 北京：北京大学出版社，2008：14.

端发展的手段之一。1229 年召开的图卢兹会议，对《圣经》的使用做了明确的规定：除《诗篇》和公祷书中的段落外，平信徒不得拥有《圣经》文本，所有《圣经》的方言译本一律废除。对《圣经》文本的管制并不是教会当局打击异端的主要手段，宗教裁判所的建立成为教会的杀手锏。宗教裁判所成为中世纪后期至近代早期，追捕和审讯异端的主要机构。1215 年召开的第四次拉特兰会议上，教会当局便做出了对异端开战的决议，并对异端者、异端嫌疑者、异端支持者的界定和处理方式做了规定，并呼吁世俗统治者与教会当局一起为镇压异端做出努力。这次宗教会议的相关决议为宗教裁判所的建立奠定了法律基础，1230 年教皇格列高利九世任命了首任宗教裁判官，开启了宗教裁判所的罪恶历史。

宗教裁判官大多是多明我会与方济各会的修士，他们是受过良好神学训练的虔诚信徒，而且直接听命于教皇并获得了很大权力。从教皇英诺森三世开始，利用武力压制异端和收编狂热团体便成为巩固教权的两手策略，并被历任教皇一直沿用。许多拥有极端倾向的宗教团体经常处于被教会当局打压的状态，英诺森三世敏锐地意识到这些狂热宗教团体具有的利用价值。在 13 世纪比较著名的两大修会是多明我会和方济各会，这两大修会都是从极端的小团体发端，受到教皇的扶持后，逐渐发展壮大并成为正统教义的坚决捍卫者。多明我会的创始人是西班牙贵族多明我（1170—1221 年），他曾到阿尔比派兴盛的法兰西南部旅行，这一异端派别的自我克制、守贫及热心传道等优秀品质促使多明我建立了与之相对的修会，新成立的修会借鉴了阿尔比派的优点，但其宗旨却是为了打击类似阿尔比派的异端。1216 年，获得教皇英诺森三世批准而建成的多明我修会，把传教当作中心任务。多明我修会成员主要是向异教徒讲道，并热衷于辨识和打击异端，被称为“上帝的猎犬”。方济各会的创始人是意大利人方济各，这位意大利人的传教经历与被视为异端的韦尔多派的创始人类似，因为获得教皇的支持，境况便完全不同。方济各（1182—1226 年），是意大利一位富商的儿子，年少时是纨绔子弟，后生活态度发生剧烈转变，立志终生守贫，以巡游布道，服务病人为志业。1210 年，方济各建立修会的申请获得英诺森三世的批准，被称为“小兄弟会”的修道会建立。方济各修会强调服务和谦卑的精神，在贫民中有广泛的影响，在神学上比多明我会拥有更浓厚的神秘主义色彩，且更注重在海外的传教。方济各会在与异端的作战中，逊于多明我会，但他们都隶属于教会体制，并与教会当局互补合作，为维护正统的教会体制做出了贡献。

基督教世界的修会不仅在传教及反对异端方面贡献突出，他们也是中世纪信徒表达虔诚的方式之一，他们在神学上的造诣更是引领整个教会的潮流。以多明我和方济各为首的修会，在长期的发展中，非常注重教育和学术的重要性，他们中的一些精英成为中世纪知识群体的重要组成部分。大名鼎鼎的神学家托马斯·阿奎那便是多明我修会的成员。中世纪后期，在大学的知识群体中开始出现反对教会政权的异端思想。约翰·威克里夫（1320—1384 年）是牛津大学的神学教授，他看重早期教会的贫穷和谦卑，呼吁信徒回归朴素的使徒理想，单纯地跟随基督以寻获救赎。《圣经》被视为教会唯一的法律，民众应该知晓其内容，在威克里夫的推动下，《圣经》被译为英文。威克里夫对教会当局的腐败和教职人员的恶劣品行痛加评判。在威克里夫划分的“两类异端”中，其一是包括教皇在内的所有买卖圣职者，其二是所有拒绝效法基督谦卑榜样的所有神甫，即背教者。教会当局对其体制内存在的问题心知肚明，然而对来自体制外的批判却不能等闲视之。1380 年威克里夫被逐出牛津，他激进的神学思想被广为批判。虽然晚年能够平静地度过，但威克里夫的学说被定性为异端，受到严厉打压。捷克的约翰·胡斯（1369—1415 年），既是一位虔诚的神甫，也是布拉格大学的教师，却因为抨击教会内的腐败问题，被定为威克里夫派异端。胡斯落入了中世纪常见的为“异端”和异议者设下的罗网，他既不能“证明自己的清白”，也不能“放弃自己的信仰”而脱离无端的指控，公开为自己的信仰辩护只会使异端指控更加证据确凿。在与教廷的对抗中，胡斯为自己的信仰献出了生命，于 1415 年被施以火刑。

基督教的世界一直存在异己者，不仅有少量的犹太教徒和穆斯林的存在，基督教内部的异端也一直存在。不同的时代有不同的异端，虽然在教义和反对教权上有一定的相似性，它们也仍然以不同的面目示人。在中世纪的后期，异端逐渐演化成了大众运动，并逐渐与民族国家的建立相关联，一些神学领域的异端思想与这两者相结合，成为近代宗教改革的先驱者。

基督教外的异教信仰

在基督教占主导的中世纪欧洲，既存在基督教内部的异端派别，也残留着远古信仰中的其他异术。很多著作把非基督教的其他奇巧异术统称为魔法，在魔法的世界中，不仅只有魔法师或巫师，还有炼金师和占星师。从源头上讲，魔法的发端远远早于耶稣的诞生，而耶稣在生前所行的奇迹也被反对者称为巫术。在基督教的发展过程中，完全撇清与魔法的关系也绝非可能。在基督教的经典中存在邪灵撒旦，他是上帝的敌人，也是地狱的统治者。撒旦曾经是一个大天使，堕落后纠集了大批邪灵以对抗上帝。以上帝为首的良善一派为了看顾人类的灵魂，必然要与邪恶的撒旦进行战斗。在基督教的世界中，不仅一切有罪的或黑暗的邪恶力量是由撒旦造成的，而且正统基督教所不容的异端及远古信仰也被归于撒旦名下。基督教在蛮族王国中的传播，对已经存在的远古信仰采取了打压与融合的双重策略。当基督教居于整个欧洲的统治地位后，仍然有一部分异术在民间流传。在中世纪，尽管有大量的基督教神学家论述基督教的“奇迹”与“魔法”的区别，并对后者进行攻击与抹黑，但是公众中仍然有相当一部分人认可魔法是宇宙间可以为人所用的法术，而且其中不乏教士阶层的人士。当人类遭遇无法克服的灾难时，如 14 世纪肆虐欧洲造成 1/3 人口死亡的黑死病，基督教归之为上帝对人类罪恶进行惩罚的说辞已经变得苍白无力，无法用医学和神学解决的问题，人们只能寻求护身符与魔法药的帮助。无论是否有效，魔法或巫术都是垂死之人的最后一棵救命稻草。即使虔诚的基督徒由对圣徒的崇拜而引发的一系列祈求行为，与巫术也基本无异。教会的批判者把礼拜书中的祷词看作是行巫术的咒语，而祈祷仪式也被类比于行巫仪式。基督教自身很难与魔法划清界限，基督徒也不会完全排斥异术。魔法的类别很多，本文仅择其一二而书之。

炼金术

炼金术的英文单词是“Alchemy”，这个词的来源可以从古希腊语、古埃及语和古希伯来文中找到三种解释，把三种解释糅合在一起，可以简要地描述炼金术：转化金属、制造万灵药、不宜公开的神秘之谜。西方人普遍认为埃及的三位一体的神“赫尔墨斯”是炼金术学的创始人，因此，炼金术在西方亦被称为“赫尔墨斯学说”。炼金术的发源地可以说是众说纷纭，几大文明古国中都存在炼金术的传说。炼金术都有源头性的神话，无一例外地认为这一异术是神留给世人最丰盛的礼物。在发展的过程中，不同的地方对炼金术的追求有所侧重：以中国为代表的远东地区，炼金术更多的是与长生不老药相联系，而古埃及人与古希腊人则更看重通过金属转化而获得金子。炼金术的历史与人类的发展史几乎同步，一些对炼金术深信不疑的基督徒认为，早在诺亚方舟时代就存在炼金术，更有人根据《圣经·旧约》中摩西引领以色列人出埃及途中所行的神迹，推断摩西掌握了炼金术。在古罗马时期，间或有一些江湖术士宣称能炼出金银，但往往只是迷惑人的骗术。在知识阶层中，一直存在金属间可以相互转化的信念，一些人甚至著书立说。传说中的“魔法石”，即点金石能够将任何低贱的金属转化为最纯粹的黄金，如果把它溶于水中，就能获得使生命不朽的“灵药”。制造点金石的方法以秘传的方式在人类中传播，为了防止被后人滥用，一些炼金术的著作都对具体的炼金过程有所隐瞒，炼金术的真正要领至今仍是一个晦涩的谜。

从公元 8 世纪开始，阿拉伯世界的著名炼金术士使得点金石和点金术再次成为人们关注的焦点。统治西班牙的阿拉伯人把他们从埃及带来的炼金术文献转抄为拉丁文。12 世纪时，这些文献在教会控制下的欧洲秘密流传开来。炼金术的要领不仅深奥难懂，而且实验的过程需要加入原料——金子。渊博的知识和足够的财富是成为一名“炼金术士”最基本的两个条件。因此“炼金术”一开始就被称为“高贵的艺术”，只有富有的贵族和他们所资助的学者才有资格进行的“特殊游戏”。12 世纪和 13 世纪是欧洲炼金术的黄金时期，一些著名学者纷纷投身该领域进行研究，其中杰出的代表是阿尔伯特和托马斯·阿奎那。阿尔伯特和阿奎那这对师生是 13 世纪最著名的神学家，他们在炼金术界的名气也丝毫不逊于此。在中世纪，每个致力于研究自然奥秘的伟人都被视为魔法师，对科学的各个分支都有所涉猎并有所收获的名人，被特定群体的人神化也不足为奇。除了举世闻名的学者亚里士多德，现代化学之父罗伯特·波义耳和著名科学家艾萨克·牛顿等人对炼金术有所

图 2－6　深受炼金术影响的波义耳

研究外，还有无数名不见经传的炼金术士为自己的信仰付出了毕生的心血。有详细记载留世的炼金术士，除了有医学背景专职于研制神奇医药外，最出名的便是无端获得大量钱财，让人心存疑虑者。前一种类型的代表人物是帕拉塞尔苏斯，后一种类型的代表人物是费拉莫尔，他们都著有关于炼金术的书籍。除了医药和财富外，炼金术士更看重内在的修为，他们相信这项异术是神赐给有智慧的人领悟真理的工具，而要达此目标，炼金术士本人的人格修炼也要达到极致，类似于“完人”。炼金术“能够刺激起人们心灵深处最大的野心和渴望，它能把人从平庸的生活中解救出来，接近神圣，因为它许诺无尽的财富和超越生死的自由”，也许这才是炼金术延续千年的魔力所在。

教会当局一直努力让知识界相信，炼金术是一种傻瓜和疯子式的妄想，或者是骗子的勾当。1317 年，教皇约翰二十二世发布敕令，宣布禁止一切炼金术。一些致力于炼金术研究的著名学者对禁令发表了自己的看法，该领域的权威英国人约翰・达斯汀亲自致信教皇，阐明自己的新发现，以证实炼金术是一门实在的科学而不是骗术。研究者的请求似乎起了作用，流行在上层社会的炼金术并没有被严厉禁止，仍然在小范围内暧昧地传播。教会的公开禁止，变相确认了这种学说的存在，反而加速了它的传播。古代的炼金术士为现代科学做出了不少贡献，可以说炼金术间接地促进了现代科学——化学的产生。启蒙运动的兴起和发展，促使现代的炼金术开始了它全新的发展，虽然不能与中世纪的全盛时期相比，但仍然是潜存的一种神秘异术。

占星术

简而言之，占星术包括两方面的内容：一方面是通过观察行星的运行，并对之进行“数学运算”；另一方面是推算它们对世间万物的“影响”。前者是科学有效且无可非议的，这也是占星术与后来的天文学相重合的部分；而后者具有随意性及迷信色彩，是轻率地把物理学的普遍现象同原始的宗教信仰进行奇怪结合的产物。通过这种两分法，占星术除了通过观察行星的运行外，它也是一种占卜术，与通过水晶球或塔罗牌的占卜术没有实质上的区别。占卜术是一门关于通晓过去、预知未来的异术，在很多宗教信仰中都有呈现。在《圣经·旧约》中，那些有预知能力的人被称为先知，是世界的阐释者和人类的精神领袖。在以色列人的发展历程中，形形色色的预言家充当了重要的角色。相较其他种类的占卜，占星术似乎拥有更大的权威性。

人类从何时开始注意到星体运行会对自身产生影响，已不得而知。公元前 7 世纪的古巴比伦王国中，就有术士观测星象并据此向国王建言献策，是史上记载的最早的占星家。约在公元前 7 世纪到前 5 世纪，人们将太阳围绕地球运行的轨道等分为 12 份，是为十二宫，每宫 30 度，由某一星座主宰，并对应相应的月份。从公元前 5 世纪开始，占星术士开始对天体运行的测量方式进行分析归纳，整个占星术体系得到了丰富和发展。公元 1 世纪，占星术已经采用了今日仍旧使用的方法。[1] 古埃及人痴迷于天象观测，开启了通往占星研究的一扇大门。古希腊天文学家托勒密，发现了开启这扇大门的钥匙，他所著的《四书》是西方占星术的主要著作，该书展现了他如何力图通过严格的数学方法，把行星占卜术变为科学的努力。在古罗马时期，占星术的信徒与日俱增，数量远超质疑者。罗马皇帝也逐渐开始相信占星术的

1　朱莉娅·帕克，德里克·帕克. 占星术［M］. 吴英，丁超，译. 北京：旅游教育出版社，2010：17.

预测功能，并利用御用占星师为其出谋划策。

长久以来，基督教与占星术以奇特的方式共处。起初，两者之间并无太大的分歧并和平共处了几个世纪。在君士坦丁大帝时期，获得皇帝支持的基督教开始对占星师实施大规模的迫害。教会当局认为宣扬天体与人间的世事变迁存在关联是一种迷信思想，但神学界内部却存在支持和反对占星术的两派观点。随着古典文化的衰落，处于蛮族统治下的欧洲人已经无法读懂占星术的著作，占星术在伊斯兰和印度等非西方世界繁荣发展。从君士坦丁大帝统治的罗马帝国时期直至基督教占主导地位的中世纪，教会对占星术的态度一直是好恶参半。在中世纪的热闹街市，少不了吉卜赛人和占星大师，为各个阶层的人占卜未来。教会并未干涉占星知识的传播，在许多教会权威人士看来，上帝创造星空必有深意，他们也迫切希望能参透这道神谕。教会不承认占星术能够知晓及改变人类的运程发展，但又无法否认天体对自然万物的影响。最终只能进行折中性的妥协，1200 年左右教会的一份声明表示："上帝赐予石头、草木以及语言力量的同时，也赐予星体无穷的力量来支配万物，但有一种东西是星体力量所无法控制的……它不受任何人、任何星体、草木、语言、石头、天使或魔鬼的支配，唯有上帝能够左右它：这就是人的自由意志。"[1]

在占星术的应用上，主要体现在医药占星术和宫廷占星术两个方面。几个世纪以来，医学研究一直与占星术研究息息相关。一方面，人体的器官也被构建为"十二宫图"，另一方面，人们在实施神奇的"放血疗法"时也要观测天象，寻找最佳时机。宫廷占星术，主要是帝王通过御用占星师来为重大事件预测吉凶，或选取最佳的良辰吉日。相传征服者威廉在攻克英格兰后，便是根据占星师的测算，将加冕礼定在 1066 年圣诞节的正午时分。失败的英格兰国王哈罗德的命运，也可以通过占星术得以预知，因为一颗彗星的出现预示着哈罗德的死亡。欧洲其他王国的皇室及贵族也普遍信赖占星师的预言，小到受孕的最佳时刻，大到克敌的最佳时机，都可以通过占星师的推算得知，一些占星师也通过充当国王及贵族的顾问而声名显赫。不仅王侯

1　朱莉娅·帕克，德里克·帕克. 占星术［M］. 吴英，丁超，译. 北京：旅游教育出版社，2010：33.

图2-7　占星术

贵族笃信占星术，文化名流也不例外。大量的证据表明，著名科学家开普勒笃信占星术，包括占星问卜和排算命盘，而大文豪莎士比亚也在其文学作品中展现了对占星术的认同。中世纪普通人的日常生活与星辰有着密切的关系，人们相信世上的事或人类的命运都是由天体运行来决定的，其中尤以黄道十二宫和行星的移动最为重要。人们还相信，太阳、月亮、金星、木星、水星、火星和土星这七颗行星决定着人的命运，人们出生时所处的行星位置将决定人的性格及其一生的运程。开普勒把天体对人的作用比喻为农夫为南瓜捆上的绳套，即使对南瓜的生长起不了大的作用，却决定了它的形状。这种相信人类的生活及命运完全受行星影响的宗教式的信仰，在人类的活动中能起到多大的作用却很难估量。

从占星术的实践来看，人类的命运并非一成不变地机械式运转，占星师可以使用符咒、魔法、吉祥物等方式进行干预，因为他们认为一切都是鲜活的、有灵魂的和相互影响的，众行星就是上帝派出的有生命的使臣，人们可以通过它们祈求上帝的帮助。随着科学的发展、时代的进步，占星术不仅没有被历史大潮吞没，反而在新的历史阶段得到了进一步的发展，即使在当代，占星术仍然占据了人们信仰的一个角落。

巫术

属于原始信仰的巫术，一直在人类的精神世界占有一席之地，即使基督教主导信仰时期也不例外。巫术也可以称为魔法，两个概念间存在重叠之处。在远古时代拥有重要地位的巫术，在公元前5世纪时已被大部分人抛弃，到了罗马统治时期更是越来越受到排斥，私自实施巫术也被定为非法行为。当基督教成为罗马帝国的国教后，各种形式的魔法巫术都被斥责为崇拜魔鬼的行为，遭到禁止及迫害。然而早期基督教中包含的多种神迹却很难与巫术或魔法完全划清界限，而基督教中一直存在的魔鬼概念及延伸出的驱魔手段也无法去除巫术的色彩。对于中古时期的人们来说，所有不好的事情都可以视为魔鬼作怪，掌握某些打破或躲避魔鬼控制的方法成为人们的渴望。教会普遍依靠念咒驱魔和发放圣餐的方式使人们接触到神力，许多信徒都相信教会的用具本身就具有魔力，而按时参加弥撒能够使自己避免恶魔的侵扰。

从公元6世纪开始，基督教会就动用大量的僧侣抄写"赎罪规则书"，针对信徒向神甫坦白的各种罪行提出具体的悔罪方式。这些中世纪的手稿不断提到信仰和实施魔法都是有罪的，间接地证明了魔法仍在当时的民众中流传。人们普遍相信可以通过一定的仪式召唤魔鬼，在与魔鬼签订协议的条件下，魔鬼会实现协约人的梦想，条件是把协约人的灵魂出卖给魔鬼。基督教的神学认为，所有的魔法必须依靠魔鬼的帮助才能生效，施行魔法不仅是一项罪恶，而且会对人类灵魂的救赎造成莫大的损害，因为魔鬼给予的条件便是收买人类的灵魂。神甫在祈祷治病及驱魔的仪式中会念一些类似咒语的祷文。宗教改革后，新教徒视这些祈祷仪式和祷文为魔法或巫术的一种。在驱魔的仪式中少不了十字架和圣水，而神甫念祷的多是"以圣父、圣子及圣灵之名，命令魔鬼速速地离开"，并不断地重复相关的祷词。人们对可以接触到的教会圣物如圣餐，也会视为有魔力的物品而加以利用。"当普通的礼拜者们看到圣餐受着小心谨慎、毕恭毕敬地对待时，自然会认为圣餐有着魔法般的魅力，因此他们会在圣餐仪式弥撒上将自己的那份圣餐只吃一点，偷偷地将剩下的部分带走，以便用来向爱人求爱、治疗猪瘟或让蜜蜂多产蜂蜜。”[1]

在基督教会的影响下，欧洲的统治阶层逐渐抛弃了对巫师及魔法的信仰，巫术及魔法沦落为下层民众的迷信行为。散见的巫术行为只是七拼八凑的技能，仅对下层民众的贫苦生活有所助益，已经不存在系统的巫术信仰，而且有的巫术行为还夹杂着基督教的信仰。头脑简单的乡村居民对流传的巫术禁忌都有所了解，而对基督教的教义和知识只是一知半解。如一位虔诚的教徒，可能因特殊的需要而制作一些护身符，他会按照古老的传统在相应的星相日子里开光，然而在佩戴的时候却念诵基督教的祈祷文。在民众中流行的佩戴符咒的行为并没有被教会视为亵渎神灵，这些祈求平安、健康及好运的符咒只是被看作向上帝祈祷的一种方式。这些护身符的种类多样，可能是一块刻着祈祷诗文的金属片，也可能是刻着羊羔和旗帜的圆形蜡烛，更可能是与某位圣徒有关的各种遗物。欧洲下层民众实施的具有迷信色彩的巫术具有三方面的特征：其一，施巫的目的绝大部分是为了获得实用性的益处，如可能是为了治病、防灾、求福等目的；其二，这些零散的巫术行为都是从远古时期流传下来，在新的时期可能会多多少少地渗入基督教的内容；其三，一些巫术或迷信行为被当成禁忌一直流传至今，成为当地民俗的一个部分。

在中世纪，指控自己的邻居使用了巫术是相当冒险的举动，大多数国家的世俗法律为了防止人们出于私怨而诬告对方，都会对没有证据的控告者予以惩罚。一方面提供施行巫术的证据比较难找，另一方面被判诬告的惩罚比较严重，很少有人愿意冒险检举施巫行为。“只要巫术没有触及教会救赎的要求，教会就能容忍迷信思想和行为的简单形式。不仅如此，教会还用基督教的精神改变现有的迷信的巫术传统，把巫术习俗统一在教会的虔诚实践中。”[2] 然而在中世纪末期，大规模的搜巫运动在整个欧洲展开。始于1450年的搜巫狂热，直到18世纪后才逐渐消失，在这场大范围且全民参与的屠巫运动中，大批无辜的民众被当成巫师而惨遭屠戮。搜巫运动的起因已很难说清，从心理学的角度看，每个人都沉浸在或多或少的幻想中，整个社会也

1　德里克·帕克，朱丽亚·帕克．魔法的故事［M］．孙雪晶，等译．西安：陕西师范大学出版社，2003：29.

2　里夏德·范迪尔门．欧洲近代生活：宗教、巫术、启蒙运动［M］．王亚平，译．北京：东方出版社，2005：87.

是如此，不同时代的社会具有一些与现实相关联的特殊幻想。幻想在巫罪迫害的演化过程中扮演了重要的角色，不仅所谓的巫术受害者对自己的遭遇深信不疑，而且民众对各种巫术行为和防范巫术的措施都很笃信。有时巫术恐惧症就像疾病一样会传染，最后产生了集体幻觉，声称受到巫术的影响。

每当出现天灾人祸时，巫术很容易被当成替罪羊。令庄稼歉收的恶劣风暴、使牲畜生病的未知恶疾、对大人小孩造成伤害的意外等事件，都可以被视为巫术作怪。巫师多为上了年纪的妇女，如果她们恰好相貌丑陋、行为古怪或恶毒诅咒过别人，那就再合适不过了。普遍流行的裁决女巫的方法有："水裁法"，把疑似女巫捆绑后用床单之类的物品包裹起来扔进河里，如果沉下去淹死就证明不是女巫，如果浮上水面就会被当作女巫处死。这一验证女巫的方式在有些地区执行的是相反的裁决，即沉在水底是女巫，浮上来就是无辜者，由此可以想见这种裁决的荒谬性。另一种比较常见的验证方式是"针刺法"，即女巫的身上被认为存在魔鬼的印记，而这个印记在受到针刺时既不会流血也不会有疼痛感，被刺成麻花的女人总会被找到一两处这样的印记。还有一种方式是让嫌疑人背诵主祷文和上帝的教义，如果出现差错将被判罪，一个高度紧张的人背诵烦琐的祷文，不出错的可能性非常低。这些五花八门的验巫方式，几乎都是荒唐的无知之举，然而当时的人们却对此深信不疑。产生大批搜巫受害者的一个重要原因，是对嫌疑人的严刑逼供。一位名叫约翰·威尔的德国医生是搜巫运动的早期批评家之一，他对使用酷刑来逼供的做法提出了质疑，他认为那些受了指控的人"不断地被拖出来经受可怕的酷刑，直到她们恨不得以速死来结束这种饱受折磨的活受罪"。她们宁可供认"审讯者向她们暗示的任何罪行，也不愿再被扔回到自己那可怕的地牢中去继续承受反复的拷打"[1]。

除了严刑拷打外，对"巫师集会"的想象也是女巫成批出现的重要原因。在中世纪人们的想象中，巫婆多是独来独往的邪恶巫师，而巫师夜半集会的传说，让巫婆成为在魔鬼领导下的一个秘密邪恶团体的成员。在各种传说汇集而成的巫师集会想象中，巫师们会在夜间通过扫帚等飞行工具飞达聚会地点，在魔鬼的带领下举行一场黑弥撒，期间既会享用婴儿做成的菜肴，

1　多米尼克·亚历山大. 魔法的历史［M］. 胡静，译. 上海：上海人民出版社，2006：163.

图 2－8　塞勒姆女巫审判

魔鬼与众巫师之间也会进行群交，在魔鬼的指引下，众巫师还会商讨接下来将引发的灾祸。人们始终有一种由来已久的忧虑，担心社会中存在具有威胁性的秘密团体，而对巫师集会的想象正符合这种潜在的担忧。一旦一个女巫的罪名成立，审问者一定会从中再找出其他的巫师同伙。一个个屈打成招的巫师，连带着让一大批无辜的人成为巫师集团的成员。女巫们的供词都很相似，内容不仅骇人听闻，而且都与魔鬼有关，连作案的细节都有许多雷同之处。这些供词明显是酷刑逼迫下的胡编乱造，有些人也会在事后翻供，但她们仍然会被送上绞索架或火刑场。同时代的巫案受害者中女性占了绝大多数，40 岁以上的女性更是最大的受害群体。搜巫运动并不仅仅是老妇人的灾难，也有少女、儿童、男性的悲剧。在德国的乌尔兹堡，有 3 个 10 岁到 15 岁的小男孩，因为在玩耍的时候念了自编的咒语，便被以施巫罪活活烧死。在德国的搜巫运动中，至少 20% 的受害者是男性，他们甚至上一秒刚写完驱逐异端的传单，下一秒就因被指控施巫罪而投入监狱。

著名搜巫者海因里希·克雷默和雅各布·施普伦格都是多明我修会的宗教裁判员，在 1456 年他们合著了一本猎巫指南《女巫之锤》，这本书不仅首次对巫术信仰进行了引人入胜的描述，记载了大量女巫行巫术的恐怖故事，并为猎巫者提供一些预防性的宗教仪式来避免女巫的伤害，更为重要的是这本书传达出女巫广泛存在的观念。在欧洲的猎巫运动中，许多受过良好教育的学者、哲学家等高级知识分子也是猎巫的狂热支持者。教会的权威及世俗的统治者容易成为猎巫运动的支持者，当然，除了来自当地政府和主教的猎巫压力，普通民众也是该项运动的狂热推动者。

无数女巫的陈述，加强了女巫与魔鬼合谋摧毁基督教信仰的可信度，而对女巫的清剿成为信众维护上帝和平的责任。对女巫的恐惧和仇恨，起源于人们对恶魔的想象和对撒旦的崇拜，这种恐惧也将人类驱逐到由社会压力和宗教信仰构筑的暴力狂热之中。在猎巫运动中产生了一些“职业猎巫人”，在英格兰，比较有代表性的是马修·霍普金斯，作为“巫婆猎手”，他栽赃陷害的手段非常高明。凭借推陈出新的捉巫招数，马修为各地的法官捉拿女巫，并用多种方式识别女巫。因为猎巫有佣金可拿，从事这个行业的很多人是靠欺诈混饭吃的骗子。马修·霍普金斯在得意了一段时间之后，也自食恶果。有牧师对他的恶行进行揭露，法官对他提供的证据也不再相信。最后，他也被诬陷为巫师，理由是他从魔鬼那里获得了英格兰女巫的花名册，才让他的猎巫一抓一个准。即使他承认自己先前的做法是行骗，也没人相信他，最终被以巫师的罪名处死。

因为猎巫运动中的审讯记录多有损毁，残存资料对具体数字也没有明确的记录，但可以肯定的是在近 3 个世纪的搜巫运动中，数以万计的无辜者被残酷处死。教会对巫婆的反面宣传，反而刺激了各地对巫术的潜在信仰。这加剧了教会对女巫的迫害程度。即使少数有识之士通过撰文立说来质疑这一疯狂的全民暴举，但宗教异端及无神论的危险指控却让这些异议者的观点受到严格管控。在这场持久且波及全欧的疯狂举动中，虽以信仰之名迫害归属恶魔的异类，但其中包含的恶意诬陷与屈打成招、政治仇敌与私人恩怨、利益纠纷与现实意图，根本无法完全厘清。19 世纪之后，对巫术的幻想逐渐消退，绝大多数人也不再相信巫术的存在。

在西方人的信仰世界中，除了上帝与魔鬼、巫婆之外，还存在吸血鬼、狼人等恶魔观念，这些在当代西方影视作品中常见的异类，在中世纪及近代早期确实存在相关的传说。关于吸血鬼的传说，在历史上有很多相关的著作。相传在 14 世纪的中欧爆发过一次大规模的吸血鬼灾难，而黑死病也被视为吸血鬼的“杰作”。害怕被传染的人把未经证实的死人匆匆埋葬，有人目睹从坟墓中爬出的活死人，更加确认了吸血鬼的传闻。在此起彼伏的吸血鬼传说中，也有骇人听闻的谋杀案，特别是对幼童杀后取血的传闻，相关的延伸传说是，吸血鬼通过吸食人类的血液而永葆青春。从 18 世纪开始，学者、医生、哲学家和教会人士都质疑恶魔及其随从的“杰作”，但关于吸血鬼的传说却一直流传。在古代地中海世界，狼是危害畜牧的动物，相关的传说也相当丰富。在欧洲的其他地方，特别是在北欧，狼很早便以恶魔的形象存在。自古以来，狼便是人类恐怖印象的体现者，由人变身而成的狼人更是让人胆战心惊。关于狼人的信仰，在东部和北部日耳曼民族中，甚至可以追溯到先史时期。在 13 世纪便有文献提到狼人，后来关于狼人的故事多是人通过魔法变成狼、进而危害人类的事情。随着时代的变化，狼人的表征也在发生变化。在女巫大审判时期，狼人的地位也跌至低谷。在既存的社会秩序中得不到正当的位置，很容易被贴上狼人的标签。人们也相信狼人平常就混在人类社会中生活，只有特殊的因素才会被显露狼人的身份。[1] 现在关于狼人的传说也只留存在光怪陆离的神鬼传说之中，而当下影视作品中的各种异形传说，也仅是为了满足大众的猎奇心理。

在西方的非主流信仰中，包括犹太人信仰的犹太教及阿拉伯人信仰的伊斯兰教，作为少数者的信仰，基本能够获得统治者恩赐的宽容与和平，但是作为异类，时常会被当成替罪羊，成为狂热信仰及利益纠葛的牺牲品。在基督教内部，整肃异端一直是基督教面临的重要任务，而这一要务也事关基督教整体的发展。在中世纪后期，教会内部的腐败及分裂加剧了教内异议者的发展，教会也对内部的改革派加以甄别利用，用拉拢和打击的双重手段压制内部的异端者。在西方人的信仰世界，魔法一直拥有一席之地。无论是上层人士热衷的炼金术及占星术，还是下层人依赖的巫术，都与基督教产生一定的联系，在大前提下，基督教会也对部分异术进行利用或打击。简而言之，对异端和异教的打击，既是基督教会维护信仰权威的举措，也变相完善了基督教的教义及信仰。

1　阿部谨也．中世纪星空下［M］．李玉满，陈娴若，译．北京：三联书店，2011：138－150.

第三章 宗教与科学的博弈

文艺复兴让越来越多的人开始运用理性思考上帝、人生与信仰的问题，原罪与神迹开始受到人们的质疑。科学技术的发展，让科学与宗教的矛盾尖锐起来，一些人开始通过科学的角度来思考基督教与信仰问题。西欧的信仰世界由此变得更加丰富多彩。

第一节　文艺复兴

1265 年，但丁·阿利盖利诞生在佛罗伦萨一个贵族家庭。他一生经历过刻骨铭心的精神恋爱，也经历过权力倾轧的政治斗争，领导过游说教皇的代表团，最终被放逐，客死他乡。1307 年，但丁被佛罗伦萨流放后的第五年，开始撰写他一生最重要的著作《神曲》。《神曲》连序曲共三卷 100 篇诗，描写了诗人在人生的中途，在罗马诗人维吉尔的带领下，经过地狱、炼狱，最终在其精神恋人贝娅特丽齐的引领下到达天堂，得见上帝的故事。在但丁的想象中，地狱、炼狱、天堂都分为九层，地狱是人经由犯罪、痛苦而失望，炼狱（又译作净界）是人经由信心而涤罪，而天堂则是由神圣的启示与无私的爱而赎罪[1]。在最多赞誉的《地狱篇》中，但丁将地狱描绘成了一个罪人饱受折磨的可怕的地方，狂风、暴雨、冰雹，饱受折磨的尸体，痛苦的呻吟与尖叫，魔鬼狰狞的笑脸，黑暗、硫磺与地狱的烈火，无一不让人毛骨悚然。（同属文艺复兴时期的画家波提切利的《地狱图》则是但丁地狱的最形象的展示。）而在这里赎罪的罪人们则包含了更多象征意义。在地狱的第三层，是犯下七宗罪中暴食罪之徒在这里遭受暴风雨与冰雹的袭击，同时还会被守卫冥府的三头犬撕成碎片；在地狱的第五层是触犯愤怒与怠惰两宗罪行的罪人；在地狱的第八层，关押的是高利贷者与买卖圣职的人，教皇尼古拉三世在这里饱受折磨，还将路过的但丁认作了卜尼法斯八世，因地狱早已为他预留好了位置，他还预言了克莱门特五世的到来。伊斯兰教的先知穆罕

1　威尔·杜兰. 信仰的时代［M］. 幼狮文化公司，译. 北京：东方出版社，1998：838.

图 3－1　但丁和贝娅特里奇在天堂与圣人谈话

默德也在这一层，他不停地将自己撕碎，伤口愈合后再次感受撕裂自身的痛苦。这其中既有为基督教道德所不容的罪人，也有但丁的政治敌人，还有为但丁所不齿的教会领袖。《神曲》可以说是中世纪知识的集大成者，其中囊括了经院神学、天文学、占星学、历史、犹太神秘哲学等；同时，它又反对神权统治与教皇权威，将自由意志看作上帝对人类最大的恩赐，并提倡对知识——尤其是对希腊罗马文化与阿拉伯文化的追求。恩格斯称但丁是“封建的中世纪的终结和现代资本主义纪元的开端”，是“中世纪的最后一位诗人也是新时代的最初一位诗人”。

从 14 世纪起，欧洲开始出现了一场研究希腊罗马古典文化与文物的热潮。到了 15 世纪，尤其是君士坦丁堡陷落于奥斯曼土耳其之手后，大量的希腊学者带着他们珍贵的手稿投奔意大利，并在这里传播他们的知识。孜孜不倦的求知者被维吉尔、西塞罗的诗歌所感染，被希腊罗马的雕塑、建筑所震撼。他们在古典的世界里发现了一个充满美与自由的宗教，发现了希腊罗马诗人与哲学家笔下高尚与美的精神世界，看到了对世界本原、人的本性与命运的思索。文学家与诗人用洋洋洒洒、华美绚丽的辞藻抒写自己的情怀；政治家以笔为刀，慷慨激昂地宣扬自己的政治理想；画家大笔一挥，在墙壁与画布上渲染天国与基督的世界。但在古典的外皮之下，这场运动却有一个人文主义的内核：对人的尊严与意志的重视，“人”的重新被发现。这就是意大利的文艺复兴。

人文主义最先在文学领域繁荣起来。被誉为“人文主义之父”的彼特拉克一生写作了大量的诗歌，在他对自己与罗拉现实自然的爱情的歌颂中，既有中世纪骑士爱情的遗风，又满含了对世俗之爱的向往；他讽刺封建君主残暴的统治与利用雇佣军进行的内战，这一时期“豺狼与绵羊同居”，善良的平民蒙受灾难（《我的意大利》）[1]；他在诗歌中与圣奥古斯丁对话，批评他的禁欲主义思想，为自己的世俗爱情辩护，赞扬“爱情有益于引导我爱上帝”[2]。薄伽丘在《十日谈》里极尽讽刺之能事，将教会上层的浮华与堕落揭露得淋漓尽致。整本书中充满了教士、僧侣荒淫无度的生活，“第一天·故事第二”中，犹太教徒亚伯拉罕参观了罗马，发现罗马教廷“从上到下，没有一个不是寡廉鲜耻，犯着贪色的罪恶，甚至违反人道，耽溺男风，连一点点顾忌、羞耻之心都不存在了”，这简直是“一个容纳一切罪恶的大熔炉”。于是亚伯拉罕毅然改信了基督教，因为这样充满罪恶与黑暗的大厦仍能屹立不倒，简直就是个奇迹！皮科·米兰多拉大声赞扬人的尊严，因上帝将人类“置于世界的中心”，是“自己尊贵而自由的形塑者”；人们应当将各种学说进行比较，才能让“真理之光更强烈地照亮我们的心智”[3]。与此同时，艺术领域也迎来了一场变革。乔托最先给绘画领域带来了一股新的风气，尽管他的宗教画仍旧带着中世纪绘画的色彩，但人物与景色的立体与纵深感开始增强，古希腊罗马时期的艺术“模仿说”开始有所体现。随着美第奇家族与罗马教廷对艺术的支持与推崇，意大利成为文艺复兴艺术的圣地。

1　阿烈．石上清泉［M］．北京：作家出版社，2007：238.

2　吕同六．意大利经典散文［M］．上海：上海文艺出版社，2004：25.

3　皮科·米兰多拉．论人的尊严［M］．顾超一，樊虹谷，译．北京：北京大学出版社，2010：201.

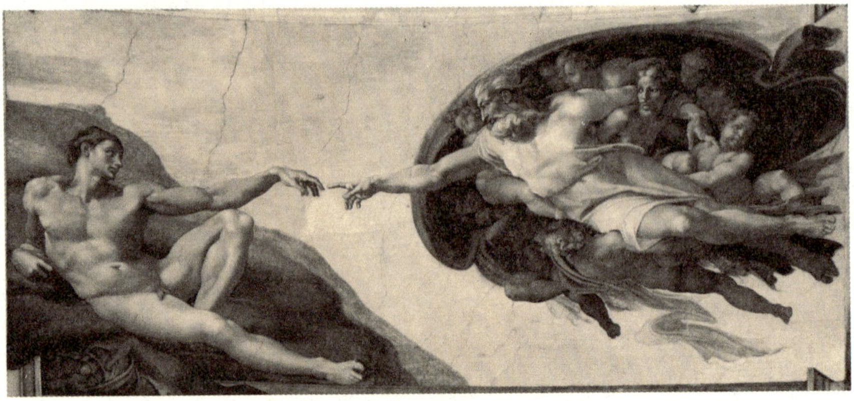

图 3－2　米开朗琪罗为西斯廷教堂所做的壁画《创造亚当》

文艺复兴三杰齐集罗马，无论是达·芬奇神秘微笑的《蒙娜丽莎》，还是拉斐尔充满人性与母性的《西斯廷圣母》和古典大师汇集的《雅典学院》，还是米开朗琪罗充满力量的人体之美的大卫雕像，无一不体现着这一时期对美的追求。透视成了他们展现美的新式武器，人物不再是平面飘忽的圣人，而充满了世俗与人性的色彩，题材也从单纯的圣徒与圣经故事发展到古典史诗与传说。艺术史家瓦萨里的《艺苑名人传》总结了这一时期从乔托的老师契马布埃到米开朗琪罗，260 多位艺术家的生平与作品，既体现了这一时期艺术家对自然之美与古典之美的追求，也为文艺复兴艺术的发展奠定了理论基础。

此外，政治思想也出现了新的变化。在意大利邦国林立，政权支离破碎，罗马教廷控制严格的背景下，马基雅维利在《君主论》中，提出了反对君权神授，建立中央集权的君主国家的主张。他认为道德不再是政治统治的基础，鼓励君主为了国家的利益可以不择手段，但是人民的利益高于一切。这相对于中世纪王权低于教权和道德治国的主流有了很大的变化。

15 世纪之后，随着欧洲其他学者到意大利交流以及他们和意大利人文主义者的书信往来，人文主义的思想开始在欧洲其他国家兴盛起来。鹿特丹的伊拉斯谟经过在巴黎大学和都灵大学学习神学的经历，深深感受到了教会神职人员的言行与基督教教义的严重不一致，后者崇尚神性，注重修行，而前者却表现出了与之不符的贪婪、堕落与腐败。于是，1509 年在英国人文主义者莫尔的寓所中，伊拉斯谟写下了以愚人自称、讽刺贪婪的教皇、教士与封建君主的《愚人颂》。伊拉斯谟的挚友托马斯·莫尔的《乌托邦》虽然常被称为空想社会主义的代表作，但其社会平等、财产公有的理想社会是建立在人性本善与人类理性的基础之上的。莎士比亚在伊丽莎白一世时期所创作的大量戏剧与十四行诗中对人类本性与世俗生活的赞美早已成为人们口耳相传、赞不绝口的经典著作。

虽然人文主义者反对神权统治与教皇权威，讽刺教会的腐化堕落，他们却并不反对基督教，甚至是虔诚的信仰者。人文主义实则是基督教的人文主义。但丁在《论世界帝国》中称，帝国统治的权利并非来自教会，而是来自于社会秩序需要政府维护的自然律；由于自然律是上帝的旨意，因此国家的权力来自上帝[1]。伊拉斯谟是基督教人文主义的代表人物。他的《基督精兵指南》主张教职人员应当帮助平信徒来理解他们的信仰；宗教是内在灵性的事情，个体信仰者应该通过阅读《圣经》来寻求和加深对上帝的认识。他曾明确表示："我的所有才能都是为了光耀基督。"[2] 此时，瓦拉以语言学与历史事实为根据，证明了"君士坦丁的赠礼"[3] 为后世伪作，而中世纪的拉丁文版《通行本圣经》（即《武加大圣经》）也被众多学者证明错误百出。伊拉斯谟回到了比拉丁文本《圣经》更早的希腊文手抄本，他将四种希腊文手抄本进行整理，并综合《武加大圣经》，整理出版了全新的希腊文本《圣经》。而马基雅维利从实用主义的角度对基督教采取支持的态度，他在《论李维》中说，"欲保自身廉洁的君主或共和国，最要紧的事情就是维护宗教礼仪的纯正，对其须臾不失敬畏"，因为宗教是一个社会的基础，有利于社会的稳定与统治的稳固。

同时，教会对文艺复兴的发展也起到了推动的作用，从教皇尼古拉五世到西克斯图斯四世，梵蒂冈图书馆所藏拉丁文与希腊文图书从 1209 卷增加到了 2527 卷，之后又增至 3650 卷，其中囊括了古希腊罗马的文学、哲学等

1　威尔·杜兰. 信仰的时代［M］. 幼狮文化公司，译. 北京：东方出版社，1998：834.

2　赵林. 西方宗教文化［M］. 武汉：武汉大学出版社，2005：316－317.

3　君士坦丁的赠礼，相传该文件是在 4 世纪时由君士坦丁一世发布，主旨是将朱迪亚、希腊、亚洲、色雷斯、非洲以及罗马城，与意大利和整个西方的罗马帝国等土地的统理权赠送给教皇西尔维斯特一世及他之后的伯多禄（即圣彼得）的继承人。而罗马帝国的统治机构则移转到东罗马的新首都君士坦丁堡。

图 3－3　最后的晚餐

经典著作，尼古拉五世还专门组织建立了一个翻译、抄写、编纂中心，对这些文献进行整理。[1] 利奥十世曾公开说："在造物主赐予人类的能力中，没有比研究古籍更好更有用的了。"[2] 在艺术方面，教皇成为艺术品的最大订货者。西克斯图斯四世从 1445 年开始兴建西斯廷教堂，并聘请波提切利绘制了一系列以基督为主题的壁画。儒略二世时期，教皇邀请米开朗琪罗为教堂重新绘制穹顶画。米开朗琪罗创作了举世著名的壁画《创世纪》与《最后的审判》，其对人物透视的掌控令人震撼。但是，这种支持是"间断的、不稳定的"，在卡里斯特三世、保罗二世、英诺森八世时期又陷入了低潮。这种支持可以说是完全"以教廷僧侣的兴趣而定的"。

整个文艺复兴时代首先"认识和揭示了丰满的完整的人性而取得了尤为伟大的成就"。[3] "这种由于个性解放和自由人格的发展而导致普遍的人性觉醒，与被'复兴'的崇高典雅的古代文化结合在一起"[4]，就产生了巨大的精神力量。教皇与教廷的地位在这一时期的知识分子心中大大下降。而学者对追求古典文化的原始文本的精神延伸到了神学领域，开始倡导回到基督教神学的基础即《圣经》中去。这一切都对神学世界产生了深远的影响。一场基督教世界的巨大变革即将展开。

1　程显煜. 罗马教皇与罗马文艺复兴［J］. 历史研究，1988（1）：106.

2　威尔·杜兰. 文艺复兴［M］. 幼狮文化公司，译. 北京：东方出版社，1998：488.

3　雅各布·布克哈特. 意大利文艺复兴时期的文化［M］. 何新，译. 北京：商务印书馆，1979：302.

4　赵林. 西方宗教文化［M］. 武汉：武汉大学出版社，2005：314.

第二节　西方基督教世界的大变动

早期宗教改革的企图

早在中世纪，基督教内部就已经出现过改革的呼声，但大都没有引起反响。威克里夫与胡斯的改革是其中最著名的两次尝试。

1371 年，牛津大学神学院读经师约翰·威克里夫不满教会的腐化堕落，开始到各地布道，宣扬他的宗教改革思想。他主张经过祝圣后的圣餐，并非就是基督的身体；罗马教会和其他任何教会一样，并非教会中的首领；彼得也并不比其他使徒享有更多从基督而来的权柄；罗马教皇并没有比教士阶级中的任何人握有更多的教会钥匙；教皇或者教会中任何高级教士都不应私设监狱来惩戒违犯教规者。他还首次将拉丁文《圣经》译成了英文。他的行为引起了教会内其他人士的不满，大主教萨德伯里的西门革除了他在牛津大学的教职，教皇写信指使坎特伯雷大主教铲除威克里夫。尽管教皇的阴谋因为封建贵族对威克里夫的保护而没有得逞，但并不甘心的反对者们在 1415 年康斯坦茨宗教会议上通过决议，要掘其坟墓，将他的尸骨抛诸荒野[1]。这项决议在 1425 年被实施。被称为罗拉德派的威克里夫的追随者们在之后的一百年间持续遭到镇压。16 世纪英格兰的宗教改革家约翰·福克斯称其为“改教运动的晨星”。

威克里夫的改革虽然没有成功，但他的思想已经传播到了欧洲大陆。受到威克里夫的影响，捷克布拉格大学的校长约翰·胡斯也开始在他的讲坛上

1　约翰·福克斯. 殉道史［M］. 苏欲晓，梁鲁晋，译. 北京：三联书店，2011：44－45.

传播改革思想。他支持威克里夫的观点，称“高级教士是蓄意曲解《圣经》的撒谎者，扬言凡事必须听从教皇。……而不少教皇是异端者”。[1] 他反对教会拥有大量地产，主张没收教产。他倡导用捷克语传教，并翻译了捷克语《圣经》。他使学生与教众重拾对上帝的热爱，尤其受到捷克下层民众的欢迎。然而，传播被教廷视为异端的威克里夫的思想，必然被教廷反对，教会公开禁止胡斯布道，1411 年教皇约翰二十三世宣布革除他的教籍。胡斯对教会命令的无视更加激怒了教皇；约翰二十三世以“不伤害他的人身安全”为条件将胡斯骗至康斯坦茨，在经过监禁与审判之后，康斯坦茨宗教会议将其定罪，并于 1415 年处以火刑。胡斯的殉教引起了捷克人民的强烈不满，在 1419 年布拉格人民举起了起义的大旗，拉开了胡斯战争的大幕。由于起义者多是农民、手工业者、矿工和城市平民，又被称为捷克农民战争。虽然胡斯战争以失败告终，但宗教改革的思想却在这一过程中得到了传播。

欧洲大陆上的风起云涌

16 世纪时，宗教改革成为一股不可逆转的历史大潮，席卷了整个西欧。

欧洲大陆的宗教改革主要是路德宗与加尔文宗。

路德宗（又称“信义宗”）的改革是从德意志关于赎罪券的学术讨论开始的。1515 年，多明我会修士台彻尔为了帮教皇利奥十世以修缮圣彼得大教堂为名兜售赎罪券，大肆宣扬“当金钱落入赎罪箱发出叮当响声时，死去亲人的灵魂就已飞入天堂”。这引起了维滕堡副主教马丁·路德及其同事的不满。1517 年 11 月 11 日，他在维滕堡教堂门口张贴了《关于赎罪券效能的辩论的 95 条论纲》（又称《九十五条论纲》），批评教廷兜售赎罪券的行为。他认为，赎罪的权力归于上帝所有，赎罪券的买卖不仅与基督教关于惩罚、悔改、赦免的教义不相符合，而且会增加人的贪欲，远离上帝。他虽没有直接对教皇权威提出质疑，但他认为“说那饰以教皇徽号的十字架是与基督的十字架同样有效，这是亵渎”，这种观点终究触及了罗马教会的利益。《九十五条论纲》道出了德意志民众的心声，在两周之内就传遍了整个德意志，一

1　约翰·福克斯．殉道史［M］．苏欲晓，梁鲁晋，译．北京：三联书店，2011：63．

图 3－4　马丁・路德

个月之中就传遍了全欧洲，并被译成了多种文字[1]。这使教皇大为震怒，美因茨大主教与多明我会都对路德大肆批评。1520 年教皇下达通谕开除路德的教籍，1521 年更是将路德列为异端，路德被迫与教廷彻底决裂，开始了他的宗教改革历程。1530 年路德起草了《奥格斯堡信纲》，主张“因信称义”，即“信仰耶稣即可得救”，信仰的唯一依据就是《圣经》，不需要通过教会中介，也不需要借助复杂的宗教仪式。他主张废除烦琐豪华的崇拜仪式，只保留洗礼与圣餐礼，简化教士等级，允许神职人员结婚，准许平信徒在圣餐中饼酒同领，并取消修道院。这引来了教皇等人言辞更加激烈的驳斥。随着时间的推移，德意志大量邦国的诸侯都改信了新教，新教的发展已势不可挡。经过新教与旧教的斗争乃至三十年战争，最终双方在 1555 年缔结了《奥格斯堡合约》，确定了“教随国定”的原则，即各个邦国信仰新教还是旧教由各邦国自己决定。至此，路德宗合法地位正式得到了确立，在德意志的一些邦国成为了国教，而德意志的南部仍旧以天主教为主。

1　王美秀，等. 基督教史［M］. 南京：江苏人民出版社，2006：166－167.

虽然加尔文宗（又称“长老宗”“归正宗”）改革的领导者都有学术背景，但改革本身却并非是学术的，而是直接针对社会的，在建制、社会、伦理等方面都提出了要求[1]。加尔文宗的发源地瑞士联邦，此时隶属于神圣罗马帝国，但是其下属 13 个州都有很大的自治权，各自为政，反对教皇对其事务的干涉。在加尔文之前，1518 年，茨温利响应路德的号召，抨击教廷售卖赎罪券的行为，开始在苏黎世进行宗教改革。他提倡教士结婚，反对弥撒，改行圣餐礼，解散修道院，还在苏黎世建立了政教合一的枢密院。1531 年茨温利在宗教战争中阵亡后，因提倡改革从法国逃亡的加尔文接过了瑞士宗教改革的大旗。1536 年加尔文从法国逃亡瑞士巴塞尔的途中被阻于日内瓦，于是应当地改革家的邀请主持改革工作。他在日内瓦提倡重建宗教道德，禁止女性奇装异服，礼拜天禁止娱乐，强制父母对儿童进行宗教教育。这些言论引起了反对派的不满，1538 年被驱逐出日内瓦。1541 年，加尔文重返日内瓦，开始建立他的“神权共和国”。加尔文也宣扬“因信称义”，但他的“因信称义”是建立在“预定论”的基础上的，即一个人无论是选民还是弃民都是在其出生之前就由上帝决定好的，只有“选民”才能凭借基督的恩典获得救赎，得到永生。因此一切善功和圣事都失去了它的效用。但是“选民”必须加入教会，因为“教会之外无救赎”[2]。加尔文否认洗礼与圣餐之外的其他五项圣事，推崇《圣经》的权威。他依据《圣经》建立了新的教会组织“长老会”，由平信徒选举 5 名牧师和 12 名长老负责宗教事务。同时，他宣扬政府也应依《圣经》行事，故“25 年中，日内瓦之商人寡头政治，似乎完全受到以神权政治为标榜的教士阶级的支配”[3]。加尔文将宗教与道德看作一体两面，神学的目的是为了建立一个模范社会，对其教众提出了严格的道德要求。如查禁不道德的书籍，对赌博、酗酒、跳舞、牌戏、生活奢侈等一律禁止，对服装打扮也有严格的要求，禁止给儿童取天主教圣徒的名字，而鼓励取《旧约》中的名字。一位妇女，因为梳高髻受到监

1 麦格拉斯．基督教概论［M］．马树林，孙毅，译．北京：北京大学出版社，2003：295.
2 刘林海．加尔文思想研究［M］．北京：中国人民大学出版社，2006：239.
3 威尔·杜兰．宗教改革［M］．幼狮文化公司，译．北京：东方出版社，1998：359.

禁；一位父亲因为给儿子取名克劳德[1]，被关了 5 天[2]。加尔文的强硬手段自然招来了大量反抗的声音，而加尔文对反对的声音也比罗马教廷更不能容忍。西班牙人塞尔维特在 20 岁时写小册子反对“三位一体”与“童贞女受孕”，认为这些都没有《圣经》支持，希望得到加尔文的支持，却遭到了加尔文的反对，加尔文进言威胁说，如果他来到日内瓦“就别想活着离开这儿”[3]，并在塞尔维特匿名出版第二本小册子时曝光了作者的身份。1553 年，塞尔维特在日内瓦因异教信仰而被处以火刑。

16 世纪的宗教改革中重要的派别还有再洗礼派。他们主张婴儿洗礼是没有效力的，应当在成年之后进行再次洗礼。他们在思想上十分激进，宣扬“唯独《圣经》”，只相信和实践在《圣经》中有明确指导的事。再洗礼派信徒对外在权威普遍不信任，拒绝对世俗权威宣誓效忠。他们主张共同拥有财产，认为在天堂财产公有是自然的。虽然大部分再洗礼派信徒是和平主义者，但一些人鼓动平民去反抗富人与统治者，所以再洗礼派一直遭到政府的残酷镇压。

新教的各个教派在西欧得到了飞速的传播，在各个国家进一步变化、发展，并在西欧引起了巨大的动荡。在德国，新教徒通过闵采尔起义获得了“教随国定”的权利；在法国，倾向于加尔文宗的胡格诺信徒通过“胡格诺战争”赢得了《南特敕令》所赋予的宗教自由；在北欧，丹麦、挪威、瑞典都通过自上而下的宗教改革成为保留主教制的路德宗国家。在新教地区，教皇的权威受到了严重的打击，宗教以一种与世俗生活结合的方式获得了复兴，并在不同的民族呈现出了不同的特点。

英伦三岛上的三种景象

与欧洲大陆一海之隔的英伦三岛，幅员不大，却呈现了三种不同的宗教改革状况。

1　源自圣克劳德，即贝桑松的克劳迪乌斯，7 世纪时期法国康达特修道院（Condat Abbey）院长，曾被选为贝桑松大主教，但被他婉拒。他所在的小镇，在他死后改名为圣克劳德。

2　威尔・杜兰．宗教改革［M］．幼狮文化公司，译．北京：东方出版社，1998：360.

3　凯莱特．宗教的故事［M］．曹国臣，刘宗峨，译．南京：江苏人民出版社，1999：444.

英格兰的宗教改革不同于欧洲大陆以教士为主导的进程，而是由国王自上而下发动的。

在追随克里夫的罗拉德派被镇压之后，英格兰宗教改革的势力一度减弱了。然而路德的思想在欧洲大陆上传播没多久，就唤醒了英格兰沉睡的改革派们。在剑桥大学的白马酒店，托马斯·克兰默、巴恩斯、毕尔内、拉蒂默、里德利等在此讨论路德的思想，他们后来都成了英格兰宗教改革的中坚力量。在亨利八世统治初期，为了巩固自己的权利和地位，他摆出一副对教皇唯命是从的态度，积极镇压传播新教思想的人，被教皇利奥十世赐予“基督教卫士”的称号。

然而这一切很快被亨利八世的子嗣问题打乱。亨利八世在登基之初与自己哥哥的遗孀、西班牙公主凯瑟琳结婚，然而在多年的婚姻中，凯瑟琳仅为亨利八世产下了一位公主，到了16世纪20年代，凯瑟琳已经没有再生育的希望。男性继承人的缺乏使亨利八世十分紧张，因为在英格兰的历史上，由王位继承纠纷引发的战争与政治斗争给英格兰带来了巨大的灾难，玫瑰战争留在人们心中的伤痕还未痊愈。于是，亨利八世向教皇克莱门特七世申请与凯瑟琳离婚，以便与安妮·博林再婚以生育王位继承人。通常情况下，教皇对这种申请都会照单全收；况且，亨利八世曾多次为教皇解围，教皇应当答应他的请求。但是，神圣罗马帝国皇帝查理五世刚刚洗劫了罗马，教皇实质上成了查理五世的俘虏。身为凯瑟琳的侄子，查理五世自然不能容忍自己的姑母忍受这种侮辱，故而教皇迟迟不肯批准亨利八世的离婚请求。与此同时，英格兰内部宗教改革的呼声越来越大。1529年，亨利八世召集议会，讨论宗教改革的问题，英格兰逐渐形成了以托马斯·克伦威尔为首的改革集团。

16世纪30年代，在亨利八世与克伦威尔的努力下，议会通过了一系列的法律，在立法、司法、征税等各个方面限制了罗马教会在英国的权利，并最终切断了英国教会与罗马教廷的关系。最重要的措施就是规定国内的遗嘱、婚姻、道德案件不能上诉到教皇法庭，英国的宗教法庭独立于罗马教廷。随后，坎特伯雷大主教克兰默判定亨利八世与凯瑟琳的婚姻无效（其女儿玛丽公主为合法子女），紧接着，又宣布亨利八世与安妮·博林的秘密婚姻有效，以确保他与安妮的子女是合法继承人。在立法方面，1532年，下院要求未经国王许可，禁止教会新立法；同年，教士会议发布文件《教士的屈服》接受这一条款。在征税权方面，1532—1534 年间，议会禁止教士将第一年的收入捐献给罗马教廷，而是上交给英格兰政府，进而停止向罗马教廷缴纳什一税，同样转交给政府。亨利八世还剥夺了罗马教廷任命神职人员的权力，将任命大主教的权力掌握在自己的手中。在一系列的法律中，最重要的是 1534 年的《至尊法案》，规定“国王陛下、他的后嗣者与继承者，这个王国的诸国王，应取得、接受和被称为那叫作安立甘教会的英格兰教会在尘世的唯一的最高首脑”，享有全权纠正异端，革除流弊。它标志着安立甘宗的正式成立。《王位继承法》与《叛逆法》进一步保证了亨利八世的三个子女的继承权，其中规定，凡不承认英王在宗教或政治上权威的人一律按叛国罪处置。至此，英国教会断绝了与罗马教会的关系，已经成为英国国家机构的一部分。

在宗教改革上，亨利八世的另一项重要措施，就是解散修道院并没收其土地为国有。1536 年，亨利八世下令解散年收入在 200 镑以下的小修道院 376 所；1538 年为了镇压地方上反对解散修道院的势力，亨利八世主导了大规模的揭露大修道院罪行的潮流。1539 年，亨利八世借机下令解散大修道院，所有教产收归国有。1540 年 3 月 23 日，最后一个修道院从英国土地上消失。所以，游客可以在欧洲大陆上参观古老的修道院，而在英国土地上，却看不到修道院的踪影。为了增加王室的直接收入，亨利八世将收归国家的教产转手卖给了新的教会、贵族、宫廷人员、小官吏、律师、自耕农与乡绅。这些既得利益者成了维护宗教改革成果的重要力量。

在神学思想上，1536 年会议颁布了《十条教规》，承认洗礼、忏悔与圣餐三项圣事，否定其他四项圣事的有效性；在圣餐的问题上又否定了天主教的化体论，接受了路德的共体论；反对偶像崇拜与圣徒崇拜。在总体思想上，《十条教规》是一种新旧思想的合体，更加接近路德宗的观点。

但是，亨利八世的宗教改革不断出现反复。1537 年颁布的《主教书》又重新承认了《十条教规》所否认的四项圣事，支持天主教的化体论。1539 年，议会通过《取缔分歧意见的六条款法案》重新允许民间做弥撒；1543 年，亨利八世又下令禁止妇女与儿童读《圣经》。这一时期，新教徒遭到迫害，大批新教徒逃亡国外。亨利八世晚年时又重新转向新教。总体上，亨利八世介于传统与变革之间，努力寻求新教与旧教之间的平衡，以达到维持统治稳定的目的。

亨利八世去世后，按照《王位继承法》，他与第三任妻子简·西摩的儿子爱德华登基，史称爱德华六世。此时，爱德华六世还不到10岁，由萨默塞特公爵摄政，继续由坎特伯雷大主教克兰默推行宗教改革。1547年，议会禁止弥撒与偶像崇拜，允许平信徒在圣餐礼中饼与酒同领（在天主教弥撒中，平信徒只能领饼）。1549年，为了统一宗教仪式，大主教克兰默为议会起草了《公祷书》。克兰默是个较为激进的新教徒，但在议会的压力下，《公祷书》所呈现的英格兰民族性突出，在思想上亦偏向旧教。议会对此仍不满意，1552年，又颁布了第二版《公祷书》，它在思想上更加贴近新教，但是仪式上却呈现向旧教靠拢的趋势。1553年，爱德华六世批准了克兰默拟定的《四十二条信纲》，并在全国推行。

亨利八世与爱德华六世推动的宗教改革，建立了安立甘宗的基本架构。然而，在英国平民中，很多人对宗教改革持一种冷漠的态度。在亨利八世时期，很多人认为亨利八世改革宗教的行为只不过是另一次王权与教权斗争的闹剧，一段时间之后，一切就会恢复原状。爱德华六世时期，英国国教开始呈现出一些新教的色彩，安立甘宗在社会的上层产生了较大的影响。教士开始用英语传教，使平信徒能够真正参与宗教仪式，同时宗教仪式也更加面向大众。整体来说，英格兰地区仍旧是天主教徒占多数，各地天主教仪式与新教仪式混杂。

1553年7月，爱德华六世去世，信仰天主教的玛丽女王登基，开始废除爱德华六世时的法律，在英格兰地区恢复天主教。她取消了《公祷书》，重新禁止教士结婚，将宗教仪式恢复到亨利八世末年的状况，恢复教皇在英格兰的宗教权威。她还恢复了旧的异端法，在英格兰镇压新教徒。三年之内，坎特伯雷大主教克兰默及300多名新教徒被处以火刑。所以，玛丽又被后世的史学家称为“血腥玛丽”。

天主教的复辟仅仅持续了5年，1558年玛丽女王与协助其恢复天主教的枢机主教波尔就相继去世了。伊丽莎白一世即位后就恢复了英国国教会。但是面对一个天主教徒占国家人口总数2/3的英格兰，伊丽莎白一世希望可以照顾到大多数人的宗教感情。她渴望成为整个英国的女王，而不是新教徒的女王，最终目的是确保国家的稳定统一与王权至上。所以她的一切改革都是围绕这一目的进行的。

1559 年，议会通过新的《至尊法案》，宣布伊丽莎白一世为英国国教会的“最高管理者”，而非原先的“最高首脑”（因为这一用词容易引起旧教徒的反感）。之后，新任的坎特伯雷大主教帕克综合克兰默的两版《公祷书》进行修改，要求教士仍旧穿着中世纪式的弥撒法衣，删除了反对教皇的内容，并将之固定下来。同时还颁布了新的《划一法》，规定所有教堂都要将《公祷书》作为唯一礼仪标准，凡不遵循的教士都将被革除公职与教职。之后，议会又公布了《三十九条信纲》，一方面主张因信称义，反对炼狱说与偶像崇拜，另一方面又保留了教阶制和一部分天主教礼仪。至此，英国国教形成了新教思想与旧教礼仪相结合的形式，标志着安立甘宗的正式形成。

对于一些思想更加激进的新教徒来说，从亨利八世以来的宗教改革的力度很不够。他们在玛丽女王时代到欧洲大陆避难，感受到了加尔文派宗教生活的简明性，希望能够清除英国国教中的天主教仪式与等级制度，净化英国国教，因此他们被称作“清教徒”。他们中的一部分人愿意留在国教，等待国教逐步改良；另一部人分则希望脱离英国国教，建立独立的教派，被称为“分离派”。

在统治之初，伊丽莎白一世面对国内大量存在的天主教徒与清教徒，只要他们不会分裂国家、威胁女王就权威，就对他们采取容忍的态度，所以伊丽莎白一世的宫廷中清教徒和秘密的天主教徒兼而有之[1]。实际上，绝大多数的天主教徒与清教徒都不愿采用暴力的方式反抗女王。1570 年，教皇庇护五世宣布革除伊丽莎白一世的教籍，并宣布其王位无效；如此一来，信仰天主教的苏格兰的玛丽·斯图亚特就成了英格兰王位的合法继承人。教廷煽动天主教徒去刺杀伊丽莎白一世，一些蠢蠢欲动的天主教徒想借此机会推翻伊丽莎白的统治。这无疑触及了女王的底线。此后，伊丽莎白一世加强了对天主教徒在经济上与政治上的打击，同时对企图分裂英国国教的清教徒绝不手软。

1　邢来顺．伊丽莎白一世传［M］．武汉：长江文艺出版社，2005：143.

图 3－5　伊丽莎白一世

伊丽莎白时代的欧洲大陆正陷于宗教战争的水深火热之中，法国的胡格诺战争与德意志的三十年战争正烈，法国的胡格诺战争导致了瓦卢瓦王朝的崩溃。英格兰却独善其身，免于陷入宗教战争的泥潭，这与伊丽莎白一世在外交上的明智决策与婚姻上的牺牲是分不开的。与和情人联手谋杀自己丈夫的苏格兰女王玛丽·斯图亚特不同，伊丽莎白一世多次因为宗教问题拒绝了欧洲大陆贵族的求婚。从法国国王亨利九世，到神圣罗马帝国的查理大公，再到安茹伯爵，伊丽莎白一世一次次错失了结婚的机会。1579 年在她 45 岁的时候，她考虑与法国的阿朗松公爵结为连理。年轻而热情的阿朗松公爵虽然因为天花而满脸疤痕[1]，却能够为了会见女王多次乔装打扮悄悄进入英格兰，并给女王写下了大量的情书。公爵的热情打动了女王，可这桩婚事再次遭到了枢密院的否定。一方面女王已不再年轻不适合生育，更重要的是，尽管这位年轻的公爵对新教徒十分友好，但他是天主教徒。所以，直到 1584 年阿朗松公爵因热病去世，女王都未能如愿[2]。此后，伊丽莎白一世不再思

1　邢来顺. 伊丽莎白一世传［M］. 武汉：长江文艺出版社，2005：171.

2　陈晓律，等. 英帝国［M］. 西安：三秦出版社，2000：110.

考结婚的事，专心做她的英格兰“童贞女王”。

伊丽莎白女王去世后，苏格兰斯图亚特家族的詹姆士继承了英格兰王位，称詹姆士一世。斯图亚特王朝时代，一些清教徒从英国国教中分离出去，建立了独立的教派，比较有影响的有公理会、浸礼会与贵格派（又称公谊会或教友派）。但国王们始终持反对清教的态度，尤其是查理一世更是倾向于天主教，主张君权神授，于是清教徒与英国国教的斗争和议会与王权的斗争交织在了一起。1642 年，英国革命爆发，以清教徒为主的议会军推翻了查理一世的统治，并处死了查理一世，建立了以克伦威尔为首的共和国政府。在共和期间，克伦威尔坚持宗教宽容的基本政策，建立了一个包容国教、长老派、公理会、浸礼会等的广泛的国教[1]。

克伦威尔逝世后，共和政府很快就崩溃了。复辟的查理二世开始对处死查理一世的人进行反攻倒算，并大力打击清教徒，对在处死查理一世文件上签字的人处以极刑。1673 年，国会规定，凡不按国教礼仪领圣餐的公职人员一律撤职，清教徒被排挤出国家政权机构。查理二世的继承者詹姆士二世企图恢复天主教在英格兰的地位，并希望能够生下一个男性继承人并将其培养成天主教徒。这一做法激怒了国教徒与清教徒，他们联合起来发动了光荣革命，迎接詹姆士二世的女儿和女婿——信仰新教的玛丽与荷兰执政威廉入主英国。玛丽与威廉于 1689 年颁布了《宗教宽容法》，规定凡反对教皇权威、否认变体论与圣母、圣徒效用的基督教派别都可在英格兰获得自由。此后国教徒与清教徒开始在英格兰的土地上和平共处，不再受国家干涉，但天主教徒依旧受到国家的排斥与打压。至此，英格兰的宗教改革正式完成。

与英格兰毗邻的苏格兰教会一直以来就有道德败坏、金钱腐败的坏名声。在宗教改革以前的禁欲时代，苏格兰的枢机主教比顿有八个私生子，并且在主持礼拜活动的前一天仍会和女性同房；大主教约翰 · 汉密尔顿则想方设法从议会获得文件，以证明自己的私生子是合法嫡出的[2]。据统计，15 世纪末，苏格兰教会的收入等于苏格兰全境其他一切收入的总和[3]。故而在威

1　游斌. 基督教史纲［M］. 北京：北京大学出版社，2010：271.

2　威尔 · 杜兰. 宗教改革［M］. 幼狮文化公司，译. 北京：东方出版社，1998：459.

3　王美秀，等. 基督教史［M］. 南京：江苏人民出版社，2006：199.

克里夫与胡斯的时代，宗教改革的呼声就屡禁不绝。

16世纪20年代，路德的思想传入苏格兰，并在不久之后被加尔文的思想所代替。此后提倡宗教改革而屡次逃亡日内瓦的约翰·诺克斯成为宗教改革的领袖。他是加尔文的忠实信徒，反对偶像崇拜和教皇的权威；即使在日内瓦，也积极运送宣传新教的小册子回苏格兰，并得到了从英格兰逃亡而来的新教徒的支持。1557年，苏格兰的一批新教徒和与国王不合的贵族联合起来，号召在苏格兰建立新教教会，遭到了苏格兰统治者及法国的联合镇压。最终新教徒在英格兰的支持下，击败了苏格兰与法国的军队，诺克斯开始在苏格兰进行宗教改革。诺克斯希望在苏格兰建立像日内瓦一样的神权共和国，遭到了贵族阶层的反对，只能采取折中的方式，建立苏格兰式的长老会。1572年诺克斯去世后，苏格兰由国王控制的主教制度成了长老会的阻碍。经过长达20年的斗争，国王最终取消了主教制。苏格兰的长老会制度最终得到完善，确立了其在苏格兰的绝对地位。1638年，英格兰的查理一世试图在苏格兰推行英格兰保守的《公祷书》，遭到苏格兰人民的反对，引发的苏格兰起义成为英国革命的导火索。

与英格兰和苏格兰不同，在爱尔兰的民众中，新教并没有从根本上战胜旧教。12世纪开始，爱尔兰沦为英格兰的属地，但在都铎王朝之前一直处于一种松散的管理状态。亨利八世时期，国王开始加强对爱尔兰的统治，希望将英格兰的法律移植到爱尔兰，将英格兰的国教移植到爱尔兰就成了政府的努力目标之一。亨利八世将英格兰国教的仪式和制度移植到爱尔兰，并成为宗教领袖。新教还将旧教所有的教堂和修道院占为己有。尽管玛丽女王统治时期，天主教的地位曾获得一段时间的恢复，但是伊丽莎白一世的登基很快改变了这种状况。《至尊法》与《划一法》在一个不能代表绝大多数人民的会议中得到通过，《公祷书》被强制推行，所有人每周都要到国教教堂参加礼拜，否则会受到惩罚。

但是，英格兰的强硬措施在爱尔兰民间没有得到很好的实行。一方面，爱尔兰有一半地区都是沼泽和灌木丛，几乎没有任何道路相通，所有人口散居各地，通讯极为困难。所以法律的实施和思想的传播有很多障碍[1]。另一

1　罗伯特·基. 爱尔兰史［M］. 潘兴明，译. 上海：东方出版中心，2010：29.

方面，爱尔兰的本土居民都讲爱尔兰语，而英格兰国教则采用英语传教，语言的障碍使得思想的沟通变得困难。如都柏林大主教亚当·洛夫特斯对爱尔兰语一窍不通，当他在教堂上讲着英语，并将圣坛从教堂东端移走并把圣餐桌摆在正中央后，很多爱尔兰人感到这里宣讲的已经不是基督创立、彼得传扬的宗教了[1]。最重要的是，英格兰政府在爱尔兰大肆推行殖民政策，没收本土居民的土地，引起了人民的不满。于是爱尔兰的盖尔人和15世纪以前移民到爱尔兰的已经盖尔化的“老英格兰人”联合了起来（他们形成了现在的爱尔兰民族），反对英格兰政府的统治。爱尔兰民族保持天主教信仰成为与新来的英格兰人进一步划清界限的标志。最终仅爱尔兰北部厄内斯特地区新教移民点附近新教徒占多数，而整体爱尔兰地区天主教占多数。这一不平衡的情形成为后来爱尔兰地区众多宗教冲突与政治冲突的根源。

宗教改革的总体特征

这一时期的宗教改革无论哪个派别都表现出了对《圣经》权威地位的推崇，这与文艺复兴时期追求原始文献的潮流是一致的。但是新教各派之间又有着差别。路德是以一种发展的眼光看待《圣经》，而不是将其看作静止的字句启示。他十分看重《哥林多后书》（3：6）所说的“他叫我们能承当这新约的执事。不是凭着字句，乃是凭着精意。因为那字句是叫人死，精意是叫人活”，认为这是在教导人们如何看待《圣经》。加尔文在这一点上与路德保持了一致；另外，他还十分重视《旧约》部分，“摩西五经”与“先知书”在加尔文的思想体系中占有重要地位，他就是从旧约神学传统中确认新教信仰必须以有组织、有法律的教会形式来传承和发展[2]。在再洗礼派眼中，《圣经》的地位高到了一个极端的程度，即基督徒只应该相信和实践那些在《圣经》中明确教导的事情。新教与旧教在《圣经》的次经的问题上产生了分歧。希腊文权威版本的《七十子希腊文译本》和拉丁文权威版本《武加大译本》的旧约内容比希伯来《圣经》多出了七卷和一些零散篇目，被称

1　埃德蒙·柯蒂斯．爱尔兰史：上［M］．江苏师范学院翻译组，译．南京：江苏人民出版社，1974：361.

2　王艾明．马丁·路德及新教伦理研究［M］．南京：译林出版社，2011：112－113.

为《次经》，与相合的部分“正典”相对。天主教的特兰托公会议上认定了次经的正统地位，将次经内容放在了《圣经》内；而路德则认为次经与正典地位不可同日而语，只能算是有益的读物，将次经部分剔出了《圣经》。故此，天主教《圣经》比新教《圣经》的《旧约》多出了七卷。

根据对《圣经》的分析，新教改革家们对天主教七圣事也提出了质疑。他们认为除了《圣经》中明确提出的圣事之外，其他的礼仪都没有效力，即七圣事中的坚振、忏悔、病人傅油、圣秩、婚姻五项圣事都应当废除。对于保存下来的两项圣事，各个派别之间也有着分歧。对于洗礼，路德宗与加尔文宗都肯定婴儿洗礼的作用，而再洗礼派认为婴儿洗礼无效。对于圣体礼，各个派别之间的分歧更大。天主教举行弥撒，认为在进行弥撒仪式时所用的饼与葡萄酒已经变成了基督的血肉，原来的饼和酒只剩下五官所能感到的外形，即变体论（又称化体论）。而路德宗与加尔文宗则对弥撒仪式进行简化，只进行简单的圣餐礼。对于圣餐，尽管他们都否定天主教的变体论，但路德与加尔文又有着不同的观点。路德认为经过祝圣，饼与酒虽然本质没有发生变化，但是与基督的血与肉已经联合存在，成为与圣体“共生”的状态，即“共体论”；加尔文则认为领圣餐所领受的并不是基督的尸体，而是凭着信仰领受的实实在在的属灵的基督，是获得上帝的恩宠的证据，是为滋养信徒属灵的生命[1]；而茨温利进一步认为领圣餐只是一种纪念性的仪式。尽管在现代人眼中有点不可思议，但在当时关于圣事的争论是一件十分严肃且重要的问题。

新教否定了原罪说，否定圣事与善功对进入天国的作用，还否定了旧教中教士的等级制度，反对教士禁欲，主张教士结婚。这反驳了旧教关于“教皇是上帝在现实世界的代理人”的论说，也就否定了教皇至上的教廷权威。

尽管宗教改革大大削弱了罗马教廷在整个欧洲的势力，但是这仅仅是罗马教廷的衰退，对于整个基督教会来说却是一个势力增强的时期。整个宗教改革时期，民众与新教教士的宗教热情十分高涨，新教各教派趁机加强了教会对社会、日常生活与道德的控制。加尔文在日内瓦建立的神权共和国就是最典型的表现。无论是道德、法律，还是政治、经济，甚至是起名、发型、

1　许志伟．基督教思想评论·13［M］．上海：上海人民出版社，2011：69.

服饰这种细节，都是教会管理的内容。欧洲其他地区的教会势力虽然没有日内瓦这样极端强盛，也较宗教改革之前有所增强。以教会对婚姻的管理为例，中世纪时期，教会将婚姻看作一件圣事，对婚姻的约束与管理却很弱，秘密婚姻十分普遍。教堂婚礼不是必需的，见证人也不是必要条件，只要男女双方曾经相互约定愿意结为夫妻，教会就会认定这对夫妻是合法的。1493年，罗马教廷规定教堂婚礼是婚姻合法的必要条件，但是取得的效果并不好。在宗教改革时期，无论是新教地区还是旧教地区，有牧师在场的教堂婚礼成为婚姻合法的基本仪式，婚礼之前连续三周在礼拜日进行预告也是婚礼的必备步骤。人们所熟知的西式婚礼在这时才成为普遍现象。

罗马教廷的反击

面对新教气势汹汹地攻击与否定，天主教也不甘示弱，做出了强烈反击，表现为教皇反改革措施与天主教的内部调整。

为了巩固旧教内部的思想，1545 年到 1563 年召开了特兰托公会议。特兰托公会议重申了教会对《圣经》解释权的唯一性，肯定了原罪说，反对“因信称义”，强调圣事对进入天国的作用，将《武加大译本》定为法定拉丁文版本，确定了教皇的权威和赎罪券的功效。被邀请参加会议的新教徒进行了抗议，被定为了异端。最终，会议在 1564 年制订了《特兰托会议信纲》，将所有的决议白纸黑字固定下来，后来与《使徒信经》《尼西亚信经》《亚大纳西信经》称为四大信经。

随着印刷术的发展，宣扬新教思想的书籍、小册子等得到了广泛的传播，也使新教的思想被带到西欧的各个国家。面对新教书籍的影响力逐渐扩大，罗马教廷完善了审书制度。1543 年，教皇保罗三世设立查禁书刊主教会议，受罗马教廷控制的巴黎大学、鲁汶大学、科隆大学先后发布了禁书目录。1557 年，教皇保罗四世又将 48 种《圣经》译本列为禁书。此后，但凡有新书要出版，必须经教会审定同意，还焚毁了成千上万部已经出版的禁书[1]。与此同时，意大利与西班牙各地纷纷建立宗教裁判所，残酷地处置异端分子，并

---

1 王美秀，等. 基督教史［M］. 南京：江苏人民出版社，2006：209.

强迫异教徒皈依基督教。从15世纪末到17世纪初的140年间，宗教裁判所使西班牙人口减少了300多万。在其最疯狂的18年中，共有11.4万人受到指控，10220人被火刑处死，9.7万人被判终身监禁或公开悔罪[1]。

16世纪中期，在西班牙贵族罗耀拉的领导下，经教皇准许，主张“复兴天主教，重塑教皇权威”的耶稣会成立。他们在入会时发出“三绝”誓愿，即“绝意”“绝色”“绝财”。强调除“听命、贞洁、清贫”之外[2]，还必须宣誓绝对效忠于教皇。他们反对在教会、隐修院进行脱离社会的隐修，要求深入社会。他们十分注重教育，建立了大量的大学并免费开放了大部分的入学资格，以传播天主教思想。耶稣会士深入到政治统治阶层，积极参与各个国家的政治生活，甚至不惜采用卑鄙手段搞政治斗争。他们是那个时代传教活动最积极的参与者和组织者，当时到东亚传教的沙勿略、利玛窦都是耶稣会的忠诚教士。

天主教内并非没有改革的声音。1517年，罗马出现了由50多名主教建立的“圣爱祈祷所”，他们希望通过布道、圣事、讲经来净化教会。17世纪初，天主教内出现了受加尔文影响的詹森派。荷兰乌特勒支人詹森反对耶稣会所提倡的经院哲学，提倡奥古斯丁的“预定论”与“恩宠论”，他认为原罪破坏了人的自由意志，因此，人只能因上帝的恩宠而获得救赎。然而，在教皇看来，詹森派与加尔文宗的思想没有任何区别，他们被教皇判为异端，于是詹森派与教皇决裂。虽然罗马教会不承认该教会，但是不否认其圣事和神职的有效性。

宗教宽容的呼声

中世纪的欧洲没有宗教宽容的概念。罗马教廷在宗教问题上有着极大的权威，尽管基督教有善待敌人、宽容对手的教导，但是基督教对异端与异教采取了毫不留情的镇压措施，无数人命丧于宗教裁判所的火刑柱与绞刑架上。

随着宗教改革的进行，宗教迫害与纷争成为日益严重的问题。最初，新

---

1 游斌. 基督教史纲［M］. 北京：北京大学出版社，2010：275.

2 孔祥民. 德国宗教改革与农民战争［M］. 北京：北京师范大学出版社，1992：322.

教徒们是天主教徒的迫害对象。这些在各地不断涌现的新教徒就是虔诚的天主教徒们身边的异端，无论是出于恐惧、信仰、尊重教皇权威，还是出于政治、利益纷争，这些异端都是必须被铲除的对象。新教在一些地区获得胜利后，又成了压迫天主教徒和其他新教教派的实施者。因为他们反对天主教迫害自己，“并非是认为自己在提倡另一种信仰而要求宽容，而是认为自己所主张的才是真正的信仰而反对天主教的迫害”[1]。所以又会迫害他们认为是异端的信仰，如反对三位一体论者。对加尔文来说，处死反三位一体论者塞尔维特是理所当然的。

各教派在信仰上的分歧因为政治势力的介入而加剧。不同政治势力出于领导人的信仰或者政治利益的考量，选择了支持不同的教派，于是各教派之间的争执从发行小册子、教堂的讲坛延伸到了议会、宫廷与战场。宗教战争成为这一时期欧洲大陆上的重要景象。从德国的闵采尔起义到法国的胡格诺战争，从尼德兰的独立战争到影响整个西欧的三十年战争，甚至英国女王伊丽莎白一世的婚姻问题，都可以看到宗教与政治纠缠在一起的身影。这期间的一个重要事件——圣巴托罗缪大屠杀展示了宗教不宽容的典型一面。

1562 年，天主教势力的领导者之一——吉斯公爵，在一个小村庄与胡格诺教徒发生了冲突，新教徒投掷石块击中了吉斯公爵的头部，吉斯公爵的随从造成了胡格诺教徒的严重伤亡。法国的胡格诺教徒群起呼应，胡格诺战争就此拉开了序幕。双方打打停停，也曾联手反抗英国军队对法国胡格诺战争的干涉。1570 年，法国皇室在胡格诺派军队的步步紧逼下，被迫签订了有利于胡格诺教徒的停战协定。此后胡格诺教徒在法国处于优势地位，而天主教徒对这一优势地位十分不满。

1572 年 8 月 22 日，巴黎的天主教徒派杀手刺伤了胡格诺派的领袖之一——海军上将科里尼。此时，众多的胡格诺教徒聚集在巴黎，准备参加信仰新教的那瓦尔王子亨利与信仰天主教的玛格丽特公主的婚礼，刺杀事件引起了胡格诺教徒的强烈不满，他们强烈要求严惩凶手。8 月 23 日晚，在安

1 王加丰. 西欧 16—17 世纪的宗教与政治［M］. 合肥：安徽大学出版社，2010：368—369.

茹公爵、吉斯公爵家族与巴黎商会会长等人的策划下，经法国王太后卡特琳的默许，巴黎的天主教徒对胡格诺教徒大肆进行屠杀[1]。很多人杀红了眼，借机杀死自己的仇人，只要说被杀者是胡格诺教徒就可以逃脱审判。吉斯公爵目睹了新教领袖科里尼被人杀死后碎尸，并将其血肉模糊的尸块弃置在路上。一夜之间，数千人丧生。由于法国各城镇这一年 8 月至 9 月间的事件记录都被撕掉，其他的材料又大多遗失或无法被阅读，所以具体伤亡人数尚没有定论[2]。一般认为死亡人数在 2000 至 5000 人之间。这一天是天主教的巴托罗缪节，因此这一事件被称为圣巴托罗缪大屠杀。然而大屠杀远没有结束，甚至有蔓延的趋势。从 8 月底一直到 12 月，法国其他地区相继出现了屠杀胡格诺教徒的事件。据保守估计，在长达五个月的屠杀中有数万人丧生。

圣巴托罗缪大屠杀使法国内战再起。战争又断断续续进行了二十几年，其间法国换了两任国王。1598 年，国王亨利四世颁布《南特敕令》，宣布天主教为法国国教，但胡格诺教徒享有信仰自由，并可以担任公职，法国胡格诺战争才正式宣告结束。

教派的增多给日常生活也带来了诸多问题。普通百姓从未在多教派的社会环境中生活过，许多以前难以想象的问题都变成了现实。如教派不同的夫妻如何生活，死后能否同葬？宗教信仰不同的邻居如何在日常生活中避免因信仰与宗教仪式规范的不同而产生的矛盾？改宗是否会引起家人的不满，且改宗是否应当受到宗教的惩罚？这些都是当时的人们需要面对的问题。

宗教的不宽容给当时的政治与社会带来了大量的矛盾，是否实行宗教宽容成为当权者与学者讨论的一个重要话题。这一时期宗教宽容的出发点是避免教派之间两败俱伤，防止国家分裂。

随着天主教会实施宗教宽容的措施，天主教获得了一定程度的复兴。但是，整个西欧已经没有一个大一统的宗教权威了，各种教派林立，人们有了自己理解《圣经》的权利。基督教在西欧的统治开始发生动摇。

1　沃纳姆．新编剑桥世界近代史（第 3 卷）［M］．中国社会科学院世界历史研究所组，译．中国社会科学出版社，1999：388.

2　阿克顿．自由的历史［M］．王天成，林猛，罗会钧，译．贵阳：贵州人民出版社，2001：87－88.

第三节　科学从佐证上帝到探寻宇宙

在宗教改革思想蓬勃发展的时候，另一种曾在古希腊罗马时期大放光辉的思想——科学，也逐渐复兴。经过中世纪的漫长沉寂，科学重新找到了自己发展的契机，焕发出新的生机。一批伟大的科学家在这个时期如雨后春笋般涌现，用自己的努力发掘被掩藏的古希腊罗马科学，并不断创造新知。科学开始摆脱在中世纪长期依附的神学或占星术、炼金术，作为一个独立的学科茁壮成长起来。

中世纪的遗产

在漫长的中世纪，自然科学——在那时被称为自然哲学——始终是哲学的一个分支；确切地说，一切其他学科都是依附在神学之下的。

在基督教早期，教父哲学时代，掌握着知识的神学家们蔑视科学的传统。因为人人都感到天国与末日审判的降临已为期不远，人人都以为死亡是引领人们进入上帝之城或撒旦国度的必经之路，所以世俗的知识本身对于教父们没有丝毫的吸引力。与圣奥古斯丁差不多同时期的另一位教父圣安布罗斯曾经说过："讨论地球的性质和位置，并不能帮助我们实现对于来世所怀的希望。"[1] 世俗科学（和哲学）差不多遭到了与异教一样的待遇。529 年，柏拉图创建的雅典学院，这个历经 900 年漫长时光的知识殿堂，在罗马皇帝查士丁尼的一道命令之下就被关闭了。古希腊罗马时期的科学成果随着这种蔑视科学的潮流渐渐失落了。唯一能够幸免于难的就是医学，因为在基督教

1　丹皮尔. 科学史及其与哲学与宗教的关系［M］. 李珩，译. 北京：商务印书馆，1997：115.

的观点里，治病救人是基督的义务。但这时的医学充其量只能称为巫术，稍稍混杂着一点古代科学。

11 世纪是经院哲学的时代，安瑟尔谟、托马斯·阿奎那等人尝试用纯粹的逻辑证明上帝的存在，上帝依旧是他们工作的中心，所以一切其他学科的存在都是为上帝服务的。亚里士多德的学说在这一时期经阿拉伯人重新传回欧洲，并在经过一个世纪与基督教的磨合后，在经院学者与大学的推动下得以在西欧普遍流传。在亚里士多德的观念中，宇宙是一个巨大的球体，按照每日一周的速度自转；而这种自转完全依赖不变的原动力。在基督教神学家的眼中，这种原动力就是上帝的意志。地球上的一切物质都是由水、火、气、土四大元素构成，各种元素之间可以相互“转化”；这一点颇似中国传统的五行思想。阿奎那还吸收了托勒密的地心说，这大体构成了 13 世纪、14 世纪的宇宙观。

中世纪时期的科学发展虽然缓慢，但是并非完全处于停滞的状态。首先，客观上炼金术与巫术在爆炸与溶剂中带来了化学的发展，占星术的盛行与航海的需要促使人们汲取更多的天文学认识，以马可波罗为代表的旅行家们用自己的双脚一步一步拓展了西欧人对更广阔的东方世界的认识，科学知识在不知不觉中悄悄地拓展着。同时，从博洛尼亚到巴黎，再到牛津和剑桥，一所所大学在欧洲建立起来，世俗的知识被传授给更多的人。这一时期大学的主要课程是初等三科：文法、修辞与辩论；高等四科：哲学、音乐、算数几何学与天文学。当然，天文学的主要作用还是用来计算复活节的日期等诸如此类的神学用途。但大学的设立对文化与知识的传播所产生的作用却是不可小视的。更重要的是，一些有利于近代科学发展的思想开始出现。经院哲学虽然专注于上帝，但是理性主义的思考方式在他们这里发扬光大。实验科学的方法开始出现。尽管我们常把 16 世纪的弗朗西斯·培根称作近代实验科学之父，但是在 3 个世纪以前，另一位罗吉尔·培根就已经提出了实验科学的主张，他认为证明前人说法的唯一方法只有观察和实验，并投入了大量的金钱进行光学实验。炼金术家们常说：“每一件事都是实践出真知。”[1]

1　理查德·奥尔森. 科学与宗教：从哥白尼到达尔文（1450—1900）［M］. 徐彬，吴林，译. 济南：山东人民出版社，2009：32.

在这样的大环境中，一场科学革命即将在西方世界展开。

从哥白尼到伽利略

哥白尼并不是一位专职的科学家。实际上，他是波兰克拉科夫的一名天主教教士。他曾在罗马与费拉拉学习教会法和哲学，在罗马遇到了当时著名的天文学家德·诺瓦拉。1503 年他回到波兰负责改革币制和抵抗条顿骑士，科学研究成了他闲暇时的爱好。在 1507—1530 年间他一直在用业余时间研究他的日心说（他研究的部分目的是为找出一种天体理论能更准确地计算复活节的日期[1]），并将他的理论用拉丁文写成了《天体运行论》。16 世纪 30 年代，他将自己的学说写成了通俗读物，到罗马演讲，并将《天体运行论》献给教皇。教皇克莱门特七世对他的研究大加赞赏，并希望他能将自己的著作全文发表。哥白尼一直犹豫不决，直到 1540 年，他才下定决心将《天体运行论》出版。当印刷好的书送到他的身边时，他已经躺在临终的病榻上了。

哥白尼并不是日心说的首倡者。早在希腊古典时代，毕达哥拉斯学派的学者阿里斯塔克就已经提出了太阳中心说。在文艺复兴时期，古希腊罗马文化盛行的年代，哥白尼接触到了阿里斯塔克的假说，并由此产生了思考。他从数学与几何学的角度对地球与太阳、月球、水星、金星、火星、木星、土星的运行进行分析，认为地球在不停地围绕一个轴心进行自转，同时进行着以太阳为轴心的公转，而月球则是在围绕地球进行公转。所有行星在公转时的轨迹都是标准的正圆。尽管这是一个天文学的推论，在研究时，哥白尼追求的却是各个星球的运动轨迹在几何学上的和谐。

这一理论在当时的人看来是难以理解的。如果地球在不停地自转，地面上没有固定的物体不会飞出去吗？不停地自转不会导致地球解体吗？而且，如果恒星不是距离地球遥远到不可想象的话，恒星在地球上看来不应该是不停地运动的吗？更重要的是，日心说挑战了一直以来人类在宇宙中至高无上

1　理查德·奥尔森. 科学与宗教：从哥白尼到达尔文（1450—1900）［M］. 徐彬，吴林，译. 济南：山东人民出版社，2009：6.

的地位。在《圣经·创世纪》中，人类是上帝最后创造的生命，是万物的灵长，是所有动物、植物的所有者，是最接近神的存在。而地球在宇宙中的中心地位是与人类在物质世界的中心地位相照应的，所有的行星、恒星都是为人类服务的。否定了地球在宇宙中的中心地位，人类的地位也就岌岌可危了。同时，在地心说受到挑战的同时，将地心说纳入自己体系的经院哲学也受到了影响。

所以，尽管在哥白尼看来日心说与基督教教义不相违背，他在出版的事情上依旧小心翼翼，并且在书的序言中声明，这仅仅是一个假说。有趣的是，在《天体运行论》出版的最初 70 年里，哥白尼的理论并没有在天主教世界里引起很大的反对声音。1586 年，教皇格里高利进行历法改革的时候，新的格里高利历就是按照哥白尼天体系统所推算出的天文表设计的。这说明，天主教会有限度地接受了哥白尼的理论。与之相对照的是，在新教的世界里，宗教改革家们对哥白尼就没有那么宽容了。路德讽刺哥白尼说："凡是希望显得伶俐的人总要杜撰出某种新体系，它在一切体系中自然是顶好不过的啰。这蠢材想要把天文这门科学全部弄颠倒。"加尔文也是如此，他引用了经句"世界亦坚定，不得动摇"（《诗篇》93：1）之后，洋洋得意地推断说："有谁胆敢将哥白尼的威信高架在圣灵的威信之上？"[1] 而天主教世界对哥白尼理论的反对则要到伽利略审判之后了。

在哥白尼死后，丹麦天文学家第谷提出了一种完全不同于托勒密与哥白尼的理论，即行星围绕太阳运转，而太阳又围绕着地球公转。作为望远镜时代之前的最后一位天文学家，他提出了"新星（Nova）"一词，发现了恒星的视差，天文学成就斐然。然而他的光辉很快就被他的学生开普勒给掩盖了。

开普勒最伟大的贡献莫过于开普勒三定律。他继承了导师第谷留下的大量观测数据，又改造了伽利略所发明的望远镜，进行天文观察。尽管第谷是哥白尼的坚决反对者，开普勒却十分崇尚哥白尼的学说，虽然其动机在一定程度上是出于对太阳的崇拜。他将太阳看作是圣父，把恒星的天球看作是圣

1　罗素. 宗教与科学［M］. 徐奕春，林国庆，译. 北京：商务印书馆，1982：10.

图 3－6　开普勒

子，而居于其间的以太看作是圣灵[1]。开普勒和哥白尼一样，深信上帝是依照完美的数学原则创造世界的，他所追求的也是造物主心中数学的和谐[2]。在前人积累与自己观测的基础上，开普勒改进了哥白尼的理论，修正了其中关于行星的正圆轨道的部分，提出了三大定律。而三大定律又为 17 世纪牛顿的工作奠定了基础。

【开普勒三定律】

开普勒第一定律：所有的行星分别在大小不同的椭圆轨道上围绕太阳运动，太阳在这些椭圆的一个焦点上。

开普勒第二定律：对每个行星来说，太阳和行星的连线在相等的时间内扫过相等的面积。

开普勒第三定律：所有行星的椭圆轨道的半长轴的三次方跟公转周期的平方的比值都相等。即 $\frac{R^3}{T^2}=K$，比值 K 是一个与行星无关

1　丹皮尔．科学史及其与哲学与宗教的关系［M］．李珩，译．北京：商务印书馆，1997：193．
2　丹皮尔．科学史及其与哲学与宗教的关系［M］．李珩，译．北京：商务印书馆，1997：192．

的恒量。

尽管同一时期大力倡导哥白尼日心说的伽利略在罗马受到了严厉的审判，开普勒却没有和宗教界发生什么大的矛盾。这大概和他对占星术的热心有一定的关系。他是神圣罗马帝国鲁道夫二世的御用数学家，这位皇帝出于一种不为人知的原因，对开普勒的薪俸三番四次地拖欠。为国王、君主、达官贵人进行占星算命成了他挣得外快的重要途径。他曾带着一种心平气和的坦率口吻说："赐予一切动物以生存手段的大自然，把占星术作为一个助手和伙伴赐给了天文学。"[1] 尽管开普勒总是哭穷，但人们在他死后却发现他根本不穷。占星术让开普勒获得了一些权贵的赏识与资助。这也算是中世纪占星学与天文学相互促进的遗存之一。

在开普勒享受荣耀与金钱时，与他同时代的伽利略则因宣扬哥白尼学说而在罗马受到了两次审判。

伽利略在物理学上的成就众多且都为人所知。他发现了自由落体定律、惯性定律、钟摆振动的等时性和抛物体运动的规律。伽利略在比萨斜塔上的铁球实验，伽利略与吊灯和钟摆的故事已经为人们熟知。虽然伽利略的比萨斜塔实验使一些亚里士多德的崇拜者很不满（因为亚里士多德认为物体下落的速度是与其自身重量成正比的），但是这并不是伽利略与教廷发生争执的原因。

使伽利略成为教廷对立面的，是他手中的望远镜。伽利略本来就是哥白尼的信徒，1597 年还曾与同是哥白尼信徒的开普勒通信，交流在日心说方面的见解。当荷兰人发明了望远镜后，伽利略改造了它，并将它指向了太空。通过望远镜观察，他看到了月球凹凸不平的表面，看到了太阳黑子的活动，看到了环绕木星运转的四颗卫星，看到了水星与金星的盈亏，看到了银河系更多的恒星。在伽利略看来，尤其重要的是木星的四颗卫星的发现。在中世纪人们认为环绕地球的是七大行星（即太阳、月亮、水星、金星、火星、木星和土星），这与基督教中数字"七"的崇高性是相照应的。上帝创世从起始到休息共用了七天，亚细亚七教会，《启示录》中的七枝金烛台……这一下多出的四个天体使"七"的地位十分尴尬，也无法再适应托勒密的体系。

1　罗素．宗教与科学［M］．徐奕春，林国庆，译．北京：商务印书馆，1982：11．

图 3－7　伽利略

金星的盈亏也有着重要的意义，这与哥白尼的设想是一致的，一下子就成了支持日心说的证据。而太阳黑子的发现也让人们倾向于猜测上帝的作品是否也有瑕疵。此后，伽利略就将哥白尼的日心说作为事实进行宣传。这一切不适应基督教教义的内容使教士们恐慌起来。他们采取的应对措施就是将伽利略送上宗教法庭。

1616 年，罗马宗教法庭第一次审理了伽利略，勒令他放弃他的发现与理论。伽利略在 1616 年 2 月 26 日宣布放弃哥白尼学说，不再以任何方式讲述或记录这种理论。哥白尼的《天体运行论》第一次受到公开的谴责并被列为禁书。此后，伽利略隐退了一段时间。

但这并不意味着伽利略真正放弃了自己的学说。《天体运行论》被禁并没有停止教士之间关于日心说的讨论。伽利略在 1611 年与枢机主教马菲奥·巴贝里尼成了朋友。1623 年巴贝里尼成为教皇乌尔班八世之后，两人仍旧保持会晤与通信，讨论自然哲学。两人商议将他们讨论的内容以《关于托勒密和哥白尼两大世界体系的对话》这个标题出版，只要伽利略把哥白尼学说保留在假说阶段，并承认教会的权威。然而在书即将写完的时候，出版却成了问题。由于16世纪禁书制度颁布，任何书的出版都要获得教会的许可。罗马教廷拒绝给此书颁布许可证，伽利略只能将书于1632年在佛罗伦萨出版。此书看上去对托勒密和哥白尼体系的争论不做结论，但是他将教皇给托勒密辩护的内容在书中以一个名叫“Simplicio”（与意大利语“头脑简单”一词音近）的人口中说出。不仅如此，伽利略还一反当时以拉丁文出版学术著作的习惯，以通俗的意大利文写作此书，以取悦普通的读者。这令教皇十分恼怒。在他看来，1616年伽利略没有受到实质性惩罚是他的一份功劳。现在伽利略在著作中公然讽刺他，简直是恩将仇报。于是，伽利略再次被送上了宗教法庭。这一次，伽利略就没有那么幸运了，他被判关入监狱，并在三年内每周背诵一次七苦行诗篇作为赎罪。他被迫放弃信仰，当众跪着朗读宗教法庭起草的冗长的信仰表白书，宣布：“我抛弃、咒骂上述的错误和异端。”[1] 虽然伽利略并没有真的被投入监狱，但是一直受到软禁，不能和他的亲人朋友见面，直到1642年去世。

虽然不能断言伽利略的第二次审判是教皇乌尔班八世与伽利略个人恩怨的结果，但绝对与伽利略的傲慢和挖苦、对教皇尊严的伤害脱不了干系。应该说这是宗教和科学的矛盾与个人事件相结合所引发的历史事件。

说到哥白尼与伽利略受审，就不得不提在1600年受火刑而死的乔尔达诺·布鲁诺。在传统的观念里，他是因为在欧洲大陆上积极倡导哥白尼的日心说才被罗马审判的。但罗马教廷将其视为眼中钉肉中刺的更重要原因是他的神学思想。布鲁诺曾在修道院学习并成了一名神甫，但他却是个典型的泛神论者。他积极宣扬赫尔墨斯巫术，认为摩西与基督都是魔法。他还蔑视一切天主教圣徒，公开攻击一切正统的信仰。此外，他还是个积极的宗教改革倡导者。这在罗马教廷眼中已经是典型的异端表现了，无怪乎罗马教廷在将他软禁了8年之后，最终还是决定将他烧死在火刑柱上。

牛顿的时代

在伽利略去世的1642年，在英格兰的土地上，另一颗自然科学璀璨的

1　罗素．宗教与科学［M］．徐奕春，林国庆，译．北京：商务印书馆，1982：19.

明星冉冉升起——牛顿的出生与伽利略的去世仅仅相隔几天。

牛顿之前的英国经济在清教伦理的影响下飞速发展，伦敦在国际金融与贸易中的中心地位越来越重要。科学界经过了弗朗西斯·培根的实验科学思想的洗礼，实验的方法深入人心。无论是狂热的清教徒还是温和的国教徒，他们都是实验科学的积极支持者，每个宗派都支持某一种特定的科学形式。炼金术在清教徒与其他激进教派中十分有市场，一方面炼金术在医学与商业上有着实际的用途，另一方面，当时流行的炼金术贴合一些教派的千禧年耶稣再临的观点。1645 年，英国科学家们在伦敦集会，探讨科学问题，科学院的雏形已经形成。1662 年查理二世正式批准将其命名为“皇家学会”。一个有利于科学发展的环境在牛顿进入剑桥三一学院之前就已经形成。

开普勒与伽利略为牛顿的研究铺平了道路。1687 年牛顿用拉丁文发表了他最重要的著作《自然哲学的数学原理》。书中，他阐述了万有引力定律与运动的三大定律。这些成果证明了重力使行星呈椭圆轨道周期运转，这也就印证了开普勒三定律的正确性，日心说在科学家眼中的地位更加稳固。通过用数学方法研究天文学，数学也随之有了发展。牛顿发现了二项式定理，又与莱布尼茨几乎在同时创立了微积分，这都为未来科学的发展提供了工具。牛顿在化学与光学上也有着重要的成就，无愧为近代自然科学的先驱。

牛顿作为成就卓著的科学家的同时，还对神学有着大量的研究。在《达·芬奇密码》中，牛顿作为“郇山隐修会”会长的身份大概已经深入人心。尽管这并不是史实，但牛顿确实在神学上有着大量的投入。牛顿在公开的宗教言论中主张英国国教的自由主义趋势应牺牲以《圣经》为依据的经典宗教，而更多地将重点放在自然神学上[1]。他对《圣经》，尤其是先知书与《启示录》有着很深的研究。他反对基督教的三位一体教义，认为这是教士对《圣经》的曲解。他认为上帝是宇宙持续运转的保障，是行星横向运动的“第一次推动”者，他声称空间就是上帝的感觉中枢或者上帝的躯体[2]。牛顿因为他对《圣经》的研究而不肯接受英国国教的《三十九条信纲》，这在

1　理查德·奥尔森. 科学与宗教：从哥白尼到达尔文（1450—1900）［M］. 徐彬，吴林，译. 济南：山东人民出版社，2009：85.

2　Rob Iliffe. 牛顿新传［M］. 万兆元，译. 南京：译林出版社，2009：120.

当时是无法成为剑桥大学教师的，因为成为神职人员是成为教师的前提。无奈之下王室破格给牛顿授予了教授职位。出于审慎的考虑，牛顿关于神学的著作都是在其去世后才发表的，这也给牛顿免去了很多的麻烦。

同时，牛顿还是个热情的炼金术家。1669 年他买了两个熔炉和一整套拉扎勒斯·泽兹纳的六卷本《化学剧场》进行炼金术研究。他不认同将贱金属转化成金子的炼金术目的，但是他不否认物质转化的可能。他在《光学》中写道："光转化成身体，身体转化成光，这与自然规律是完全一致的。"[1] 牛顿想要从炼金术中寻找的，是"太初之时上帝曾经传授给一部分人类而又被人类忘记的真正的知识"。牛顿在炼金术上的思考，实际上也影响了他对物理与天文学的研究。但是，牛顿对神学与炼金术的兴趣并不影响他在物理学与天文学上所做贡献的伟大程度。

在一海之隔的天主教法国，科学也在以缓慢的速度发展着。科学家们在天主教的威势之下表现出不同的态度。建立解析几何的笛卡尔在伽利略审判之后，为了避免与教会的冲突，取消了《世界》与《论人类》两本书的出版，只允许在他死后发表。他还试图解释圣餐礼中的面饼和酒在转化成基督的血与肉之后怎样继续存在的问题。在《哲学原理》一书中，他甚至宣称："我的观点唯教会马首是瞻。"即使如此，《论人类》出版没多久就被教廷列入了禁书名单。而研究大气压强的帕斯卡对教会的威压采取了无视的态度，是詹森派的坚定追随者，后半生都致力于詹森派教义的传播。同时，他还认为推理或许能够得出上帝存在的论断，却不能确定无限神灵的特性。

从伽利略到牛顿，物理学与天文学产生了飞跃性的突破。科学家研究的目的不再是证明上帝的存在，而是更多地出于单纯的对宇宙的好奇与科学的兴趣。自然科学研究开始摆脱亚里士多德体系的束缚，朝着一个更加自由的方向发展。同时，专职的科学家不断涌现，不再像中世纪时期科学只是神学家们的小爱好。自然科学从哲学与神学的框架中脱离出来，成为一门独立的学科。

1　米尔恰·伊利亚德. 宗教思想史［M］. 吴晓群，晏可佳，译. 上海：上海社会科学院出版社，2004：1161.

图 3－8　牛顿

整体上来说，这一时期的自然科学与宗教处于相互促进的阶段。教会在宗教的发展中仍旧是重要的推动力。科学与宗教的矛盾虽然有所体现，但还没有完全爆发出来。科学家与哲学家还是从基督教的观点出发来观察世界的。上帝是存在的，并且是无所不能的，这是所有科学家研究的前提。这并非出于护教心切，而是由于这个假定是被普遍接受的，任何宇宙学说都必须和它们相符合。同时，中世纪的许多其他思想仍旧发挥着它们的余热。哥白尼的日心说被数学家与天文学家们广泛接受，但在教科书中仍是托勒密体系的天下。占星术仍旧被大多数人所相信，这大概是因为战争与改革使世界不断发生着巨大的变化，任何占星家的预言都有着成为现实的可能。即使是牛顿，在他初入剑桥时，学习数学的理由仍旧是“因为我打算去检验认识占星术。”[1]

妖术与魔法盛行的民间

在科学界被神学与迷信影响的时代，巫术、妖术与魔法在民间拥有着很大的市场。

1　丹皮尔．科学史及其与哲学与宗教的关系［M］．李珩，译．北京：商务印书馆，1997：220.

彗星是人们眼中灾祸的预示。路德曾说："在异教徒眼中，彗星可能是由自然原因引起的，但是上帝绝不会创造一个不预示必然要发生灾祸的彗星。"1532 年，英格兰宗教改革家克兰默在一颗彗星出现后曾写信警告亨利八世可能会发生重大的灾难。1680 年的一颗彗星更是让苏格兰的一位神学家断言末日审判即将发生[1]。开普勒的导师第谷大概是第一个不带任何偏见地观测彗星的天文学家。

医学笼罩在迷信与巫术的阴影下。在英格兰，人们认为国王的触摸可以治愈一种被称为"国王的祸害"的病。为此，斯图亚特王朝的查理二世大概触摸过 100 000 名病人，还有人宣称亲眼看到病人在国王的触摸下得到治愈。瘟疫依旧是魔鬼作孽或圣人发怒的结果。1680 年，罗马的一场瘟疫被认定是圣徒圣·塞巴斯蒂安受到了过分冷遇的怒气引发的，而当人们为圣徒立下一座碑后，这场瘟疫也就结束了。

狼人、吸血鬼与女巫的存在被人们普遍认同。1589 年，一个名叫史图柏·彼特的人在德国贝德布尔镇受到审判，他被指控强奸、乱伦，谋杀儿子并吃其脑浆，攻击动物和人类，并生吞其血肉。他还承认与魔鬼订立契约，容许魔鬼利用腰带将他转化成野狼。这次审判轰动了欧洲，还被人带到英国记录下来，存在了伦敦南区朗伯斯皇家图书馆中[2]。女巫狩猎行动在这个时期一直都存在，17 世纪末才逐渐减少。英格兰有确切记载的最后一名女巫于 1682 年被烧死（传说在 1712 年曾发生过处死女巫的事件），苏格兰的最后一次事件发生在 1722 年（一说 1730 年），法国烧死最后一名女巫是在 1718 年，而西班牙在 1780 年时还发生过审判男巫的事件。而且，即使公开的审判消失了，乡村古老的思想依旧残留着。1863 年，英格兰的埃塞克斯郡发生了一名老人被他的邻居当作男巫、利用私刑处死的事件。

民间认知的变化之缓慢，在达尔文时代之后才有了突破性的进展。那时，宗教与科学的矛盾冲突已经到了不可忽视的地步了。

1　罗素. 宗教与科学［M］. 徐奕春，林国庆，译. 北京：商务印书馆，1982：22.

2　凯瑟琳·奥兰丝汀. 百变小红帽［M］. 杨淑智，译. 北京：三联书店，2006：63 – 66.

第四节　启蒙运动

18 世纪的西方是理性启蒙的时代。

康德认为，启蒙就是人类脱离了不经别人引导就缺乏勇气与决心去运用自己理智的不成熟状态。18 世纪的学者们以“要敢于运用自己的理智”为口号，积极地对国家、政治、社会、思维以及形而上的问题进行思考。

启蒙运动从 17 世纪的英格兰起源，在 18 世纪发展到了苏格兰和法国，又进一步扩展到了德意志。它在思想上有着极广的覆盖面，从政治、经济到教育学与文艺理论，再到神学与哲学，涉及了西方社会发展的各个方面。从霍布斯与卢梭的社会契约论到洛克与孟德斯鸠的分权学说，再到亚当·斯密的《国富论》，从卢梭的《爱弥儿》到莱辛的《拉奥孔》，从休谟的《自然宗教对话录》到康德的三大批判（《纯粹理性批判》《实践理性批判》《判断力批判》），这些学说从整体上为西方社会的进一步发展提供了理论支持。

启蒙学者对理性的推崇，使他们开始用理性的思维审视基督教神学问题。科学与哲学的发展推动了唯物主义的兴起，17 世纪哲学家笛卡尔等人的机械唯物主义思想深刻地影响了西欧的启蒙思想家们，他们从唯物主义的角度出发，一些人试图将基督宗教理性化，于是产生了自然神论，如伏尔泰、卢梭、亚当·斯密、莱辛等；另一些人则彻底否定了上帝的存在，成了无神论者，如法国的狄德罗、达朗贝尔、拉美特里、爱尔维修、霍尔巴赫等。

自然神论者认为，存在一个至高无上的上帝，且应当被人们崇拜。但是，上帝在创造世界时，也创造了这个世界得以自我维系、自我运转的规律，造物主并不干涉他为这个世界订立的法则。所以自然神论者并不承认神迹、启示、超自然的预言、道成肉身和基督的神性，否认宗教仪式与教规，认为这些都是人们为了一己之私虚构出来的[1]。自然神论的崇拜对象是道德，但道德不应当是宗教的道德，宗教应当是道德的宗教。更重要的是，自然神论认为真相是可以通过理性获得的，而不需要上帝的启示，推崇人的理性在认识世界中的作用。自然神论者在启蒙思想的基础上，将宗教发展成了一个道德与伦理的问题，它似乎是理性主义的一个神学流派，但是又可以被看成是一种哲学思想。

霍布斯与洛克都不是严格意义上的自然神论者，但他们的思想都为后来的自然神论者提供了养料。霍布斯在他的《利维坦》中表现出了极大的自然神论倾向，他承认存在一个极其聪明的神，但是却认为不应该为他确定一个形象，他怀疑“摩西五经”的作者并非摩西。于是，1666 年英国议会下院专门成立了一个委员会，收集《利维坦》中所有与无神论、亵渎、反对神的本质有关的内容，国会中的一些主教甚至希望以异端的罪名烧死霍布斯。而洛克虽然是一名英国国教徒，但是他却否认三位一体教义；他还将经验论引入宗教，认为上帝的观念确实是人们可以形成的最合情合理、顺乎自然的观念之一，但是上帝的观念并非与生俱来。洛克还认为，除了天主教之外的其他一切基督教教派都应当在英国享有自由，直到他临死前都在为宗教宽容问题与人们争论。

在洛克之后，自然神论在英国进入了繁盛时期。在英格兰，约翰·托兰德、沙夫斯伯里伯爵安东尼·阿什利·库珀、安东尼·柯林斯、马修·廷德尔等一大批自然神论者涌现；苏格兰的亚当·斯密与大卫·休谟在早期也表现出自然神论的倾向。自然神论成了英国知识分子神学思想中的主导。

法国的伏尔泰、卢梭都是著名的自然神论者。但是伏尔泰与卢梭的自然神论却表现出两种完全不同的倾向。

1755 年 11 月 1 日，万圣节上午 9 点 40 分，在葡萄牙与北非地区，地球耸了一下肩膀。在 6 分钟内，葡萄牙首都里斯本毁于一旦，30 座教堂与 1000 间民房倒塌，1.5 万人丧生，另有 1.5 万人受伤。里斯本大地震令神学

1　奥尔. 英国自然神论：起源与结果［M］. 周玄毅，译. 武汉：武汉大学出版社，2008：4.

家们伤透了脑筋：为什么上帝会选择一个神圣的节日，在一个虔诚的天主教城市、在众多教徒都在望弥撒的时刻进行神罚？在一片废墟之中，却独独放过了全欧洲最仇视耶稣会的人的房子？耶稣会士认为，这是上帝对里斯本的罪恶的惩罚，新教徒却认为这是对天主教罪恶的审判。

这些解释自然不能使伏尔泰满意，他写下了自己最伟大的长诗《论里斯本灾难，或对"一切都圆满"公理之检讨》，哀叹无辜的生灵在地震中消逝，而罪恶依旧在这个世界上嚣张，在人类的世界里，到处都是为了生存而进行的挣扎。尽管上帝派他的独子替人类赎罪，这个世界却依旧充满了罪恶与痛苦。他以一种极其悲观的语调作结："我们必须做什么呢？哦，凡人？凡人，我们只能受苦，沉默地屈服、崇拜以及死亡。"[1]

卢梭得到了伏尔泰这首充满绝望的诗后，立刻给伏尔泰寄了一封长信以表示不满。卢梭认为，人类的一切灾难都源于人类自己的罪恶，这次地震之所以造成如此惨重的伤亡，是因为人们不愿意回归自然过纯朴的生活（卢梭自然神论思想的核心就是回归自然）。但是人们应当相信上帝是仁慈的，上帝的任何决定在长远看来都是对的。[2] 卢梭的回信被一个书商出版了，并获得了读者良好的回应。

启蒙时代的法国哲学家们对基督教怀有一种敌意，以至于"哲人"一词在这一时期暗含了"反基督教"的意味（唯独卢梭不认为自己是"哲人"，与其他启蒙思想家区分开来）。这与文艺复兴时期相比，已是一幅全然不同的景象。

伏尔泰写出了大量讽刺天主教教会与教士的著作，还帮助因宗教争端被误判刑罚的人们争取正义。卢梭则在《社会契约论》中的《论公民宗教》一章中用大量篇幅指责基督教不适应社会政治的需要，不利于人民对国家的效忠心理的增强，应当在法国社会中建立公民宗教，建立人民对国家与民族的归属感，增强人们对国家的责任感与道德心，达到巩固国家政权的目的。卢梭的公民宗教思想被美国的政治家们付诸实践，对美国国家历史的发展产

1　威尔·杜兰．伏尔泰时代［M］．幼狮文化公司，译．北京：东方出版社，1998：552－553.

2　威尔·杜兰．伏尔泰时代［M］．北京：东方出版社，1998：554.

图3-9　伏尔泰

生了重要的影响。

德国的文艺理论家莱辛也是著名的自然神论者。1774 年与 1777 年莱辛获得出版德国启蒙学者莱马卢斯著作的许可，将其原题为《为理性的上帝崇拜者辩护》的手稿，分两次以无名氏的名义出版。书中认为耶稣不过是个神秘主义者，耶稣死后，使徒们杜撰了他的复活来掩饰他预言的失败。这本书自然遭到了天主教的围攻，汉堡首席牧师葛茨撰文攻击莱辛，认为他和这个所谓的“无名氏”沆瀣一气，是个典型的伪善者。莱辛则先后写作了 11 篇文章予以回应，以机智与文采讽刺了这位保守的天主教徒。尽管这次论战在莱辛的保护者布伦瑞克公爵的干涉下中断了，但是莱辛对天主教的批评与讽刺已经被人们所熟知。

法国更激进的启蒙学者则成为无神论者，他们大多是百科全书派的学者。伏尔泰与卢梭也曾参与百科全书的写作，他们与百科全书派迥异的神学观点也成为他们后来分道扬镳的重要原因。

狄德罗是个坚定的无神论者，他像弥尔顿一样，曾经以“知识程度不和”为理由要求离婚，自然遭到了当局的反对。离婚不成，他又转向了寻找一位能够理解他的情妇，他与巴布蒂小姐和索菲·沃兰分别保持了长达十年以上的关系。而他无辜的妻子只好从宗教与纸牌中寻求慰藉，这又造成了他们分歧的加深，一个无神论者与一个只相信上帝的女人怎样才能够日日和谐相处呢？狄德罗的朋友来家中拜访时，从来不和他的妻子打招呼；在狄德罗的朋友叙阿尔准备结婚时，狄德罗劝告他，“还不如去投河自尽”[1]。

热情好客的爱尔维修与霍尔巴赫的家成了当时无神论者集会的场所；他们在这里畅所欲言，碰撞出思想火花。一度倾向于自然神论的休谟在法国居留时期，曾经到霍尔巴赫的家里做客。休谟不相信世界上会存在无神论者，霍尔巴赫就告诉他：“你此时正和 14 位无神论者同处一室。”霍尔巴赫最早把宗教称为“人民的鸦片”，他还和其他无神论者创办了一个专门写作、出版无神论书籍的“工厂”。这座“无神论工厂”于 1761 年出版了《基督教真面目》一书，攻击教会与国家的联合。一名贩售此书的小男孩被判烙刑，并被强制在海船上服役五年[2]。

无论是英格兰、苏格兰、法国，还是德国，启蒙思想家们对基督教均持一种批判态度，只是法国对天主教的批评更加激烈。他们的出发点都是人类的理性，并不单独对哪一个教派进行批判，而是把基督教作为一个整体来进行评判。这自然招来了保守人士对他们的攻击。1760 年，保守的知识分子巴里索写了一出三幕讽刺剧《哲学家们》，丑化这些学者。卢梭成了一个头顶蔬菜、四肢爬行的怪物，因为他主张“回归自然”；达朗贝尔是个凶狠蛮横的无赖，而爱尔维修则是个偷人钱包的扒手[3]。1762 年，《爱弥儿》在荷兰刚出版，巴黎法院就下令将该书当众焚毁，并扬言要烧死卢梭。一些牧师还煽动人们向他投掷石块，鸣枪恐吓；他只得远赴英国避难[4]。

随着启蒙运动的发展，渐渐有学者发现，人类的理性并不足以完成认识上帝这个任务。

苏格兰的启蒙学者休谟在早期曾经倾向于自然神论学说，但是随着他思

1　威尔·杜兰. 伏尔泰时代［M］. 幼狮文化公司，译. 北京：东方出版社，1998：521.
2　威尔·杜兰. 伏尔泰时代［M］. 幼狮文化公司，译. 北京：东方出版社，1998：536.
3　李凤鸣，姚介厚. 十八世纪法国启蒙运动［M］. 北京：北京出版社，1982：208－209.
4　李凤鸣，姚介厚. 十八世纪法国启蒙运动［M］. 北京：北京出版社，1982：164－165.

想的发展，他认为人的理性是有限度的，人类无法通过理性认识一切，我们既不能通过理性认识因果关系，也不能通过理性认识上帝，陷入了怀疑论的深渊。康德继承了休谟的思想，认为无论是基督教的上帝，还是自然神论的上帝都是无法通过理性来证明其存在的，人们只能转向教会之外的“道德宗教”。对理性全能的否定将理性至上的启蒙运动引向了尾声，欧洲大陆的自然神论渐渐衰落了。

启蒙运动同文艺复兴一样，也是一场欧洲社会上层有识之士的文化运动，在教育程度有限的普通民众中的影响是有限的，但是启蒙运动者对基督教的批判因其风趣、幽默与讽刺意味却被普通民众所了解。大众对待基督教的热情经过了文艺复兴、宗教改革与启蒙运动渐渐冷却了，尽管基督教信仰仍旧是启蒙运动的一部分，但是人们对它已经变得冷淡了。

第四章　宗教信仰世俗化的演进

宗教改革以来，西欧与基督教开始了一个世俗化的过程。教会与教皇渐渐失去了对国家政治的控制，宗教与神学在人们日常生活中的分量开始逐渐减小。宗教信仰成为个人的私事，不再受国家与社会的过多约束。但是基督教对人们的道德、伦理与社会行为规范还有着重要的影响，基督教仍是社会改良或道德规范的重要组织。

第一节　近代民族国家及海外帝国发展中的推手

中世纪的西欧是基督教一统天下的世界，基督教信仰成为一种身份认同的标志。随着伊斯兰教的崛起与对西欧的入侵，以及十字军东征，不同宗教及教徒之间的分界线更加明确。在中世纪晚期之前，民族还不是西欧人区分彼此的主要标准之一，欧罗巴人与上帝的子民是人们彼此认同的基准点。即使是在此时被普遍排斥的犹太人，被区别开来的很大原因也是与基督教不相适应的犹太教。

西欧民族国家与基督教

语言与文化的不同开始让欧洲人意识到了民族之间的差别，民族意识已经开始觉醒。例如，经过 13 世纪、14 世纪漫长的百年战争，英格兰人与法兰西人开始意识到他们之间是不同的，于是法兰西出现了反抗英格兰的民族英雄圣女贞德。英格兰人在欧洲大陆的领地逐渐丧失，法兰西也渐渐获得了领土的统一。英格兰与法兰西形成了以单一民族为主的国家结构，成为最早的一批民族国家。从 16 世纪到 19 世纪，欧洲大陆的其他民族国家一一建立起来，西班牙、葡萄牙、丹麦、德意志、奥地利、意大利等民族国家在世界舞台上起着越来越重要的作用。

在民族国家的形成过程中，信仰成为民族认同的重要组成部分。基督教，尤其是 16 世纪以来的宗教改革对民族国家的形成起着十分重要的推动作用。

各个民族在进行宗教改革的同时也推动了本民族语言的规范、普及与发展。整个中世纪，居于统治地位的语言是拉丁文，通常只有统治阶层与教会人士才能掌握。在民间通行的是各地区的方言，但是各个地区之间的方言也有着差异，没有一个统一的规范。文艺复兴中，文学的兴起对民族语言的统一起到了一定的作用。宗教改革开始后，宗教改革家们都对将拉丁文《圣经》翻译成本民族语言抱有极大的热情[1]。1534年，主要由路德翻译的第一部完整的德语《圣经》出版。他的翻译语言和风格贴近大众，许多日常用语、方言俚语以及民间谚语经他使用之后都被收入标准语言。在句型上，路德多采用简洁、自然的句子结构，打破当时官方、学者使用的拉丁语化的德语句子套句子的框架。他的这种风格创造了“现代德国散文”，对德国古典文学产生了巨大的影响。英国在都铎王朝时期已经有了宗教改革家廷德尔翻译的《新约》摩西五经、清教徒的《日内瓦圣经》与伊丽莎白时期国教的《主教圣经》。到了1604年，詹姆士一世下令重新翻译英文版《圣经》，译者们参考了包括廷德尔《圣经》在内的以往版本，于1611年出版了新的《圣经》译本。因为这版《圣经》由国王亲自下令翻译，故又称《钦定本圣经》（KJV）。《钦定本圣经》用词简洁精确，词汇量小，行文美丽优雅。《钦定本圣经》于1769年进行了标点符号的修正与单词拼写的统一之后就固定下来，此后的其他英文译本也有不少以钦定本为蓝本。这一时期，法语、意大利语、丹麦语、芬兰语、冰岛语等语言的《圣经》不断出现，一些版本还广为流传。作为发行量最大的书籍，《圣经》以其简练的用词与行文推动了民族语言的规范化与阅读的普及。

更重要的是，随着宗教改革的推进，各个国家的教会开始逐渐地民族化。早在路德之前，威克里夫就主张建设“民族教会”。宗教改革家们反对赎罪券、拒绝向教皇纳税的呼声反映了他们反抗外国经济剥削的心理；由于政治与战争的原因，教皇往往会代表西班牙或法国的利益，反抗教皇权威就成了反抗其他民族政治干涉的直接表现。各个民族教会的建立使国家的宗教事务摆脱了外来民族的干涉，伊丽莎白女王更是将教会置于国家与王权之

1　在中世纪时期，一些神学家曾尝试过翻译《圣经》的工作，这些人要么是修道院的避世修道者，要么是受到了正统教会的打击，都没有引起很大的影响。前者如9世纪时出现的东部法兰哥尼亚德语版本的《四福音合参》，后者如威克里夫在14世纪所进行的《圣经》翻译工作。

图4－1　宗教宽容的实践者：奥兰治的威廉

下。教派的差别时而为民族利益被人们忽视，时而又成为民族之间战争的导火线。1586年到1604年，为了争夺海上霸权与殖民地，天主教大国西班牙与新教的英国之间爆发了一系列的战争。此时伊丽莎白正对国内天主教徒进行大规模镇压，天主教的枢机主教号召英国的天主教徒起来反抗伊丽莎白的统治。然而，英国的天主教徒却选择与新教徒们一起并肩抗击西班牙无敌舰队在海上对英国的打击，最终获得了英西战争的胜利。1637年，英格兰国教的大主教劳德试图将英文《公祷书》在倾向于长老派的苏格兰推广。尽管劳德对《公祷书》进行了一定的修改，仍引起了苏格兰激进的长老派教徒的反抗。劳德向国王建议出兵苏格兰，直接导致了苏格兰的武装起义。

在这一时期，新教与旧教的纷争甚至成为民族独立战争的重要推手。尽管通常把尼德兰革命看作是一场资产阶级革命，但是宗教纷争在这场革命中所起到的作用是不可小觑的。

16世纪中期之前，尼德兰一直处于西班牙的统治之下。1516年开始执政的查理五世出生于尼德兰的根特，他一直将自己视为尼德兰人，故他治下的尼德兰有着不受限制的贸易权，商业、工业、科学与艺术都很发达。1555年他的儿子腓力二世即位后，情况急转直下。腓力二世一生从未踏上过尼德兰的土地，却要求尼德兰的人民绝对忠诚于西班牙王国。西班牙王国一直是罗马教廷的忠实追随者，这就意味着尼德兰也要遵循天主教的信仰。此时尼德兰已经是新教的天下，加尔文宗在这里盛行，其他各种小教派在这里也有生长的土壤。西班牙向尼德兰派驻军队实行专制统治，并禁止尼德兰同英国贸易，引起了尼德兰民众的不满，而将西班牙的宗教裁判所引入尼德兰，镇压新教徒更是激怒了尼德兰的新教徒。1566年，200多名尼德兰贵族联名向西班牙驻尼德兰总督上书，请求取消宗教裁判所。这一请求非但没有获得同意，反而遭到西班牙贵族们的嘲笑——“他们不过是乞丐”[1]。同年8月，尼德兰掀起了大规模的“破坏圣像运动”，大肆破坏天主教教堂内的圣像与圣物，400多座教堂在这一运动中被毁。

面对新教徒的反抗，西班牙实行了更加残酷的压迫。阿尔瓦大公在1567年成立了“血色评议会”，仅三个月就处决了18000多名反抗者。他公开宣称：“宁留一个贫穷的尼德兰给上帝，也不留一个富裕的尼德兰给魔鬼。”[2] 1572年，忍无可忍的尼德兰人民发动了武装起义，荷兰执政奥兰治的威廉[3]成为起义军的领导者。在他的领导下，“乞丐军”与“海上乞丐”打败了西班牙的军队，使北方七省摆脱了西班牙的统治，宣布独立。1576年，尼德兰南部省份也加入进来，尼德兰完全脱离了西班牙的统治。

然而这种统一局面并没有维持多长时间，尼德兰南部以天主教为主的省份担心新教徒获得全面的胜利，于1578年暗中派人与西班牙商议和解，阿图瓦、埃诺和杜埃三个行省又重新站到了天主教的西班牙一边。北方各省份

1　马克·T·胡可．荷兰史［M］．黄毅翔，译．上海：东方出版中心，2009：87.

2　王斯德．工业文明的兴盛：16－19世纪的世界史［M］//世界通史：第2编．上海：华东师范大学出版社，2005：47.

3　奥兰治的威廉在尼德兰称为威廉一世。他的曾孙荷兰的威廉三世在1689年“光荣革命”后成为英国的威廉三世。

在荷兰省与西兰省主导下于1579年组成了“乌特勒支同盟”，宣布永不分裂、永不妥协，坚持反抗西班牙的侵略。1581年，北方省份正式宣布独立，组成了尼德兰联省共和国。在此后的20多年里，共和国与西班牙进行了断断续续的拉锯战，同时尼德兰同新教的英国结成了同盟。1588年英国海军打败了西班牙的无敌舰队，也使西班牙无力再与尼德兰和英国抗衡。英西战争结束后，1609年西班牙与尼德兰签订了停战协定，北方七省获得了事实上的独立，而南方天主教占主流的10个省份则依旧在西班牙的统治之下。1621年西班牙再次入侵尼德兰失败后，最终在1648年正式承认尼德兰独立。后来，尼德兰联省共和国发展成为现在的荷兰，1830年南部的天主教10省独立，成为现在的比利时。

在尼德兰漫长的80年（1568—1648）独立战争中，新教徒占多数的荷兰省与西兰省始终是其中坚力量。新教徒以其强大财力支撑着反抗西班牙的军事行动（他们支付了反西班牙战争中80%的费用[1]），又以浓烈的宗教热情支撑起独热情，为尼德兰的独立做出了伟大的贡献。

各民族教派之间的差异所产生的影响是长远的，至今仍是一些地区冲突产生的重要因素。

宗教改革之后，英格兰建立了国教，而爱尔兰则坚持旧教传统，新旧教徒之间的矛盾日益显现。17世纪开始，大批英格兰人迁入爱尔兰北部的厄内斯特地区，掠夺爱尔兰人的土地，建立了农场。英国内战期间，爱尔兰人支持国王打击清教徒为主的议会军，引起了克伦威尔的不满。在议会军获得胜利后，克伦威尔签署了《迁徙法案》，将4.4万爱尔兰人强行迁徙到土地贫瘠、荒凉的地区，新教徒很快在爱尔兰北部形成了多数。英格兰人成了农场主，而原本拥有土地的爱尔兰人则沦与佃户。詹姆士二世时期，信仰天主教的爱尔兰人仅占有22%的土地[2]。土地问题与原本就存在的宗教问题结合在一起，使英格兰民族与爱尔兰民族之间的矛盾更加深化。18世纪，爱尔兰

1　马克·T·胡可．荷兰史［M］．黄毅翔，译．上海：东方出版中心，2009：90.

2　郭家宏．民族、宗教与20世纪爱尔兰问题［J］．史学月刊，2004（2）：89.

反抗英格兰统治的农民运动风起云涌。1801 年英国通过了《爱尔兰合并法案》，将爱尔兰合并入英国。这一法案激起了爱尔兰人民的抵触情绪，随之而来 1845—1850 年间的爱尔兰大饥荒，导致“天主教徒解放运动”“青年爱尔兰运动”等武装起义接连不断。爱尔兰人的民族情绪不断高涨。

19 世纪 70 年代，爱尔兰自治运动兴起。民众主张通过建立民族议会，获得爱尔兰的自治。南方的天主教徒激进分子，建立了“爱尔兰志愿军”，决心与英国人战斗到底。1916 年，爱尔兰兄弟会在都柏林发动武装起义，遭到英国政府的残酷镇压，许多无辜的爱尔兰人被捕。爱尔兰人对英国统治的反抗情绪进一步加深。经过持久的斗争，爱尔兰南部终于在 1923 年获得了独立，而北部的厄内斯特地区则仍处在英国统治之下。

爱尔兰的分裂留下了极大的隐患。北爱尔兰的天主教徒占人口的三分之一，他们受到了新教徒的压迫，在选举、住房、就业、教育等各方面受到不平等的待遇。于是大多数天主教徒都希望脱离英国统治，加入到爱尔兰。为了实现这一目标，以“爱尔兰共和军”为代表的极端分子在北爱尔兰发起了一系列的恐怖行动。从 1970 年起，他们发动了一连串的劫持、暗杀、爆炸等恐怖袭击，造成了大量的人员伤亡，至今幽灵不散。

在这些恐怖袭击中，天主教中的一些势力给予了很大的支持。20 世纪 70 年代，天主教会当局暗中支持以共和军临时派为代表的各种爱尔兰“防卫组织”，教会为临时派成员举行各种宗教仪式和葬礼。在教会的支持下，爱尔兰共和军临时派和爱尔兰民族解放军不仅袭击英国目标，而且发誓要摧毁“都柏林政权”[1]。可以说，天主教与新教之间的矛盾是北爱尔兰冲突中的主要推手之一，足见教派矛盾影响之深远。

基督教的全球扩张

在教派纷争影响着欧洲的政治局势时，基督教也开始随着欧洲人寻找通往亚洲的新航路的努力，传播到从智利到中国的广阔世界。

1　郭家宏. 民族、宗教与 20 世纪爱尔兰问题［J］. 史学月刊，2004（2）：89.

随着阿拉伯民族的崛起，耶稣被钉上十字架的土地已经被不断壮大的伊斯兰文明占领，基督的信仰在这里不复存在。伊斯兰教还扫荡了北非的基督教地区，埃及与苏丹的基督教徒被迫皈依了安拉。而叙利亚地区的教派在蒙古铁骑的蹂躏下只剩下零星的几支。伊比利亚半岛的部分土地落入了信奉伊斯兰教的摩尔人手中。漫长的中世纪，伊比利亚半岛上的葡萄牙人与西班牙人始终在为反抗入侵而斗争，史称“再征服运动”（又称光复运动）。长久的战争使反抗异教徒的思想根深蒂固，当葡萄牙与西班牙摆脱了摩尔人的统治，开始进行新航路探索时，除了拓殖殖民地，大肆掠夺财富和物资外，一个目的就是将基督教传播到异教徒的土地上去。探寻新航路的最早推动者葡萄牙的亨利王子，在 1420 年派出的第一支探险队沿着非洲西海岸南下，希望可以越过撒哈拉海岸的博哈多尔角，到达非洲西部的几内亚地区。因为传说中这里是约翰王国，是个由长生不死的长老约翰统治的强大的基督教国家。亨利王子希望可以和这里的统治者建立联盟，共同对抗摩尔人的入侵。葡萄牙人在发现一片新的土地后，习惯在当地立下顶部带有十字架的纪念柱，以显示上帝的子民已经占领了这片土地。而哥伦布第二次航行已有 12 名传教士陪同他。

同时，基督教本身就有一种内在的扩张倾向，自认为基督的信徒饱受恩宠，而异教徒是生活在黑暗之中的，把福音传播给他们也就是为上帝服务。所以，基督教既是推动冒险家们开辟新航路的重要动力，又能在新大陆发现后迅速传播，扩张至美洲、非洲与亚洲。尽管欧洲人为了自我利益在新大陆掠夺财物、发动战争，但这丝毫没有影响他们真心诚意地传播基督教信仰——自我利益与传教热忱交织在一起，当时没有人认为这二者之间有什么不相容之处。

在新航路开辟后的早期，传教活动的推动者主要是西班牙与葡萄牙，以及后来居上的法国的天主教徒。圣方济各会、奥古斯丁会、多明我会、耶稣会等传统修道会与新兴修道会的修士们都先后投入了将上帝福音传入新大陆的“神圣”义务中。自 1493 年教皇为了解决葡萄牙与西班牙在殖民地问题

图 4－2　发现新大陆的哥伦布

上的纠纷划定“教皇子午线”[1] 之后，教皇开始重视与支持在新大陆的传教问题。教皇保罗三世设立了许多主教区，教皇格里高利十三世时成立了“东方事务部”，1622 年，格里高利十五世成立了传教方面最重要的机构“关于传播信仰的委员会”（简称 Propaganda，即“传信部”），来指导全球的传教工作。

在教皇的积极推动下，传教士依靠正常传教、欺骗与强迫等手段在美洲取得了飞速的进展。强迫是其使用的最普遍的方式。据传教士拉斯·卡萨斯（Bartolome Las de Casas）记载，西班牙征服者每到一个地方就会宣布一道命令，用最残酷的死刑和武力胁迫当地居民皈依基督教，并服从西班牙殖民者的统治，拒不服从者，立刻处死。很多地方的印第安居民人数大幅下降，除

1　1493 年，为了解决在新航路开辟后出现的殖民地竞争，西班牙与葡萄牙请求教皇亚历山大六世进行调停。于是教皇为两国划定了势力范围，以威特岛以西 360 海里处的经线为界，东、西半球分别属于葡萄牙与西班牙。1494 年，两国又通过条约将这条线向西移动了 270 里格（一里格约合六海里），这条线后来又得到教皇尤利乌斯二世的认同。这条划分葡萄牙与西班牙殖民地界限的经线被称为“教皇子午线”。

去外来的传染病等因素之外，残暴的传教方法也是因素之一。安的列斯岛原有300万印第安居民，到了1514年减至14 000人，最后只剩200人了[1]。欺骗与对基督教的改头换面是也传教的重要方式。1536年，拉斯·卡萨斯在新格林纳达传教时，宣称西班牙人是“公正的太阳之子”，同时向居民宣讲天主教的教义与知识。最终当地的居民在太阳神庙中竖起了十字架，渐渐地受洗入教。1519年，科尔特斯在征服阿兹特克王国之后，向阿兹特克国王蒙特祖玛宣扬西班牙人的到来是“为了传播基督教的光明”，却又在不久之后囚禁了蒙特祖玛，并以他的名义进行统治，残酷杀害反抗的墨西哥人。他们还强迫酋长之子和印第安人接受洗礼，并接受基督教的宗教教育。为了吸引印第安人，他们还改造基督教的仪式，以使其显得更加华丽并适应印第安人的习惯。尽管举行宗教仪式的场所由高大篱笆围着的拱廊被陌生的石头砌成的教堂取代，周围的环境对印第安人来说却并非完全的陌生。天使们长着阿兹特克人的面孔，带着阿兹特克人的面具；猴子、金刚鹦鹉、椰子树等作为圣经故事背景被布置在周围，显得五彩缤纷[2]。花样翻新的传教手段获得了巨大的成就。1577年，新格林纳达地区组成的统一教省包括17个修道院和170多个信徒团体。16世纪中期，安的列斯群岛已经有8个教区，墨西哥有8个教区，南美有3个教区。包括堂区、修道院、主教区、大主教区的完善的天主教等级制度在拉丁美洲地区建立起来。

然而，受洗人数的大量增加并不意味着这些人已成为耶稣忠实的信徒。在　些印第安人的眼中，耶稣是以印第安人的面孔出现的太阳神；一些人私下仍保持着原本的宗教、祭祀方式。有一则广为流传的故事，科尔特斯给一个小镇的居民以最严格的教导，要他们虔诚地敬拜基督，并且照顾他留下的一匹马。于是，这些印第安人很忠心地遵守他所说的话，用水果和鲜花喂养这匹马，一直到它死去。在他们单纯的头脑里，这匹马和基督是一回事。后来两位方济各会的修士发现这些印第安人为这匹马做了一尊雕像，把它当成

1　王美秀，等. 基督教史［M］. 南京：江苏人民出版社，2006：257.

2　约翰·麦克曼勒斯. 牛津基督教史［M］. 张景龙，等译. 贵阳：贵州人民出版社，1995：259－260.

图 4－3　传教士与北美印第安人

雷神一样来敬拜[1]。这件事如果放在欧洲大陆上是不可想象的，而且敬拜一匹马并塑造雕像恰恰违反了基督教禁止偶像崇拜的教义。但它确确实实发生在刚刚接受了基督教的美洲大陆上。1552 年利马宗教会议，决定不允许印第安人领圣餐，1555 年墨西哥宗教会议又决定不给印第安人、混血儿授神职。尽管这包含着一定种族歧视的成分，但是其中的宗教意义也是不容忽视的。

非洲的传教活动则不那么顺利，葡萄牙国王一度向教皇克莱门特七世宣称所有的刚果人都成了天主教徒，但是实际上只有少数的酋长和国王算得上是真正的信徒。在奴隶的贸易过程中，奴隶贩子通常让传教士强迫所有奴隶接受洗礼，从而从教廷赚取可观的洗礼费。但是随着刚果人民的反抗，再加上传教人员的缺乏，天主教渐渐在刚果地区消失了。葡萄牙人在安哥拉地区也有一些小小的收获，到 1590 年时安哥拉有 20 000 名天主教徒，后来玛萨根渐渐发展成了主教区。但是在几内亚、贝宁、马达加斯加等地区，传教士们几乎一无所获。

在亚洲地区，传教士的工作步履艰难。但不同的是，亚洲地区传教的困

1　约翰·麦克曼勒斯. 牛津基督教史［M］. 张景龙，等译. 贵阳：贵州人民出版社，1995：289.

难主要是源于中国、印度、日本等国，大都有悠久的历史文化传统与完善的国家制度，除了印度原本就有天主教掌控的地区外，传教士们几乎寸步难行。这种状况直到耶稣会士弗朗西斯·沙勿略的到来才有所改变。

沙勿略是耶稣会创始人罗耀拉的助手，作为葡萄牙国王的宗教使节于1542年登陆印度的果阿。在果阿停留的短短几个月内，他就发动了一场道德革命，以改善这里的道德状况。随后他把目光转向了更广阔的印度南部。在那里，巴拉瓦斯种姓的渔民们为了寻求葡萄牙国王的保护，在1534年接受了天主教，因为他们实在不堪海盗的侵扰。然而，在他们接受了基督教后的8年内，从来没有人为他们解释上帝的教义。沙勿略承担了这个艰难的任务。他走遍了这个地区的所有村落，手摇着响铃，为当地的居民诵读信经、主祷文、十诫和玫瑰经[1]，并为认同了基督教信条的人进行洗礼。经他洗礼的信徒成百上千。三年后他离开这里时，留给他的后继者的是一个组织有序的教会。这里的渔民已经渐渐忘记基督教之前的生活，石砌的教堂是生活的中心，星期天不得出海捕鱼已成为他们生活的准则。1546年，沙勿略曾给葡萄牙国王写信，建议应当建立宗教裁判所镇压穆斯林，才能使印度有好的教徒。之后国王批准在果阿建立的宗教裁判所，直到19世纪早期才消失。

此后，沙勿略在马来半岛传教两年，又登上了驶往日本的航船。在日本，积极主张建立宗教裁判所的沙勿略却一改往日的观念，和其他耶稣会士一样，在宗教事务上对日本人进行了妥协。这与当时天主教世界的反改革思想是相违背的，却促进了日本基督教的发展。此时的日本正值战国时代，国家四分五裂，封建领主之间相互征战，无暇顾及文化问题。所以到16世纪末的时候，日本已经有30万皈依者、成百上千的教堂和两所基督教学院。随着1615年德川家康打败丰臣秀吉统一日本，思想文化的统一重新又被统治者提上日程。再加上西班牙、葡萄牙、荷兰与英国为了争夺殖民地竞相入侵日本，江户政府不得不下令闭关锁国，取缔天主教。到了1640年，除了长崎等偏远的山区，天主教在日本已几乎无迹可寻。

---

1 玫瑰经（Rosary）是15世纪中期教皇批准的用来礼敬圣母玛利亚的祈祷文，念诵时通常手持玫瑰念珠记数。现在玫瑰经仅仅被天主教认可。

图 4－4　中国士大夫装扮的利玛窦

沙勿略还未来得及进入中国大陆就死在了广东的上川岛上，向中国传教的重任就落在了利玛窦的身上。利玛窦在澳门学习了汉语和中国礼仪，熟读儒家经典，并首次将《四书》译成拉丁文。他靠写作《交友论》宣扬西方的朋友之道，在学者中获得了广泛的影响，于 1601 年将西洋自鸣钟献给明神宗皇帝而得以进入北京，最终依靠修理钟表的技能和天文学知识留下来。他结交了大量的中国士大夫，如徐光启、李之藻等，并和他们合作翻译了《几何原本》《同文算指》《测量法义》等书，在士大夫中获得了很高的声誉，被人们称为“利子”（就像孔子、孟子一般）。正是依靠着这些朋友，他得以在北京顺利地宣扬基督教。利玛窦将中国古已有之的“天”的概念解释成“上帝”，认为中国的祭孔仪式中不含宗教因素，所以可以和天主教同时共存。1631 年，一名方济各修会的修士和多明我会的修士来到中国，对他们的发现大为震惊，教理问答中的“弥撒”竟然被翻译成了“祭祖仪式”。这让正统的天主教徒感到不能接受，但是这使中国人能够更容易地接受天主教。到利玛窦去世时，国内大约有 2 500 名信徒。继任者龙华民、邓玉函、南怀仁、汤若望等人继承了利玛窦的衣钵，继续他在中国的传教事业。再加上制定天文历法的需要与边疆危机的加重，耶稣会在中国的传教活动还算顺利。清朝初年，因为康熙皇帝对西洋科学的喜爱，这些来自西方的传教士也相应有着较高的地位。1701 年，澳门、北京、南京三个主教区一共有 130 位传教士和 30 万信徒。

但是这并不意味着基督教与中国的传统文化之间、中国的改良基督教与正统罗马公教之间不存在矛盾。1616 年和 1621 年，南京礼部侍郎沈漼多次上疏皇帝，指控传教士窥伺两京，图谋不轨，以西法修历是变乱中国纲纪等[1]。南京的传教士王丰肃、谢务禄被驱逐出境，北京的庞迪我、熊三拔也被逐至澳门，多亏徐光启上“辩学章疏”为传教士辩护和一些士大夫对传教士的保护，他们才得以继续居留中国。这两次“南京教案”是中国部分士大夫对传教士不信任的爆发。而传教士内部对待中国礼仪的态度分歧也渐渐突出。利玛窦为适应中国的习俗而将造物主（Deus）译作“天”和允许祭孔祭祖的措施，引起了后来的龙华民以及方济各会、多明我会修士的不满。他们将这一问题上报给罗马教皇，教廷内部一直都没有统一确定的结论。但这一问题在欧洲引起了空前的辩论，意大利、法国、比利时等国都参与进来。1717 年，教皇克莱门特十一世下令禁止中国教徒祭孔祭祖，引发了清朝政府与罗马教廷之间的斗争。1724 年，雍正下令封闭教堂，将所有传教士驱赶至广东。1742 年，乾隆决定彻底禁止传教。一直到 1842 年，中国仅有少量教士在境内秘密传教，天主教遂不复有往日的光辉。

不论传教士是否以单纯虔诚礼敬上帝的心来传教的，这些传教活动都在客观上推动了西班牙、葡萄牙、法国等国海外帝国的扩张。这一点在美洲地区表现得最为明显。

事实上，传教士的利益与殖民国家的利益是紧密联系在一起的。因为他们不仅依附于罗马教廷，同时也依附于支持他们的国家，所以殖民国家利益他们必然要照顾到。同时，殖民国家又给予了他们大量的特权，在殖民统治相对稳固的地区，教会通常拥有大量的土地和教产。所以尽管不少传教士反

1　王美秀，等. 基督教史［M］. 南京：江苏人民出版社，2006：359.

对血腥残暴的统治手段，但他们并不反对殖民统治本身。“和平殖民化”才是他们真正的诉求。海地的一个印第安部落不满西班牙人的武力入侵，拿起武器进行了顽强的抵抗。而传教士拉斯·卡萨斯却成功地说服酋长们放下武器，率部众皈依了基督教，顺从西班牙殖民者的统治。“我们要把奴隶变成忠诚的基督教徒，你们就将因此得到很好的工人[1]”。耶稣会修士的这句话才是“和平殖民化”的真正目的。

基督徒面对这些异教徒天生就有一种优越感，即异教徒都是野蛮人，自己才是文明人，基督徒才是享受上帝恩典的宠儿。所以，捣毁异教的神殿，彻底改变异教的习俗与文化，强制推行基督教也就变得理所当然。这一点在新大陆表现得尤为突出。一座座修道院与基督教学校建立起来，传播基督教的教义与礼仪，并强迫印第安人学习西班牙语或葡萄牙语。神像既毁，本土语言不复存在，原始的印第安文明也就渐渐没落了。

同时，原本的部落制度也随着殖民者的到来逐渐瓦解，种族隔离制度使得传教士成为印第安居住区社会生活的组织者。这些以修道院为中心的“归化村”，与西班牙人、黑人奴隶与混血儿隔离开来的印第安人在传教士的领导下，进行粮食生产，建造水利工程，并学习石匠、木匠、裁缝等技能，免受奴隶贩子和西班牙人的侵扰，并向西班牙人缴纳赋税[2]。一种新的由传教士与殖民者主导的社会制度建立起来。

天主教的传教活动不仅增强了西方国家开辟新航路的热情，又协助殖民者摧毁了当地的本土文化，建立了以基督教为核心的新的文化，并用一种在基督教与西方文化框架下的新制度来规范社会，使被征服的地区更加顺从殖民者的统治。天主教成了西方国家海外帝国建立的有利推手。

随着西班牙和葡萄牙的衰落，法国大革命的爆发，天主教的传教活动衰落了下去。尽管拿破仑战败后，耶稣会等修会恢复了传教活动，但是再难重现法国大革命之前的传教盛况。

一直到 17 世纪中后期新教诸教派才开始对传教产生兴趣。荷兰和丹麦

1　杨真．基督教史纲［M］．北京：三联书店，1979：497．

2　王亚平．16 世纪西班牙美洲殖民地天主教传教活动的政治作用［J］．历史研究，1992（5）：163．

是较早开始传教活动的新教国家，最热衷于传教的组织是摩拉维亚兄弟会[1]。而殖民大国英国，则到19世纪二三十年代才将传教作为其教会的重要使命。在教派众多的英国，每个不同的教派都有自己的传教差会，其中影响最大的是由公理会和自由教派组成的“伦敦传教差会”，著名的传教士约翰·威廉·罗伯特、马礼逊、利文斯通等人都出自这个差会。与英国渊源深厚的美国也紧随其后，新教的德国、挪威、瑞典、芬兰等国也加入了传教的行列。在整个19世纪，英国无论在经费上还是传教人数上都居新教国家之首。这是与当时刚刚经过工业革命，经济繁荣、军事强大的国情相适应的。这一时期还出现了大学生传教团体和妇女传教组织，为原本由中年男性教士组成的传教团体增添了活力。

英国的东印度公司占领印度后，葡萄牙的势力渐渐退出了印度地区，英、美、德的传教士蜂拥进入印度。他们中的一些人隶属于东印度公司，直接为英国的殖民活动服务。但东印度公司对印度传统宗教的不尊重引发了印度士兵大起义，沉重打击了新教的传教活动。所以，当英国设立了印度总督，新教传教活动再次稳定下来后，英国在原有传教手段的基础上，采取了潜移默化式的传教方式，在印度建立教会学校、医院与慈善机构，通过友好的行为使人在不知不觉中接受基督教。

英国用大炮打开中国的大门后，美国与中国签订的《望厦条约》就要求在中国境内建立教堂。到了1858年的《天津条约》，英、法、美、俄要求他们的传教士可以在中国自由传教。此后，各国传教士在中国畅行无阻。太平天国运动的发起者洪秀全、冯云山等人就是从中国传教士梁发的《劝世良言》所阐释的基督教教义中获得了灵感，宣扬洪秀全是上帝的次子，耶稣的兄弟。洪秀全与洪仁玕曾经向美国浸礼会传教士罗孝全学习《圣经》，一度准备接受洗礼。

在非洲，葡萄牙等国进行了将近400年的传教活动，但是成效始终不显著，天主教始终没有进入非洲内陆地区。英国传教士利文斯通在英国皇家地

1　摩拉维亚兄弟会，又称波西米亚兄弟会，是重要的新教组织之一。在新教产生之前的15世纪已出现了，罗马教廷的反宗教改革运动时逃亡德国。他们与德国的虔敬派发生联系，并在虔敬派领导人亲岑道夫的帮助下得到复兴。他们强调《圣经》是信仰和教规的唯一依据，同时也承认基督教传统。

理学会的授权下，接受英国政府的资助，深入非洲腹地探险、传教。他的探险为英国殖民者的进一步侵略开辟了道路。此后英国在非洲的殖民活动与传教活动都进行得比较顺利。1914 年，撒哈拉以南的非洲地区，除南非以外，已经有接近 70 万新教徒。

新教传教士还进入天主教占统治地位的拉丁美洲与菲律宾地区进行传教，同样吸引了相当数量的追随者。

这一时期在殖民地与半殖民地建立的教会，即使其领导人是本土出生，领导权也大多掌握在殖民国家的传教士手中，教会的财政权也由这些传教士掌握。很多教会的经费往往都由传教团体、修会或罗马教廷提供，很少能够自给自足。总体来说，这些教会仍旧是殖民政府或殖民国家的附庸。他们是这些国家殖民活动不可缺少的组成部分；许多殖民教会还与当地民众发生冲突，中国的义和团运动就是这类事件的典型代表。

从 15 世纪末到 20 世纪初期，基督教逐渐覆盖了欧洲、美洲、大洋洲的全部地区，以及非洲、亚洲的部分地区，由一个欧洲的地区宗教成长为世界性的宗教。

第二节　基督教会势力的衰退

16 世纪以来，尽管基督教在民族国家政治、社会生活及海外帝国拓展方面依旧扮演着重要的角色，但是基督教在西方世界的影响力却逐渐下降。宗教改革以来，基督教世界失去了一个统一的权威；新教皇教热情的冷却，使教会无论在政治、社会还是宗教领域的地位大大下降。神的意志不再是统治国家与社会生活的最高准则。欧洲社会呈现出世俗化的倾向。

教会在政治社会领域的退却与宗教宽容的实现

教会的衰落在新教国家表现得最为明显，尤其表现在教会对国家政治和社会制度的控制上。

在中世纪，宗教贵族始终是世俗政权中的重要力量，大主教与主教担任国家重要职位，把持朝政，与国王就教会权利问题进行斗争的例子屡见不鲜。如英国金雀花王朝亨利二世时期的坎特伯雷大主教托马斯·贝克特，都铎王朝亨利八世时期的英格兰枢机主教托马斯·沃尔西等。英格兰王国政府中的大法官一职（一度为掌玺大臣，在中世纪后期曾经是政府的最高领袖），从诺曼征服到都铎王朝结束共经历了 131 任，其中 86 位是宗教贵族，在就任前曾是大主教、教区主教、教区执事或修道院院长[1]。同时，宗教贵族还是议会中的重要力量。亨利七世时，议会上院有宗教贵族 49 人，而世俗贵族仅有 29 人，不足宗教贵族人数的三分之二。宗教改革之后，宗教贵族渐

1　冷霞. 英国早期衡平法概论：以大法官法院为中心［M］. 北京：商务印书馆，2010：465－472.

渐从世俗政府中退出了。亨利八世关闭修道院的政策，使宗教贵族的数量与财力大大下降，沉重打击了宗教贵族的势力。斯图亚特王朝时期，仅有一位大法官是主教出身，之后担任这一职务的人都是世俗贵族，甚至平民。都铎王朝时期，当枢密院成为王国政府中最重要的部门后，伊丽莎白一世特许坎特伯雷大主教惠特吉夫特进入枢密院供职，其他宗教人士全部被拒之门外。而修道院的解散也使 31 名修道院院长于 1540 年从议会上院中退出，宗教贵族仅剩下 2 名大主教与 19 名主教。同时，亨利八世册封了 40 多名新贵族。都铎王朝末期，在一些世俗贵族因后继无人而人数自然消减后，世俗贵族仍旧是宗教贵族人数的两倍多。再加上议会下院地位的上升，宗教贵族再也无法在议会中产生重大影响，也无法在政府部门中直接对国家政策做出决定。基督教作为一股政治势力，曾经直接参与政治斗争，而今难见往日盛势。

与此同时，教会法也失去了其在中世纪所拥有的约束力。教会法与宗教法庭在婚姻、遗嘱、契约、经济与宗教思想等方面规范着中世纪人们的生活。而在重要的问题——如异端上，宗教法庭虽然不直接判定刑罚，但是这些异端在交予地方当局后，往往会被处以残酷刑罚。整个中世纪，教会法体系与世俗法律平行发展，并不时发生冲突。宗教改革之后，宗教法庭被逐渐取消，教会法失去了其执行机构，其效力也仅仅存留在宗教事务范围内。路德是教会法的坚决反对者，1522 年他曾公开焚毁了教会法的书籍，他甚至否定了世俗婚姻的神圣性。所以在路德派盛行的地区，宗教法庭很快就消失了，现代的民法取代了教会法。加尔文却采取了完全相反的态度。在改革时期，加尔文制定了《教会条例》，详细规定了教会的教义与惩戒标准。日内瓦宗教裁判所还以异端罪将西班牙的宗教改革家塞尔维特处以火刑。加尔文去世后，教会法的执行者从宗教法庭变成了教会的牧师、长老，约束力也不如加尔文时期强大。在英王亨利八世时期，法律规定禁止将英国国内的宗教问题上诉至罗马教廷，国王取代教皇成为教会法的最高上诉法庭，牛津大学与剑桥大学也不再授予教会法学位。伊丽莎白时期建立了高等宗教法庭以处理反叛的天主教徒，英国革命时期又予以取消。犯罪的教士将接受世俗法庭审判，由教会法庭监督的什一税收归国有，遗嘱纠纷、经济纠纷与教会财产等问题也开始受到国家的监督，教会法的主要职能逐渐被世俗法律所取代。英国革命结束后，宗教法庭已被扫荡一空。但是无论哪个国家，教会在婚姻方面仍有很大的约束力。15 世纪以后，宗教仪式成为婚姻成立的必要条件。19 世纪之前，除非出现通奸或其他特殊情况，离婚在所有西方国家都是禁止的。

随着教会法庭的衰落，中世纪维系着个人社会地位的教籍问题不再那么重要。在中世纪，一个人是否能够领圣餐、是否具有教籍、在死后是否能进入教会墓地是其进行社会活动的根本。然而，在宗教改革期间，许多宗教改革领袖、国王被革除了教籍；同时，教皇的权威在这些国家遭到绝对的否定，教会脱离了罗马教廷的管辖。于是受罗马教廷认可的教籍不再那么重要，决定一个人社会定位的重要因素是血统、财富与学识。

随着反宗教改革的反动活动，在天主教地区，罗马教廷加强了教会法的实行，尤其在宗教问题方面，大量宗教裁判所的建立就是直接的显示。

在西班牙与葡萄牙衰落后，法国成为最重要的天主教国家。胡格诺战争后，法国一度签署《南特敕令》，实行宗教自由。1685 年，“太阳王”路易十四废除了《南特敕令》，法国再次成为天主教国家。法国的王权与教权一直进行着激烈的斗争；在中世纪，法国国王曾一度将教皇囚禁在法国的阿维农，史称“阿维农之囚”。作为一个强势的君主，路易十四不能忍受教皇与自己分享权力。他在 1682 年掀起了“高卢主义”运动，主张教皇的命令只有经过国王许可才能到达法国；梵蒂冈在法国没有立法权；法国公民不受梵蒂冈法庭审判；法国法院有权处理本国的宗教事务。同年，又颁布了《限制教皇权力条款》，规定：（1）国王在政治问题上不受教皇干涉；（2）法国教会的特殊地位（早期法王在反对雅利安伦巴族人的斗争中曾保卫过教皇）不能改变；（3）大公会议的权威高于教皇；（4）教皇的裁决只有经过大公会议的批准才算最终裁决[1]。路易十四的这一主张在法国受到众多神职人员的拥护。1690 年罗马教皇对路易十四的行为予以谴责。在教皇派的抨击下，路易十四于 1693 年最终废除了《限制教皇权利条款》。但“高卢运动”中的民族主义内涵与《条款》的独立精神，在法国教会中保存了下来。

1793 年，在法国大革命进行得如火如荼之时，雅各宾派击败了吉伦特

---

1 王美秀，等. 基督教史［M］. 南京：江苏人民出版社，2006：212.

派，控制了革命政府。国民公会掀起了一场破除基督信仰运动。他们先是将基督教的格列高利历法改成了共和历法，以 1792 年 9 月 22 日为共和元年元月一日，将一周七天改成了十天，将周末礼拜日改成旬末休息日，还将宗教与圣徒纪念日的名称用法国人熟悉的生产和工具名代替。随后，他们开始禁止在教堂举行宗教仪式，强迫巴黎大主教戈培尔辞职，并允许各地方政府自行选择是否放弃天主教。尽管雅各宾派和山岳派反对基督教，但是他们却批评无政府主义者与无神论者，认为一场革命需要新的宗教支撑。于是他们很快建立了一种被称为“最高实体崇拜”的新宗教，其教义是“灵魂不灭”，其教规是“履行个人义务”。1793 年 11 月 10 日（雾月二十日），被定为“自由节”，庆祝哲学对宗教狂热的胜利。他们占领了巴黎圣母院，并改名为“理性神庙”，又找来一名女演员扮成自由女神或理性女神，连国民公会也在获悉后参与了这场盛大的庆祝活动。到了 11 月 23 日（霜月三日），人们更封闭了所有教堂[1]。在天主教影响深远的法国，这种不成熟的新宗教并没有存在多久。热月政变之后，“最高实体崇拜”就逐渐消逝在漫漫的历史长河中了。

尼德兰是较早实行宗教宽容的地区。16 世纪的尼德兰商业繁荣，海上贸易频繁，被称为“海上马车夫”。商人的大量存在与贸易往来的频繁使尼德兰地区的宗教思想传播与更新都十分迅速，新教在尼德兰有肥沃的生长土壤。在北方的荷兰与西兰两个省份，加尔文教派占据绝对的优势，限制天主教徒的权利；而在南方的省份，仍旧是天主教一统天下的局面。尼德兰执政——奥兰治的威廉在 16 世纪中期就发出了实行宗教宽容的呼吁。他希望在尼德兰境内的天主教徒与新教徒可以自由地从事自己的宗教，从而达到普遍的宗教和平[2]。这在当时的尼德兰是比较先进的思想，当时的出版物还尚未对宗教宽容问题进行广泛的讨论。因此，威廉的呼吁并没有得到响应，各个省份对宗教都有着自己的要求。17 世纪初期还曾经出现了阿米尼乌斯派与加尔文宗之间的宗教斗争，后来还发展到两派互相指责对方在反抗西班牙的斗争中叛国，最终阿米尼乌斯派被裁定为异端，惨遭镇压。随着尼德兰独立运

1　乔治·勒费弗尔. 法国革命史［M］. 顾良，孟湄，张慧君，译. 北京：商务印书馆，2010：378.

2　王加丰. 西欧 16—17 世纪的宗教与政治［M］. 合肥：安徽大学出版社，2010：317.

动的发展与宗教派别的进一步分化，到 17 世纪中期，新成立的尼德兰联省共和国成为欧洲最为宽容的国家。各个教派在这里平和地相处，并善待科学与宗教，成为欧洲其他国家被迫害教徒的避难所。尼德兰也随着宗教宽容的实现进入全盛时期。

在尼德兰之后，欧洲一些国家也相继实现了一定程度的宗教宽容。英格兰在内战期间建立了广泛的新教徒的宗教自由，只要是反对王权，肯定三位一体教义的基督教派别都可以在英国自由传播，其信徒也享有平等的权利。查理二世复辟后出现了一定的反复，但是英国最终在 1689 年通过了《宗教宽容法》，一切反对罗马教廷权威，尊重三位一体的教派都可以在英国境内畅行无阻。德国在 1555 年实现了教随国定的原则，但仅限于路德宗与天主教。1648 年的《威斯特伐利亚条约》又把这一原则拓展到加尔文宗[1]。不过仅仅是国王有自由选择宗教的权利，民众只能跟随国王的选择。18 世纪以后，宗教信仰就不再受国家控制，成为公民的个人选择。

在天主教的内部也有一些宗教宽容的声音。西班牙传教士拉斯・卡萨斯在南美洲见证了基督教徒与印第安人相处的情形，经历了欧洲人对印第安人的奴役与迫害，提出了不同文化、宗教背景的人群应当如何相处的问题。他认为只有容忍其他宗教并与之和谐相处，才有利于获得其他宗教信徒对基督教的真正皈依[2]。其思想的本质目的仍旧是为了获得天主教更广泛的传播，但是其思想的积极意义是不可否认的。

福音运动与循道宗

但是，基督教全面衰落的时刻还远没有到来。在新教世界，基督教各教派仍有着广泛的信众，基督教道德仍旧是人们日常生活的重要准则，基督教各教派仍旧能够通过教会组织与众多的信徒对国家与社会产生重要影响。这一影响主要体现在欧美国家在 18 世纪中后期的“福音运动”上。

1765 年，英国开始了轰轰烈烈的工业革命，伦敦成为世界金融与贸易的

1　王加丰．西欧 16—17 世纪的宗教与政治［M］．合肥：安徽大学出版社，2010：376.
2　王加丰．西欧 16—17 世纪的宗教与政治［M］．合肥：安徽大学出版社，2010：377.

图4－5　布道中的约翰·卫斯理

中心，大量的工业城市兴起，英国成了“世界工厂”。同时，英国海军打败了西班牙无敌舰队，取得了全面的胜利，不列颠成为世界上最大的殖民国家，“日不落帝国”形成。经济的繁荣带来了诸多的社会问题，中上阶层的人过着更加奢侈的生活，下层人民的生活却穷困潦倒；酗酒问题日益严重，杜松子酒的销量在20年内增长了13倍。农村失去土地的农民大量涌入城市，而城市的工人阶级却没有政治权力，也没有住房、医疗方面的保障。经历了16世纪的宗教改革与怀疑主义、17世纪的自然神论，英国民众表现出一种对宗教的冷漠。法国大革命带来的翻天覆地的变化，让英国人感到恐惧，害怕同样的颠覆性运动在英国发生，于是政治上开始倾向于保守主义。

处于大变革时代的英国社会，神学家们认为，正是宗教上的冷漠导致了社会的混乱与堕落，于是一场旨在“宗教复兴”的福音运动在英国兴盛起来。神学家们希望通过复兴基督教来达到社会改良的目的，“要么以某种方式服侍英格兰人，要么将福音传到海外”。福音运动早期的推动者主要是循道宗的信徒。

循道宗又称“卫斯理宗”“卫理公会”。创始人约翰·卫斯理，6岁时独自一人被困在牧师楼大火中，他爬到了二楼的一个窗口才被别人搭救，从此对上帝的护佑深信不疑。成年后，他进入神学院学习，曾一度到新大陆的佐治亚殖民地传教，因看不惯殖民地的奴隶制度和“野蛮”习气以及失败的恋爱经历而沮丧地返回英国。之后，他结识了来自德国虔敬派[1]的信徒彼得·波勒，在与彼得·波勒的交流中，使卫斯理认识到，只有个人的新生和对基督的坚定信仰才能使人得到真正的圣洁。但虔敬派对其领袖亲岑道夫的个人崇拜又使他感到失望，最终与虔敬派分道扬镳。他以“尽我最大的努力去宣传具有强大生命力的实用宗教，并借上帝的恩典在人们心灵中萌发，保持和增强上帝的生命”为己任，将生命的大部分时间都投入到了福音布道中去。1739年，他和信徒乔治·怀特菲尔德等人，走出教堂，到户外、乡间去布道，足迹遍布英伦三岛。他们以下层的民众为布道对象，约克郡的纺织工人、林肯郡的农民、康沃尔的锡矿工人都是他们的听众。他还为布道团体设立了严格的管理制度，所有信徒都要过遵守道德与纪律约束的生活。1788年卫斯理去世时，在英国国内已经有7万信徒，新大陆的美国也有4万信徒。在卫斯理生前，他的思想还是英国国教内部的一种思潮。随着循道宗的发展，卫斯理的思想与英国国教在思想、组织方面差距越来越大。1795年，卫斯理运动正式脱离英国国教，成为一支独立的教派。

卫斯理认为，原罪并没有完全剥夺人的自由意志，人只要唤醒自己内心的良知，就可以在信仰中获得人生的意义。人要有强烈的道德自律意识，还要有“爱的习惯倾向”，在完善自己人格的同时，服务于更广阔的社会。“全社会的改造依赖于个人内心不灭的理想之火”“我们必须成为生活中的药，成为这个颠倒混乱时代所有罪恶和悲剧永不失败的疗法。我们走到哪里，哪里就有欢乐和美德在手中传递”[2]。卫斯理宗在向下层民众布道时，

1　国虔敬派是路德宗中的分支，又称虔诚派。他们是17世纪至18世纪德国路德宗内部兴起的宗教复兴运动的主导者。他们受清教主义影响，主张过圣洁的生活，道德的价值远高于教义。虔敬派的代表是菲利普·斯彭内尔和尼古拉斯·亲岑道夫，亲岑道夫还推动了摩拉维亚兄弟会的复兴。虔敬派既注重知识的教育，又重视心灵的教育。他们为德国贫民教育做出了很大贡献。

2　邹穗．英国工业革命中的福音运动［J］．世界历史，1998（3）：58.

提倡改善监狱条件、工厂立法，建立更具有代表性的议会，在全世界范围内取消奴隶贸易。这都是针对当时严峻的社会问题所提出的解决方案。

最初循道宗的福音主义是英国国教的迫害对象。但1760年以后，随着工业革命的迅速发展，福音主义渐渐被英国国教低教会派[1]、浸礼宗、公理宗等其他教派所接受，进入社会主流。1789年，在英国首相小威廉·皮特和下议院议员威伯福斯的推动下，国王乔治三世发布了《鼓励虔诚与美德宣言》，福音运动从一种宗教运动发展成为一种社会运动，传教热情与社会责任感复兴。19世纪英国传教运动的兴盛与福音运动的发展有着密切的关系；在英国国内，他们利用广大的教徒与公众舆论，对英国的学校、工厂、医院、监狱进行改革；一场社会改良运动如火如荼地展开。

工业革命的发展使大量的下层儿童沦为童工，失去了学习文化知识的机会。对宗教感情的淡漠使儿童对基督失去信仰。在这种背景下，主日学校出现了。1780年，格洛斯特郡的国教福音派信徒罗伯特·雷克斯聘请4名教师，在星期日礼拜后教附近的儿童读书、写字、算数，并且在报纸上呼吁推广这种教育。1789年，切达教区的汉娜·莫尔创办学校，在星期日教儿童阅读《圣经》，学习基督教教义。之后，主日学校在英国广泛出现，到了1840年，据《教育杂志》报道，北方城镇的儿童入学率超过60%[2]。

福音运动还在道德领域发起进攻，推动英国社会风气的改善。福音主义者建立了大量的志愿社团，从建立医院、救济贫民，到提倡禁酒、反对赌博，再到挽救妓女和小偷，他们的活动涉及下层民众生活的诸多方面。

福音运动的最伟大成就是英国废奴运动的胜利。

英国从1562年就开始进行三角贸易，1660年查理二世复辟时，国王给予一家公司特许经营权，每年运送3000名黑奴到西印度群岛去。1770年，从西非运往美洲殖民地的10万名黑奴中，就有一半是通过英国的船只运送

1　英国国教低教会派，18世纪时出现，指那些忠心于英国国教会，赞成主教制，但是对宗教仪式不感兴趣，亲近非国教各教派的国教徒。与高教派相对（见牛津运动）。美国倾向于称之为国教福音派。另外，还有广教会派，观点介于高教会派与低教会派之间，多是宗教自由主义者，强调自由与调和，注重教会的文化活动。

2　邹穗. 英国工业革命中的福音运动［J］. 世界历史，1998（3）：60.

图 4－6　威伯福斯

的。这些奴隶在运往殖民地的途中大量死亡，在殖民地又遭到种植园主的压迫，被迫进行艰辛的劳动，境况凄惨。

福音运动领导人威廉·威伯福斯关注到这一情况，于 1789 年在议会下院就奴隶贸易问题发表演讲，却没有引起很大的反响。1791 年他再次在议会下院发表演讲，向议员们大声疾呼："永远，永远，我们不会停止，直到我们将这个耻辱从基督徒的名号上擦去，将我们从罪恶的重担下释放出来，并且消灭这场血腥交易的每一丝痕迹。"[1] 这次演讲获得了一些支持者，但不足以推动一个禁止奴隶贸易的法案通过。他认识到，激情洋溢的演讲与宗教激情是不能战胜商人眼中的商业利益的，必须引导更多的民众参与到这场反对奴隶贸易的战斗中。"我们必须依靠整个国家的同情，所以让火焰熊熊燃烧吧。"[2] 书店中是他们所写的宣扬废奴的小说，公共演讲台上是他们激情

1　布鲁斯·L·雪莱. 基督教会史［M］. 刘平，译. 上海：上海人民出版社，2012：376.

2　布鲁斯·L·雪莱. 基督教会史［M］. 刘平，译. 上海：上海人民出版社，2012：376.

演说的身影，公告板上是他们的口号与宣言。威伯福斯因为他高超的演讲技巧而被人们称为“英国下议院的夜莺”，而他和伙伴们因为高尚的追求被称为下议院的“圣徒”。他们把反奴隶贸易的火焰烧进了英国普通民众的心中，这使他们在议会斗争中的力量大大增强。

1807 年，威伯福斯和战友们取得了初步的胜利。英国议会下院通过了一项法案，禁止大英帝国范围内一切人口交易。英国及其殖民地范围内的一切奴隶贸易活动全部停止了。威伯福斯在议会的演讲获得了全场所有人的掌声与欢呼，他在议员们热烈的反应中激动得热泪盈眶。但黑人奴隶仍旧受着奴隶制的束缚，废奴运动远远没有结束。年轻的福音派信徒托马斯·巴克斯顿接下了废奴运动的接力棒。1833 年，威伯福斯去世前，英国议会终于通过了《解放法案》，解放大英帝国范围内的一切奴隶。至此，英国废奴运动取得了全面的胜利，英国成为欧美殖民国家中第一个废除奴隶制的国家，英国在 21 世纪曾拍摄电影《奇异恩典》，纪念这一伟大运动的胜利[1]。

逆潮流的牛津运动与其他思潮

在福音运动给英国社会带来重大变化的同时，一场与之完全相反的运动在英国展开。牛津大学一些虔诚的国教信徒不满世俗政权干涉宗教，要求恢复基督教的权威，恢复正统的宗教传统与仪式。奥里尔学院的教师约翰·基布尔在大学讲堂上发布“举国背教”的布道，宣扬当一个民族不再尊重使徒传统与神职人员，转而追求庸俗与利己的理性时，这个民族就应当因为否定神而被判罪。基布尔的布道得到了教区牧师约翰·纽曼和希伯来语教授爱德华·皮尤兹的支持，这三位牛津人认为国教的权威源自上帝，即使英国国教脱离国家的保护，依然能够获得英国人民的效忠。他们将英国的社会改良看作是对英国国教会神圣性的攻击，要杜绝世俗对宗教的入侵。因为这一运动的领导人都来自牛津，所以这场运动被称为牛津运动。又因为他们为了宣扬自己的观点，发表了一系列“时代小册子”而被称为“书册派”（又称皮尤

1　电影《奇异恩典》源自英国福音派信徒约翰·牛顿在 1779 年创作的福音歌曲的名字，在欧美国家传唱度很高，至今还不断有流行歌手翻唱，且被很多地区用作葬礼歌曲。

兹运动)。书册派十分看重公共崇拜仪式的意义，认为富丽堂皇的教堂、华丽的教士服、祭坛上的熏香、教堂上飘扬的赞美诗都有着重要的价值。他们的观点与当时的时代潮流完全不符，在普通民众中没有引起什么回应，只在教士中有一些支持者。而且他们与罗马教会的关系很近，故而遭到了英国国内强烈的反对。领导人之一约翰·纽曼最终脱离英国国教，加入了罗马教会，并被教皇任命为枢机主教。牛津运动在人们的反对声中结束了，书册派的名字渐渐被人们遗忘。他们与国教内其他崇尚天主教的宗教仪式，但是否认教皇权威的教徒并称为高教会派，又被称为英国公教会（这一称呼在美国使用较多)。

19 世纪时，西方世界产生了一股基督教社会主义的思潮，它是与当时空想社会主义的思潮分不开的。著名空想社会主义学家圣西门在晚年就将他的空想社会主义模型称为“新基督教”，认为“宗教应当引导社会走向最迅速地改进最穷苦阶级的命运的伟大目的”[1]。而脱离圣西门派的菲利普·毕舍和神甫西德·拉梅耐认为：“未来的社会主义社会以基督教的出现为开端，以基督教的平等、博爱、慈善三原则的充分实现而告终”；“新社会的基础将是上帝，是全人类之父，而基督教则是推动人类进步的精神动力”[2]。他们的这种思想很快就传到了英国和德国。英国国教牧师弗雷德里克·莫里斯和查尔斯·金斯莱成为这一思想的积极践行者。莫斯利认为：不适当的经济关系与社会的不公正是由自由竞争导致的，因而社会迫切需要协作制度；而基督的降临才能使人类获得真正的拯救。莫里斯还认为，中世纪的修道院制度就是一种共产主义的生产方式。而金斯莱是宪章运动的同情者，他认为《圣经》不是一本让人安于贫困的书，而是一本劝诫富人的书。另一位基督教社会主义者约翰·拉德洛进行了“劳动协作社”实验，建立了十几座小合作工厂，试图用合作的社会主义方式来代替自由竞争的资本主义制度。1850 年他第一次使用了“基督教社会主义”一词，出版了《基督教社会主义报》，宣扬自己的学说。在德国，维克多·胡贝尔在国王威廉四世的资助下举办劳动

1　吴易风. 空想社会主义［M］. 北京：北京出版社，1980：203.

2　宗锦福. “基督教社会主义”由来辨［J］. 湘潭大学（社会科学学报)，1981（3)：115.

院，试图解决当时德国的社会问题。他还建立了“基督教秩序与自由促进社”，在哈士山的伍尼日拉德镇建立劳工社团，进行合作生产，得到了美因茨大主教威廉·冯·凯特勒的支持。但是这些努力都遭受了必然的失败。其后，后继者不断地对这一思想进行研究实践，并没有引起大的反响。

经过从宗教改革到福音运动的近400年时间，基督教渐渐从中世纪政治核心的地位退出，神职人员在国家政治生活中已无法呼风唤雨。但是基督教仍旧是一股重要的社会力量，依靠其精神力量与众多信徒在社会生活与道德秩序中发挥着重要的作用。基督教渗透在人们生活的点点滴滴中，宗教生活仍是普通人日常生活的重要部分。

第三节 新大陆的开拓者

清教徒与北美殖民地

哥伦布在1492年发现了新大陆。面对这片基督教的处女地，无论是天主教的西班牙、葡萄牙、法国，还是新教的英国、荷兰，随着殖民者的脚步，大量的传教士争先恐后地涌来，哪里有殖民者，哪里就有传教士的身影。成千上万的印第安土著居民或被驱逐或被杀害，殖民者在这里定居下来，北美大陆成了基督教新的阵地。

在所有热衷于北美大陆的国家中，英国是最重要的力量。1606年，英国成立了弗吉尼亚公司，主导英国在北美的殖民活动。1607年，“发现号”等三艘船来到了弗吉尼亚附近的一个小岛，并将这里命名为詹姆斯顿。这里是英国在北美的第一个定居点。1620年，满载清教徒的“五月花号”到达了马萨诸塞地区，建立了英国在北美大陆的第一块殖民地。之后，英国在北美的殖民地逐渐壮大起来，又通过战争从荷兰人手中夺得了新阿姆斯特丹和新泽西，逐渐形成了英属北美殖民地的十三州格局，即新罕布什尔、马萨诸塞（后分裂成了马萨诸塞州和缅因州）、罗德岛、康涅狄格（以上地区又称新英格兰）、纽约、新泽西、宾夕法尼亚、马里兰、弗吉尼亚、北卡莱罗纳、南卡莱罗纳和佐治亚。

但是，英国在北美地区的主导地位并不意味着宗教上的统一。这一时期北美的民族状况十分复杂，1646年，仅在哈德逊河沿岸就回响着18种语言。各个国家不同教派的传教士们将他们的信仰带到了北美，来到殖民地的移民们也有各自不同的信仰；整个北美呈现出教派林立的局面。相比天主教，新教在北美具有绝对的优势。在北美十三个殖民地中，宗教状况基本分为三种：一是以清教徒为主，如马萨诸塞州。这里最初的移民大多是在英国宗教改革中被迫害的清教徒。他们在殖民地一度建立过清教专制，将道德规范的内容变成法律规范，禁止在新英格兰地区信仰天主教，并迫害其他教派的信徒。随着其他教派与新英格兰地区人民的抵制，清教专制渐渐衰落了。二是英国国教占主流，如弗吉尼亚。在这里，圣公会享有国教的待遇，总督行使主教职权，可以任命牧师，由教会管理婚姻与遗嘱问题。三是实行宗教自由或宗教宽容的殖民地，如罗德岛和宾夕法尼亚。马萨诸塞州的罗杰·威廉姆斯因反对清教专制而被流放到罗德岛，他在那里建立了北美第一个浸礼宗教会，并允许贵格派、犹太教徒等其他教派共存。在宾夕法尼亚，信奉贵格派的总督威廉·佩恩利把宾州当成了宗教宽容的试验场，门诺派、摩拉维亚兄弟会、长老会、路德宗、浸礼宗……来自不同国家的不同教派在这里和平共存，成为北美拥有最多教派的殖民地，俨然是一个宗教避难所。

从第一次大觉醒运动到美国独立战争

17 世纪末、18 世纪初，随着新移民的到来，哥白尼学说、自然神论等也随之在美国兴盛起来。新移民们迅速投入了广阔的世俗生活中，对宗教兴味索然。欧洲大陆宗教淡漠的景象在美国重现。在第二代移民中，正式的信徒只占总人口的四分之一，教会面对这种状况，不得不发展出一种“半道契约”制度，出生时接受过洗礼的人，成年后只要保证过基督徒的生活，就可以继续和教会保持联系，只是不能领圣餐。对实行“半道契约”的人来说，基督教只是一种传统与仪式，并不带有多少宗教意义。

于是，不甘宗教衰落的虔诚信徒们行动起来，奔赴各地进行布道，发起了一场以复兴宗教为目的“大觉醒”运动，这实际上是德国虔敬主义和英国福音运动在美国的发展。

大觉醒运动最早在北美的长老会中流行起来。1720 年，从荷兰来到北美的长老会牧师弗莱林休森在新泽西积极布道，并培训青年传道士，宣扬宗教独立。他的努力很快就得到了当地民众的积极回应，大量新教徒加入了长老会。来自爱尔兰的威廉·坦南特在宾夕法尼亚的木舍学院培养了大批“福音热忱”的传道人，他的长子吉尔伯特·坦南特指责当时的许多传教人缺乏宗教虔诚，导致了长老会分裂。一派以木舍学院为代表，认为长老在其职责范围内不应受到世俗政权的干涉，重视个人的重生经验，被称为“新光”；另一派以传统的苏格兰－爱尔兰长老会为主，认为长老应当具有大学的神学学位，并经过宗教委员会的考试，否则必须取消资格，重视正统教义，被称为“旧光”。1741 年，两派正式分裂，“新光”在新布伦瑞克和伦敦德里建立了长老联合会。此后，长老会又经历了两次分裂，但吉尔伯特的传道已经遍及新泽西、纽约与宾夕法尼亚。

乔纳森·爱德华兹是公理会在大觉醒运动中的领导人。爱德华兹在新英格兰地区的传道中大力宣扬地狱的可怕，不知悔改的人将被上帝投入地狱中，接受地狱烈火的炙烤与硫磺的熏灼，以此来激起人的恐惧情绪。在听了他在康涅狄格的布道——“落在愤怒之神手中的罪人”后，很多人痛哭流涕，大喊大叫；有人当场被吓得昏厥过去，认错悔改；还有人因担心灵魂得不到拯救甚至选择了自杀。在短短六个月内他接受了 3 000 人入教[1]。他改造了加尔文的预定论，著书立说，对后世影响很大。另一位公理会的传教人詹姆斯·达文波特则号召人们烧掉假发、戒指等世俗的奢侈品，过节俭的生活。因为观点激进、尖锐，被新英格兰当局驱逐，还被当作精神病患者限制行动。

卫斯理的美国之旅并不顺利，但卫斯理宗还是随着其追随者怀特菲尔德传入了北美。怀特菲尔德将英国卫斯理宗的巡回传道方式也带到了北美，足迹遍布北美殖民地。他凭借雄辩的口才、慷慨激昂的演讲赢得了大量听众，曾路过费城的本杰明·富兰克林被他的布道所吸引和感动，将自己所带的金钱捐献了出来。怀特菲尔德靠个人魅力吸引了大量的信徒，他走到户外、不分时间场合的布道方式，被北美其他教士纷纷效仿。

大觉醒运动带来了北美宗教的复兴。大量民众投入了上帝的怀抱，黑人与印第安人中也出现了福音传教者的身影。基督教深入到北美殖民地的每个角落，也进入了北美居民的意识深处。这一时期，为了传播福音，大量的神

1　王美秀，等．基督教史［M］．南京：江苏人民出版社，2006：236.

学院建立，如长老会建立的新泽西学院（即今普林斯顿大学），圣公会建立的英王学院（即今哥伦比亚大学），公理会建立的穆氏印第安慈善学校（即达特茅斯学院），浸礼会建立的罗德岛学院（即布朗大学）等等。这些大学在当时培养了大量的神职人员，促进了北美高等教育的发展。后来，大学逐渐世俗化，19 世纪后脱离了教会，成为北美著名的学府。最重要的是，大觉醒运动促进了美利坚民族的形成，北美殖民地一体化的概念建立起来。各个殖民地在传教士们传道的过程中被联结在了一起。重视个人重生、悔改得救、重归上帝、重视道德成了北美殖民地的共识，“千年王国”成为人们共同的期盼，“除耶稣外，别无他王”的口号成了殖民地反抗英国统治的精神武器。美利坚民族意识开始觉醒。

随着波士顿倾茶事件的发生，教士也加入了北美独立的大潮。布道的神坛成了教士们鼓舞士气、动员群众的讲坛。他们引经据典，将语言当作枪炮，对英国统治者发起尖锐攻击。他们把自己的布道称作“选民布道”，即上帝特意挑选的布道，让人们相信自己是上帝的“选民”。他们还利用书籍、报刊宣扬自己的观点。康涅狄格的牧师斯蒂芬·约翰逊发表文章痛斥英国“印花税法”，在北美地区引起巨大反响，他的布道几乎场场爆满，是当时著名的反英宣传家。还有一些教士直接参与了美国独立战争，成为北美军队的随军牧师或指挥官，长老会组织了深入军队鼓舞士气的“黑军”，公理会的普纳斯·克拉克、内夫塔利·达盖特则直接上战场作战。在北美人民的顽强抗争下，英属北美殖民地获得了梦寐以求的独立，成立了一个新的民族国家。

美国的开国元勋们大多是自然神论者或共济会信徒，他们对上帝有着特殊的感情，这体现在他们的言行与签署的文件中。大陆会议鼓励向军队派遣牧师，并向全美发放《圣经》，向印第安人传教；还宣布每年两次“感恩”与“祈祷”为目的的节日，这是感恩节的雏形。美国第一任总统华盛顿在离任的《告别词》中强调“宗教与道德”是人类幸福的两大支柱。第三任总统杰弗逊与第四任总统麦迪逊时期，美国完成了宗教自由与政教分离，在 1789 年《宪法第一修正案》中明确规定了“教会与国家之间应有一道隔离墙”。但是在政教分离的同时，杰弗逊与麦迪逊两人又坚持参加国会众议院举行的礼拜，支持宗教的发展。美国政府对宗教的支持，对后来美国社会的发展有着很大的影响。

第二次大觉醒运动与教会的分裂

美国独立战争结束后，第二次大觉醒运动兴起了。这次运动首先从新英格兰出现，很快蔓延到了西部的肯塔基州等地，一直持续到 19 世纪 30 年代才结束。从属于公理会的耶鲁大学校长德怀特、布道家李曼·比彻、纳撒尼尔·泰勒等人成为新英格兰地区大觉醒运动的领袖。他们强调《圣经》的绝对权威，反对一切渎神与道德败坏的行径，希望信徒能够回到教会生活中来。在西部的肯塔基州，长老会牧师们倡导在野外露营传道，将所有有兴趣听传道的人带到树林中或者河畔，一边野营生活，一边听布道，在大自然的怀抱中，感受上帝的恩典。人们在亢奋的状态下高唱赞美诗狂欢，充满了宗教激情。长老会牧师这种全新的传教方式吸引了大量的新教徒，却不为长老会的核心阶层所认可。但这种传教方式为卫斯理宗所接受，成为卫斯理宗在之后的几十年内成功传道的秘诀。

在第二次大觉醒期间，美国各地出现了大量的新兴教会，大多以基督教为基础，却有着完全不同的教义与信仰方式。其中最著名的是摩门教、基督教科学会、耶和华见证会和基督复临会，他们吸引了越来越多的信徒，并渐渐传播到了欧洲大陆。有些至今仍有较大的影响[1]。

在两次大觉醒运动期间，另一个重要现象就是黑人奴隶信众的大量出现。在南北战争之前，美国是重要的奴隶使用国之一；尤其是南部的种植园，奴隶是重要的免费劳动力。1830 年，美国奴隶总人数超过了 200 万。这些奴隶原本的非洲神祇，被美国奴隶主剥夺，适逢大觉醒运动期间布道者走近黑人奴隶身边，传扬耶稣的教义。于是，很多黑人奴隶以基督教的教义作为新的精神慰藉与灵魂得救的希望。南北战争爆发前，有 20 万奴隶加入了卫斯理宗教会，17.5 万人加入了浸礼会。然而，社会生活中的不平等也被带入了宗教生活中。教会被白人所控制，即使是北方的自由黑人也受到白人的

1　关于新兴宗教，将在第五章第二节做详细的介绍。

歧视。对白人教会的失望导致了黑人教会的产生。1815 年，黑人牧师理查德·艾伦建立了第一个黑人教会“非洲裔卫理公会”。1846 年，它已经发展成了一个拥有 176 名牧师、296 个教堂和 17 375 名信徒的独立教派。此后，“非洲裔卫斯理宗锡安堂”、黑人浸礼宗教会相继出现。这些教会不仅是黑人进行宗教活动的场所，还是他们的教育中心、救济中心，是黑人奴隶相互慰藉、共同抵抗种族歧视的集会场所。对黑人教会来说，最重要的经文是《出埃及记》，神的信徒带领神的子民脱离了埃及人的奴役，出埃及，过红海，穿过旷野，最终到达了上帝的应许之地。这仿佛是上帝对黑人自由生活的许诺。在南北战争结束后，大量的黑人脱离了支持奴隶制的南方浸礼教会，加入了黑人自己的教会组织。此后，黑人教会成为被解放的奴隶们争取平等地位的重要机构。一直到 20 世纪五六十年代的民权运动，浸礼会牧师马丁·路德·金为了给黑人争取平等权利，与其他领袖一起建立了南方基督教领袖会议，以基督教为精神核心领导民权运动。

在白人教会中，对待黑人态度的分歧则在南北战争前后导致了教会的分裂。南方与北方都试图用《圣经》作为奴隶制的存在合理与否的依据。南方人认为《圣经》中有奴隶制存在的实例，这是上帝对奴隶制的许可。如在《利未记》中，神指示以色列人购买仆役，而这些仆役就成了以色列人“永远的产业”。而北方人则认为只要是上帝的子民就一律是平等的，奴隶制不仅是南方的罪恶，更是整个美利坚民族的罪恶。西奥多·维尔德写作了《〈圣经〉反对奴隶制》和《实际上的奴隶制》，并影响了著名的废奴小说《汤姆叔叔的小屋》的作者斯托夫人（她是第二次大觉醒运动的领导人李曼·比彻的女儿）。这一严重的分歧最终使当时美国三大教会发生了分裂，浸礼会、长老会和卫理公会依据其政治立场都分裂成了南北两派，分别支持各自一方的政府与军队。尽管北方的胜利使美国免于分裂，教会之间的裂痕却难以弥合。至今，南方浸礼会仍旧是一个独立的教派。

在新教于两次大觉醒运动中不断成熟的同时，天主教在美国也渐渐发展起来。这与当时爱尔兰、德国、南欧地区的天主教移民的大量涌入是分不开的，尤其是爱尔兰裔的天主教移民。仅在 19 世纪 30 年代至 50 年代，就有约 100 万爱尔兰天主教徒来到美国。爱尔兰裔天主教徒很快就成了美国天主

图 4－7　美国黑人在黑人教会做礼拜

教会的权力核心。他们与新教徒时常发生冲突，在 1844 年，费城的教会冲突导致了两座教堂的烧毁与多人死亡。19 世纪末，天主教已经超过浸礼会、卫理公会、长老会，成为美国最大的教派（若将所有新教教派看作一个整体，天主教人数仍旧少于新教）。1908 年，教皇宣布美国不再是天主教传教的对象，美国的天主教徒们迅速加入了传教的队伍，成立“美国天主教海外传教差会”，成为基督教扩张的重要力量。

“上帝选民”与“公民宗教”

政教分离使教会组织与国家机构分割开来，但却没有隔断宗教与社会的关系。政教分离与宗教宽容使美国的众多教派能够和平共存，并在两次大觉醒运动的洗礼中学会了相互尊重。尽管教派林立，但基督教作为一个整体却是不可抗拒、不可否认的存在。实际上，宗教深深根植于美国社会的各个角落。早在 19 世纪 30 年代，托克维尔就在《论美国的民主》中谈道：“在美国，宗教从来不直接参加社会的管理，但却被视为政治设施中的最主要设施。”[1]

1　托克维尔. 论美国的民主：上卷［M］. 董果良，译. 北京：商务印书馆，2011：339.

从欧洲来到北美大陆的移民们天生就有一种我是“上帝选民”的意识。他们坚信自己就是上帝挑选的子民，在上帝指引下到达上帝所挑选的新大陆，要在这里建设一个上帝的“以色列”，一个新的耶路撒冷。所以北美新的定居点大多以《圣经》中的地名命名，如宾夕法尼亚的伯利恒、拿撒勒和费拉达菲亚（费城），超过 15 个州有叫作伊甸的城市，有 8 个州有叫作锡安的地名。北美清教领袖约翰·温思罗普在 1630 年时说：“这神圣的事业，就矗立在上帝和我们之间，我们追随他进入为此而奋斗的契约之中。”[1] 正是这种上帝选民的意识给予了最初来到新大陆的清教徒们以奋斗的动力，使他们能够克服极端恶劣的环境成功生存下来，并成为他们争取独立的精神动力。1776 年，本杰明·富兰克林曾建议将摩西带领以色列人过红海的图景刻在美国的国玺上。1789 年，华盛顿在“感恩节”庆典上表示，所有美国人都应当“认可伟大的上帝的意旨，顺从他的意愿，感激他的恩惠，谦卑地恳求他的保护和帮助。”杰弗逊总统更是直接表示：“那个曾经引导过古老的以色列的存在，带领我们的先辈离开他们的国家，并把他们安置在一个充满所有生活必需品和舒适品的国家，我们也在他的掌握之中。我也需要他的佑助。”[2] 美国的天主教徒们认为，美国是“上帝特定意向的杰作”；就连美国的犹太人都肯定神意对美国民主社会的护佑[3]。“上帝选民”的意识在美国民主制度建立与工业革命的发展中起着重大的推动作用，19 世纪中期，这一思想又结合美国对外扩张的需要发展成为一种新的理论——“天定命运（Manifest Destiny）”。

“天定命运”的思想大约出现在 19 世纪 20 年代，越来越多的美国人认为北美大陆注定是美国人的领土。1845 年，《民主评论》编辑约翰·奥沙利文第一次明确使用了“天定命运”一词，他说道：“我们满怀信心地认为，我们的国家命中注定要成为未来的大国。”侵占俄勒冈是“我们扩张与占有整个大陆的天定命运，而这个大陆是上帝给我们的，为了我们每年增长的数

1 刘澎. 当代美国宗教［M］. 北京：社会科学文献出版社，2001：70.
2 刘澎. 当代美国宗教［M］. 北京：社会科学文献出版社，2001：71.
3 刘澎. 当代美国宗教［M］. 北京：社会科学文献出版社，2001：71.

百万人口的自由发展。”[1] 这一思想成为美国西进运动与对外扩张的借口，美国从20年代起进一步向西推进，逐步占领了俄勒冈、得克萨斯，一直到加利福尼亚地区，大量的印第安人被驱逐出原有的土地，甚至被屠杀和种族灭绝，而支撑美国人残忍行径的精神动力就是“天定命运”的意识；此时，美国还从俄国人手中买到了阿拉斯加。南北战争之后，美国逐渐将触角伸向了拉美地区。1885年，一个叫约书亚·斯特朗的美国人在《我们的国家》一书中宣称，上帝赋予了美国的盎格鲁－撒克逊人以重要的使命，即将基督教文明推广到世界去，让所有人都享受美国基督教文明的成果。这成了美国对外扩张光明正大的理由。美国逐渐控制了古巴的经济，干涉夏威夷与委内瑞拉的领土争端，还通过1895年的美西战争实际控制了古巴，并占领了菲律宾，将其势力拓展到了太平洋西岸。时至今日，“上帝选民”与“天定命运”的意识仍旧在暗中影响着美国的外交政策与对外关系。

宗教思想在美国如此根深蒂固，以至于一个不信仰上帝的总统是难以想象的。这种思想与美国的国家历史与民族精神结合在一起，形成了一种合力，成为美国社会稳定与前进的重要力量。美国的社会学家罗伯特·贝拉借用卢梭的概念，将这一特征称为美国的“公民宗教”。它来源于基督教，但又不等同于基督教，它超越了基督教的一切教派（甚至包括犹太教）；事实上，它从本质上来说并不是一种一般意义上的宗教。其核心信仰就是“我们信仰上帝”“上帝保佑美国”“主权属于上帝”；其核心信仰出现在《独立宣言》《美国宪法》《葛底斯堡演说》《解放黑人奴隶宣言》等重要文件中，并不断被总统、议员等公众人物在重要场合宣扬。开国元勋与优秀的领导人就是他们的圣徒，如华盛顿、富兰克林、林肯、肯尼迪、麦克阿瑟……其圣坛就是华盛顿纪念碑、阿灵顿国家公墓、白宫与国会大厦，其宗教纪念仪式即独立日、总统就职典礼、国葬、阵亡将士纪念日与感恩节。它注重规范美国人的社会生活与社会关系，强调道德在社会生活中的作用。而且，因为其超越了一切教派，所以能受到所有人的认可。作为公民宗教核心的美国总统们，尽管每个人都有着各自的教派与信仰，但是他们绝不会让个人信仰干涉

1　李庆余．美国外交史——从独立战争到2004年［M］．济南：山东画报出版社，2008：23.

到政策的制定（唯一的例外是一战期间的总统托马斯·威尔逊）。

公民宗教与基督教的不同在于，基督教是一种救赎宗教，有玛利亚的童贞女受孕，有耶稣的受难与复活，注重个人灵魂的救赎；而公民宗教是一种秩序宗教，上帝只是一种绝对精神的存在。它注重的是公民在社会生活中的关系，上帝与美国历史相联系，是法律与社会秩序的平衡者，是公民权利与义务的代表，是人类自由与正义的象征。上帝是真理，是智慧，是力量，是判断是非的最高准绳，是超越一切的最高存在。公民宗教是“一个为维持国民生活秩序而寻求共同基础的多信仰社会的特产：一座一体化的国民生活和信仰多样性之间的桥梁”[1]。在公民宗教中，上帝成了美国光荣历史、民主制度与民族精神的代表，他将历史纪念、英雄崇拜、政治民主、社会正义与个人奋斗结合在一起，推动美国的社会进步。

公民宗教的上帝是超越一切教派（甚至宗教）的，所以它能够联合一切教派的力量；又因为公民宗教依赖于传统的救赎宗教，所以，它又有利于宗教的发展。国家对上帝意志的强调使人们更容易接受救赎宗教，而公民宗教对社会生活的强调又推动了救赎宗教更多地参与到社会生活中来，使它们更容易融入社会的潮流，以免被社会所淘汰。

自美国建国以来，政教分离与宗教的繁荣一直是美国社会的重要特征，公民宗教始终推动着美国政治、经济、社会的发展，众多的宗教与繁芜的教派影响着美国各个团体之间的社会关系。宗教始终是影响美国国内国际冲突与缓和的重要因素。

1　R. G. 哈切森. 白宫中的上帝［M］. 段琦，晓镛，译. 北京：中国社会科学出版社，1992：40.

第四节　备受质疑的《圣经》与上帝

英国的《圣经》研究

1707 年，牛津大学王后学院教授约翰·密尔出版了他的希腊文版《圣经·新约》，引起了轩然大波。就正文来说，这一版与 1550 年斯蒂芬纽版本没有丝毫不同。问题出在这本书的注记中。密尔花了 30 年的时间，阅读了超过一百份希腊文的《新约》抄本，对其中文字不同之处进行了详细的对比与考证；同时，他还考察了中世纪以前的教父对《圣经》的引用，并对比了叙利亚文、科普特文的《圣经》与当时版本中的差异。他将发现的各个版本之间的文辞差别在书中标记出来，共计 30 000 余处。这让一般的读者大为震惊。如果圣经的各抄本之间有如此大的差别，那么以往被公认的经文又是否是原文呢？如果人们不知道这些文辞是否是原文，又怎样确定其所信仰的基督教教义的正确性呢？

实际上，对《圣经》经文存在的问题一直都有争论。2 世纪时，异教徒克尔苏斯曾经批评基督教徒抄经者任意修改《圣经》经文，“态度之随性就如发酒疯的人一样”；而克尔苏斯的死对头、基督教徒俄利根也承认福音书的抄本中有为数众多的差异。4 世纪时，教皇达玛稣一世为了解决各个版本拉丁文译本差异巨大的问题，下令耶柔米（又译哲罗姆）整理出标准的拉丁文译本，即后来通行的武加大译本（Vulgate，即通用之意）。武加大译本被很多学者当作唯一的《圣经》，更加原始的希腊文译本渐渐被淡忘了。文艺复兴时期，基督教人文主义者伊拉斯谟与西班牙枢机主教西麦内斯分别出版了最早的两版印刷本——《新约》与《康普鲁顿合参本》。伊拉斯谟发现武加大译本中的众多疏漏，开始回归比较原始的希腊文抄本。但 16 世纪、17 世纪所印刷的希腊文抄本基本差别不大，大部分经文都被人们确定为“公认经文（Textus Teceptus）”。直到密尔的希腊文版本的出现再次打破了《圣经》研究界的平静。

密尔的版本招致了新教保守学者的批评，因为对以“唯独《圣经》”为原则的新教来说，对《圣经》的质疑是致命的。实际上，这一点也被天主教徒用来攻击新教。法国希伯来文学者里夏尔·西蒙在 1689 年出版了《新约经文历史批判》一书，他说：“那些最古老的《新约》希腊文抄本并不是最好的，因为它们就像是耶柔米发现的那些损毁的古老拉丁文抄本一样，需要修正。”[1]“时至今日，没有任何《新约》抄本是所谓真正可靠的，不论是希腊文、拉丁文、叙利亚文，还是阿拉伯文的抄本……没有一种抄本是绝对没有涂改的……希腊的抄写者在抄写时往往恣意妄为。”[2] 因此，“虽然《圣经》是我们信仰赖以建立的确定规范，然而这一规范并不是全然自足的。我们得知道，除此之外，还有使徒传统，而我们得通过使徒教会才能学习使徒传统，因此只有使徒教会才能保有对经文的正确理解。”[3] 如此一来，他就彻底否认了新教建立的基础，以巩固天主教所强调的教会的地位。

但这并没有打击新教《圣经》研究者的学术热情。剑桥大学三一学院的古典学者理查德·本特利认为，自己可以重建存在异文部分的原文。他试图比较最古老的武加大译本（以确保这是耶柔米的原文）和最古老的希腊文抄本（以确保这是耶柔米所使用的抄本），从而判断耶柔米时代最好的经文是什么样子；他还在为了筹集印刷资金而出版的《印刷提议》中，自称已经将密尔所找出的 3 万处异文减少到了 200 多处。他还与当时热衷《圣经》研究的牛顿通信以交流自己的研究心得。然而，当时的人们却认为他“缺乏足够

1 巴特·埃尔曼. 错引耶稣：《圣经》传抄、更改的内幕［M］. 黄恩邻，译. 北京：三联书店，2013：101.

2 巴特·埃尔曼. 错引耶稣：《圣经》传抄、更改的内幕［M］. 黄恩邻，译. 北京：三联书店，2013：101.

3 巴特·埃尔曼. 错引耶稣：《圣经》传抄、更改的内幕［M］. 黄恩邻，译. 北京：三联书店，2013：101.

的天分和适当的材料来完成这项工作"[1]。本特利对这些评论的回应则是将批评他的人称为包心菜、小虫、蠕虫、蛆、寄生虫、乱啃乱咬的老鼠、咆哮的狗、无知的小偷和骗子[2]。剑桥繁忙的行政工作与资金的缺乏最终让他的计划化为泡影。

德国的《圣经》阐释学

在英国国内《圣经》研究进行得热火朝天之时，德国的新教徒也加入了进来。虔诚的路德派牧师约翰·本格尔（1687—1752 年）发现神职人员在抄写《圣经》时，新抄录的《圣经》总会带有原版本的一些特征，从相同的基本抄本中抄录的《圣经》也会带有相似的特征，因此，总有几份抄本比较相像。据此他开始整理现有抄本的谱系。他总结出一套自己选择更好经文的标准，简而言之，是"越难懂的经文就是越好的经文"。他最离奇的观点就是认为末日审判即将来临，而且与过去神学家给的模糊时间段不同的是，他认为末日审判就在不久之后的 1836 年。19 世纪初期的圣经阐释学家卡尔·拉赫曼在 1831 年出版了一份基于非公认经文的《圣经》，他完全抛弃了过去修订公认经文的做法，完全根据自己的原则从非公认经文中建立新的经文。有些人认为他所做的工作不过是对英国的本特利的笨拙模仿，称之为"本特利的人猿"。但是他彻底抛弃了对公认经文的迷信，从一个新的基础上开始进行《圣经》研究。

19 世纪德国出现了图宾根学派，开始从历史与语言学的角度对《圣经》进行研究。图宾根大学教授约翰·施特劳斯认为，四福音书（《马太福音》《马可福音》《路加福音》《约翰福音》）中的"福音故事没有一个是圣徒讲述的，而是在这些故事发生的年代很久以后，宗教社团中的经典编纂家们按照不同的流传把这些故事记录下来，进行整理，不考真伪，以讹传讹，并加进了整理者和编纂者们的许多主观想象，以神秘化的描述方式写出来，拼凑

---

1 巴特·埃尔曼. 错引耶稣：《圣经》传抄、更改的内幕［M］. 黄恩邻，译. 北京：三联书店，2013：102.

2 巴特·埃尔曼. 错引耶稣：《圣经》传抄、更改的内幕［M］. 黄恩邻，译. 北京：三联书店，2013：103.

到一起，成为所谓的《圣经》"[1]。在四福音中，《马可福音》出现最早，而《约翰福音》出现最晚，所以《约翰福音》最不可靠。而所有的奇迹都不过是神话。根据这一思想，他在1835年出版了两卷本的《耶稣传》（《经过批判处理的耶稣生平》），将耶稣描写成了一名智者，而剔除了《圣经》中圣母玛利亚童贞女受孕与耶稣死而复活的部分。他确实曾教导人们从善，并收下过一批门徒，带领他们到处漫游、宣讲并批判法利赛人，最终遭到法利赛人的迫害被钉死在十字架上。在他的笔下，耶稣彻底失去了神性，成为一个来自拿撒勒的凡人。

同时，对《旧约》即《希伯来圣经》的研究也愈加深入。在传统的观念中，人们认为《摩西五经》[2] 皆出自摩西之手，《创世纪》是上帝授予摩西的，而后四经为摩西的亲身经历。然而，从伊拉斯谟、路德、斯宾诺莎开始，人们开始怀疑摩西著经说。1678年，里夏尔·西蒙首次指出《摩西五经》中的用词风格不统一，认为《摩西五经》是不同文献的集合体。此后经过格拉夫、古宁、威尔豪森等人的研究，形成了一整套"四底本说"，又称"格拉夫—古宁—威尔豪森假说"。根据"四底本说"，《摩西五经》源自J、E、D、P四个底本。在《摩西五经》前三卷中，对上帝有两个称呼，一个是YHWH（Jahweh，即耶和华），一个是Elohim（即埃罗希姆），使用不同称呼的部分，分别来自J底本（取自Jahweh）与E底本（取自Elohim），这两个底本是最早的犹太历史纪事，后来逐渐合并了。而《申命记》则是一个完全不同的体系，单独出自D底本（取自《申命记》英文名称Deuteronomy），是约西亚王朝推行宗教改革的依据[3]。而P底本是四个底本中出现最晚的，是祭祀派作者的杰作，又称为"祭祀经卷"（P取自祭祀的英文单词Priest）。它出现在《创世纪》中上帝创造宇宙的部分、亚当的族谱等重要部分，贯穿于《出埃及记》《民数记》《利未记》三卷。J、E、D三

1　李鹏程. 信仰与革命——对19世纪上半叶德意志精神世俗化历史的理论考察［M］. 北京：人民出版社，1993：178.

2　《摩西五经》，即《创世纪》《出埃及记》《利未记》《民数记》《申命记》，在犹太教中又称律法书。

3　梁工，等. 律法书：叙事著作解读［M］. 北京：宗教文化出版社，2003：54.

底本大约在公元前5世纪时期合并，其后P底本的部分逐渐补入，最终在公元前5世纪形成了现在的《希伯来圣经》。四底本假说此后又有其他学者不断进行完善，并受到了众多学者的支持。如此一来《旧约》就成了历史的产物，开始失去了它的神秘色彩。

那么，《圣经》研究者究竟在《圣经》中找到了哪些被改动的部分，居然引起如此轩然大波呢？

绝大部分都是文字使用的差异或者单词顺序的问题，但是其中一些涉及了基督教的根本教义。如《提摩太前书》（3：6）有一句，在英格兰最古老的亚历山大抄本（与后来的通行本中）中表述为，基督为“上帝在肉身显现，被圣灵称义”。但是后世的研究者发现，这句话中的一个缩写符号是后来人用不同的墨水添上去的，该句的原意是：基督是“以肉身显现的那位”。这就不再直接表明基督就是上帝的肉身显现了。又如《马可福音》（1：11）与《路加福音》（3：12）中提到，在耶稣成年后到约翰处受洗，天开了，圣灵如同鸽子降临到耶稣身上，天上有声音传来：“你是我的爱子，我喜悦你。”然而，在早期的抄本中，这句话却是：“你是我的儿子，我今日生你。”这句话符合早期基督教的一种观点，即耶稣并非上帝的亲生儿子，而是木匠约瑟夫的儿子；他是上帝在耶稣受洗后才收养的，而非童贞女受孕而来。这两处异文都涉及了“三位一体”与“童贞女受孕”这两条重要的教义。此外，比较著名的没有出现在早期抄本中的《圣经》名句有：

《约翰一书》（5：7）在天上作证的有三：就是父、道及圣灵，这三个都归于一。

《约翰福音》（8：7）你们中间谁是没有罪的，谁就可以先拿石头打她。

《约翰福音》（8：11）我也不定你的罪。去吧，从此不要再犯了。

《路加福音》（22：44）耶稣极其伤痛，祷告更加恳切，汗珠如大血点滴在地上。

《路加福音》（22：30）饭后也照样拿起杯来，说：“这杯是用我血所立的新约，是为你们流出来的。”

《马可福音》（16：17）信的人必有神迹随着他们，就是奉我的名赶鬼，说新方言。

《马可福音》（16：18）手能拿蛇；若喝了什么毒物，也必不受害；手按病人，病人就必好了。

《约翰福音》（5：4）因为有天使暗示下池子搅动那水，水动之后，谁先下去，无论害什么病就痊愈了。

《路加福音》（24：12）彼得起来，跑到坟墓前，低头往里看，见细麻布独在一处，就回去了，心里稀奇所成的事。

《路加福音》（24：15）正祝福的时候，他就离开他们，被带到天上去了。[1]

这些所列出的异文大都涉及基督教的重要教义，难怪会引起保守派教徒的群起而攻之了。

新抄本的发现与《圣经》考古

18 世纪是考古学兴起的时代。考古学的产生源于 1798 年拿破仑远征埃及发现的罗塞达石碑。它使人们通过科普特文开始能读懂埃及象形文字，激发了人们通过田野考古发掘历史真相的热情。

这一时期，人们发现了大量新的《圣经》抄本。

1844 年，德国学者蒂申多夫骑着骆驼穿过埃及西奈半岛的旷野，在西奈山脚下的凯瑟琳修道院有了一个举世震惊的发现。在这座名不见经传的小小修道院中，竟然收藏着一份珍贵的 4 世纪时期的希腊文《旧约》抄本！他试着让修道院的僧侣将抄本转让给他，遭到了拒绝。1859 年，在获得了沙皇亚历山大二世的资助后，蒂申多夫再次来到了凯瑟琳修道院，这次他不仅发现了完整的《新约》抄本和其他一些经文，还成功地将这些抄本带回了莱比锡（凯瑟琳修道院的僧侣们至今认为这些抄本是蒂申多夫偷走的）。1862 年，

1　巴特・埃尔曼. 错引耶稣：《圣经》传抄、更改的内幕［M］. 黄恩邻，译. 北京：三联书店，2013：248－249.

图 4－8　“死海古卷”的片段

这批抄本经过整理后，在俄国成立一千年时分成四册出版了。这就是著名的“西奈山抄本”被发现背后的故事。

1946 年冬天，三个牧羊人在死海附近的库兰姆山区的一个山洞中发现了 10 个巨大的陶坛，其中装着用希伯来文抄在羊皮卷上的《圣经》经文。1947—1956 年间，学者们又在附近的山洞中发现了大量的写在羊皮卷与纸草上的《圣经》抄本，包括《旧约》《次经》和《伪经》，库兰姆社团的档案和其他的一些文献，多用希伯来文、亚兰文、希腊文和拉丁文写成。“死海古卷”大约形成于公元前 1 世纪到公元 1 世纪，即基督教诞生以前的时代。在丹·布朗的《达·芬奇密码》中，他将“死海古卷”称之为最早的基督教文献。实际上，此时基督教还未形成，而且“死海古卷”中根本没有《新约》的内容，更没有提到耶稣。但“死海古卷”中已经出现了新约、选民、光明之子、圣徒等基督教说法，确实对基督教的形成有一定的影响。

“西奈山抄本”“死海古卷”以及其他抄本的发现为《圣经》研究者提供了新的研究素材。据最新的统计显示，目前人们发现和建档的《圣经》抄本仅希腊文本就有 5 700 份。而 18 世纪的密尔仅仅在 100 份抄本中就发现了 30 000 余处异文，可想而知现代学者的研究材料有多么的丰富。

在各种新抄本层出不穷之时，考古学家们在田野遗迹考古中开始有了各种各样的发现。1845 年，亨利·莱亚德在底格里斯河沿岸发现了亚述的王都尼尼微的城墙，他的后继者又在此地发现了尼尼微的王宫和亚述国王巴尼拔的图书馆。更重要的是，他们发现了 20 000 余块刻满了楔形文字的泥板；从这些文字中，欧洲人第一次了解到了苏美尔史诗《吉尔迦美什》和远古的大洪水，这引起了人们对创世纪时代的大洪水与诺亚方舟的兴趣。1922 年，英国考古学家莱纳德·伍利在幼发拉底河沿岸发现了苏美尔文明的乌尔王朝的遗址（即《旧约》中的迦勒底的吾珥），还发现了大洪水的遗迹。从 1883 年至今不断有发现诺亚方舟的传闻，1953 年法国登山家在亚拉腊山的山顶发现了夹在坚冰缝隙中的木船横梁木片，碳 14 测定显示时间超过了 5 000 年，一时引起轰动。近年来还有在土耳其发现伊甸园遗址的新闻出现。但是这些考古研究大多建立在《圣经》所记述的都是完全的史实的预设上的，参与者难免戴着有色眼镜来看这些遗址，所以其中一些遗址与《圣经》的关联是值得怀疑的。但是这并不能打击《圣经》考古学家的热情，《圣经》考古的热潮仍旧在近东地区经久不息。

科学与宗教：从地质学到生物学

当《圣经》研究者的发现质疑了《圣经》的权威性，而使“唯独《圣经》”的新教焦头烂额之时，科学界的发现向整个宗教界发起了挑战。

《创世纪》说上帝六日创世，第一日有了光，第二日有了空气，第三日有了陆地海洋与植物，第四日有了日月星辰，第五日有了鱼类与鸟类，第六日有了哺乳动物、昆虫与人类，于是上帝在第七日休息了。在创世之初，就已经包含了现在所有的天体、山川河流与动植物，所有的动物都和谐相处。让一切改变的是人类的原罪。亚当与夏娃偷吃禁果，于是被上帝逐出了伊甸园，人类不再拥有无尽的寿命，他们的子孙也要因亚当与夏娃的原罪在地狱经受硫磺与烈火的熏灼。世间开始有季节的区分，动物也开始弱肉强食，互相残杀。人类的堕落令上帝降下大洪水，只有挪亚和他的三个儿子与儿媳以及部分动物在方舟中生存下来，其他的人类都被淹死在大洪水中，一些物种也灭绝了。此后，上帝经常用洪水、地震与火山爆发显示自己的怒气。

这就是 18 世纪之前大部分人类对宇宙历史的理解，山川河流、地形地貌在形成之后就是永恒不变的，生物物种都是在上帝创世时就已经出现并定型了的，它们不是仍旧存在就是在那次大洪水之中灭绝了。根据《创世纪》中给出的亚当、挪亚、亚伯拉罕的族谱，犹太人认为创世发生在公元前 3760 年。爱尔兰的一名主教厄斯尔计算出了上帝创世的具体年份，即公元前 4004 年；这一说法为新教所普遍接受，剑桥大学副校长莱特福特进一步宣称，人类是在当年 10 月 23 日上午 9 点创造出来的（这一点并没有被人们接受）[1]。

然而，地质学与生物学的发展让科学家们渐渐意识到事情好像并不是这样的。

18 世纪时，科学家们还多以为自然地貌的形成是大地形成初期急剧灾变集中爆发导致的，只有这样才能符合宇宙六千岁年龄的设定。英国人伍德沃德在 1695 年时说："整个地球曾经在洪水中分崩离析，分解溶化，地层是由这种杂乱的物质沉淀而成的。"他认为，"地壳里面的整个化石层当时是在几个月之内沉淀而成的"。后来成为查特豪斯公学校长的牧师托马斯・伯纳德在《地球圣论》中认为，地球的赤道曾经与黄道处在一个平面上，是大洪水的发生导致了地球轴心的倾斜。而大洪水发生的原因则是太阳晒裂了大地，水从地下的水库中涌了上来[2]。当时的科学家们对地貌的成因水成说还是火成说展开争论，前者把一切归因于水，无休止地收集大洪水的证据；而后者则过分强调火山与地震的作用[3]。这些观点在现代人看来是荒唐可笑的，但是发表这些言论的科学家们却把自己的理论奉为圭臬。

法国博物学家布封在 1749 年出版物《自然史》一书中阐述的观点比较接近现代人对地质的理解。他说："现在地球上的山岳、溪谷应归因于第二因，这些原因迟早要摧毁一切大陆、山陵和溪谷，并且再次产生其他类似的

1　罗素. 宗教与科学［M］. 徐奕春，林国庆，译. 北京：商务印书馆，1982：25.
2　罗素. 宗教与科学［M］. 徐奕春，林国庆，译. 北京：商务印书馆，1982：29.
3　罗素. 宗教与科学［M］. 徐奕春，林国庆，译. 北京：商务印书馆，1982：30.

东西。”这里的第二因指的就是除了上帝造物的命令以外其他一切因素[1]。但是他很快就在巴黎大学神学院的强大压力下被迫放弃了自己的观点，承认摩西的故事。1788 年，英国地质学家赫顿在《地球理论》一书中，提出了更加先进的理论。他认为，没有理由设想过去的地质活动会比现在更活跃；大陆的消失是因为侵蚀的缘故，结果造成了海底沉淀物的沉积。但是他仍旧认为新大陆的出现是因为巨大灾变的发生。无论如何，他用现在解释过去的研究方法逐渐为地质学家们所接受，开始把地质时代所发生的巨大变化归因于现在能观察到的改变地貌的因素。18 世纪，科学家们还尝试计算地球的年龄，哈雷曾经提出可以利用海水的含盐量来测定地球的年龄。19 世纪中期，德国物理学家亥姆霍兹通过对太阳能量的研究，认为地球的年龄在 2 500 万年以内；而英国物理学家威廉·汤普森则通过地球冷却的时间，认为地球的年龄在 2 000 万 –4 000 万年之间。尽管这些计算与目前人们研究的结果相差甚远，但是它已经远远突破了创世纪的范围，创世纪地质学的根基在这个过程中渐渐消失了。

更大的冲击则发生在生物学领域。

动、植物学家们发现了越来越多的物种，现在已知的物种多达几百万种。如果这些动植物都曾被亚当命名，那么亚当在这件事上耗费了多少时间呢？如果这些存活下来的物种都曾被以两公两母带上诺亚方舟，那么方舟内会有多么拥挤呢？为什么有些亚洲存在的生物，没有出现在近邻欧洲，却在遥远的美洲大陆被人们发现呢？为什么澳大利亚的袋鼠没能越过托雷斯海峡，进入一海之隔的新几内亚呢？初次到美洲大陆的耶稣会士约瑟夫·阿科斯塔甚至因此对自己的信仰产生了怀疑。

于是，一些人尝试将正统观点与新发现结合起来。博物学家戈斯曾经宣称，上帝在创造万物时，会把它们创造得好像有过去的历史一样，就好像亚当夏娃也有脐带，岩石中充满了化石……但是神学家和科学家都对他的观点毫无兴趣。

布封的门生拉马克是第一个公开表达生物进化论观点的人。1809 年，拉

1　罗素. 宗教与科学［M］. 徐奕春，林国庆，译. 北京：商务印书馆，1982：31.

马克发表了代表作《动物哲学》，他提出，所有物质内部都有从最简单的化学元素向复合物发展的动力。化学元素因其内在动力结合成复杂的分子，分子构成细胞，细胞又构成生物。所以生命是自然产生的（他认为，生命的产生是大片的无机化学物质构成的胶状体混沌中发生放电现象的结果）[1]。生命体在地球的历史中不断出现，并依据着同样的进化法则实现由低级到高级的进化。拉马克十分重视生物的需要在环境变化中进化的作用。他以长颈鹿为例，最初所有的羚羊的脖子都是一样长的，但是随着食物的缺乏，一些羚羊开始伸长脖子吃高处的树叶，反复的使用使它们的脖子变长了，并随着繁殖遗传给了后代，增加了后代的存活概率。这些长了长脖子的羚羊后来就进化成了长颈鹿。生命、意识与意志都是生物不断进化到复杂阶段的自然产物，否定了创世纪中的造物理论。拉马克的反宗教观点（以及他的共和倾向）引来了欧洲各界的质疑。

为了调和进化论与基督教之间的矛盾，一些新的学说应运而生。1844年，《创世自然史之残迹》一书在英国出版，很快吸引来了大批的读者，当时从维多利亚和阿尔伯特到有文化的工人都读过这本书，一时洛阳纸贵。作者罗伯特·钱伯斯认同拉马克物质结构会自然发生变化的观点，但认为"存在一种基本的进化，它指导着胚胎的发育"。如果胚胎在发育早期停止，那么它就会成长为一种简单的生物；如果再进一步发育，就可能成长为鱼类；再进一步就是鸟类；而胚胎发育的顶点就会成为一名白人男子。而影响胚胎发育停止阶段的则是外部环境因素。同时他认为科学不能解决"原动力（The First Cause）"的问题，即谁建立了处于第一位的自然规律；对于自然的最终奥义，科学只能在此处停步了。《创世自然史之残迹》获得了英国国教内高教会派和天主教徒的支持，却遭到所有的科学家一致反对。地质学家塞奇威克称这本书是"冒失轻信与下流不贞的非法婚配，生下非自然结论的畸形儿"[2]。

1　理查德·奥尔森. 科学与宗教：从哥白尼到达尔文（1450—1900）［M］. 徐彬，吴林，译. 济南：山东人民出版社，2009：144-145.

2　理查德·奥尔森. 科学与宗教：从哥白尼到达尔文（1450—1900）［M］. 徐彬，吴林，译. 济南：山东人民出版社，2009：148.

就在对《创世自然史之残迹》的批评此起彼伏之时，达尔文的《物种起源》在1859年出版了。他在书中明确地表示了遗传与变异和自然选择的观点，坚决反对生物是适应环境而设计出来的观点。许多动物也有像人类一样的阑尾，它的存在毫无价值（当然现代医学研究认为阑尾对于人类，尤其对儿童是有重要的免疫作用的）。如果这些有阑尾的生物是被“设计”出来的，那么该是怎样一个三流的设计师做出的残次品？如果阑尾对这些生物的祖先曾有着重要的作用，在进化的过程中因其功能被其他器官取代而渐渐退化了，那么似乎更说得通一点。达尔文在行文中处处谨慎，避免直白地表达观点，甚至使用了“生命及其若干能力原来是由‘造物主’注入到少数类型或一个类型中去的”[1] 曲折说法。人们由此认为达尔文是一个无神论者，加之达尔文思想的传播者多是无神论者。在法国出版《物种起源》时，译者柯里蒙斯·荣义尔写了一篇反对宗教的前言与注释，这更让达尔文脱不掉唯物主义者与无神论者的帽子了。

早在布封、劳德·芒博杜（苏格兰人类学家）时期，他们就提出，人类可能是由猴子进化而来的。达尔文在写作《物种起源》时为了避免宗教争端，刻意回避了人类进化史这个问题。但是读者们默认达尔文认同人类同样遵从自然进化秩序，于是，一时间出现了大量的讽刺达尔文与他的猴子祖先的漫画作品。还有人说，达尔文之所以信奉这种传说是因为他长得像猴子。面对这种状况，达尔文在1871年出版了《人类起源及性的选择》一书，专门探讨人类的进化问题，阐述了人类的智力、情感与道德的产生全是自然进化的结果，与上帝和神意没有任何关系的观点。

达尔文给予了神学重重一击。他不仅否定了上帝造物的功劳，还直接将人类从高于一切生物的位置上赶了下来。这让神学家们十分惶恐，他们主张“我们的道德意识结果只是进一步发展了的本能”的认识，会“通过破坏道德意识和宗教意识来撼动社会的根基”[2]。1860年，牛津主教威伯福斯与达尔文主义的宣扬者赫胥黎在英国科学发展协会会议上发生了一次激烈的辩

1　达尔文．物种起源［M］．舒德干，译．西安：陕西人民出版社，2001：539－540.

2　理查德·奥尔森．科学与宗教：从哥白尼到达尔文（1450—1900）［M］．徐彬，吴林，译．济南：山东人民出版社，2009：157.

图4－9　讽刺达尔文的漫画

论。威伯福斯协同在场的700多名反对达尔文主义的男女观众，“请求赫胥黎告知，赫胥黎主张自己从猴子发展而来，是将祖父母置于何地”。赫胥黎面对满场哄笑声答道，虽然他对于猴子是祖先这件事并不感到耻辱，但是他会“因为与用自己的伟大才能来混淆视听玷污真理（如威伯福斯的所作所为）的人同流合污而感到羞耻”[1]。

当生物进化论在欧美世界引起轩然大波之时，进化论的观点被社会学家移植到了社会学领域，产生了社会达尔文主义。1851年英国社会学家赫伯特·斯宾塞的《社会静力学》出版，认为社会总是处在不断进化的过程中的，而且这种进化是逐渐个性化的。从无差别的游牧部落到复杂的文明社会，社会的分工促进着社会的不断进化。斯宾塞的进化论强调，后天获得特征的遗传所实现的进化来自生存斗争与由此而来的自然选择。他坚决反对政

1　理查德·奥尔森. 科学与宗教：从哥白尼到达尔文（1450—1900）［M］. 徐彬，吴林，译. 济南：山东人民出版社，2009：160.

府对穷人的任何救济，认为这种干预增加了社会成员中的“残品”，也阻碍有才能和未雨绸缪的人的数目的增加，但认同社会中的个人慈善。后来的社会达尔文主义者如艾尔弗雷德·华莱士、彼得·克罗普德金等人也认为，人与人之间存在一种天然的互助，“进化必须带来善和同情而不是伤害和竞争”[1]。但在现实应用上，社会达尔文主义的“生存斗争”“弱肉强食”“物竞天择，适者生存”的观点的影响远远超过了其温情的部分。社会达尔文主义虽然承认武力是不道德的，但是认为武力是自然的。于是社会达尔文主义成了人们武力扩张的借口，是第一次世界大战军国主义盛行的依据。它和黑格尔的世界主义思想同样影响了希特勒，他声称：“一个想活着的人必须战斗，在这个世界上，永恒的斗争是生命的法则，一个不想在这个世界上战斗的人没有权利存在。”[2]

达尔文主义还影响到了宗教研究领域。人类学家们通过对原始宗教的研究，开始认为现代的正统宗教信条与仪式都是从原始崇拜演变而来的，人类学家弗雷泽的《图腾崇拜》与《金枝》两本书就体现了这一观点。这还影响到了人们对《圣经》的理解，使人们更加容易接受《圣经》研究者的最新发现。公理会牧师乔治·特伦堡·拉德认为宗教知识是“演变进程的结果”，是“被以发展的形式给予我们的”。伊丽莎白·斯图亚特·菲尔普斯说：“我们可以称灵感是一种成长。它通过历史和与历史相似的内容呈现出来，像物种一样受进化的支配。”这种思想的极端形式彻底改变了《圣经》在基督教中的地位，一些神学家完全拒绝认同《圣经》概念的正确性，认为《圣经》不过只是一个出发点，“通向人们未到达过的启蒙与成长的地平线”[3]。

人们对宗教与科学的关系的认识出现了分化。17 世纪以前，对大部分人来说，科学与宗教之间是不存在矛盾的，科学是证明上帝存在的重要途径，

---

1 鲁斯. 达尔文主义者可以是基督教徒吗？——科学与宗教的关系［M］. 董素华，译. 济南：山东人民出版社，2011：162－163.

2 鲁斯. 达尔文主义者可以是基督教徒吗？——科学与宗教的关系［M］. 董素华，译. 济南：山东人民出版社，2011：163.

3 理查德·奥尔森. 科学与宗教：从哥白尼到达尔文（1450—1900）［M］. 徐彬，吴林，译. 济南：山东人民出版社，2009：165.

使人们更加接近上帝的一种方式。随着专职科学家的大量出现与科学院类机构的成立，宗教与科学的矛盾开始显现；但是这时的矛盾主要表现在专职科学家想要从以科学为爱好、神学为正职的业余科学家手中夺取科学院权力，而单纯的科学与宗教观念的矛盾还比较少见。到了19世纪，随着科学的深入发展与科学对宗教的挑战，科学家与神学家之间的观念差异愈来愈大。保守的神学家们仍旧认为科学应当是宗教的附属，科学的研究应当严格规范在宗教的世界观内。一些本来因为宗教目的支持科学事业的神学家们开始撤回了支持，认为这种科学是无情的，是反基督教的科学。温和的神学家们则认为进化论与基督教是可以并存的，他们认为神在进化的过程中确立了指导原则，是生物进化的终极动力。而越来越多的科学家们成了唯物主义者，强调科学与宗教应当独立。爱尔兰物理学家约翰·丁达尔（又译作约翰·廷德尔，丁达尔效应的发现者）认为，科学权威的发展就是以宗教权威的消减为代价的。他还认为科学知识不必服从宗教的束缚，但是宗教信仰应当服从科学的束缚[1]。

从18世纪以来，无论是宗教研究还是科学发展，都对欧美的基督教信仰提出了严重的挑战，《圣经》的权威不再稳固，上帝的存在似乎不再那么肯定，三位一体的教义也变得十分可疑。这一切的发展是否就判定了基督教上帝的死刑？

1　理查德·奥尔森. 科学与宗教：从哥白尼到达尔文（1450—1900）［M］. 徐彬，吴林，译. 济南：山东人民出版社，2009：162.

第五章 信仰多元化时代

进入20世纪，基督教在西方社会中仍旧扮演着重要的角色。尽管参加礼拜的人数在逐渐减少，但是基督教的教义与符号在西方人心中仍有着直接或潜在的影响。延续了2000年的基督教在西方的社会、生活、文化中都留下了深深的烙印，为人类社会留下了丰富的遗产。20世纪以来尽管基督教已不复往日的光辉，但这并不意味着西方信仰世界的衰落。

第一节　当代的基督教信仰

在近代的西方社会，基督教遭受来自科学、哲学、宗教等多方面的打击，天文学与生物学动摇了人们对上帝存在的信念；医学的发展使人们的寿命大大提高，人们对基督教的需求减弱；人们从乡村走进都市，城市的运行机制使人们不再需要基督教作为社会生活的连接；宗教宽容实施后，教堂不再掌握人们的宗教忠诚；对《圣经》的阅读与研究使普通人对基督教教义的信仰不再那么坚定。基督教呈现出一种衰落的趋势。

被冷落的教堂

然而，上帝并没有被判死刑，基督教也并非渐渐趋于消失，而是向着世俗化的方向发展。基督教的各教派人数逐渐减少，各教会组织在社会影响、财富与社会声望上大不如前，信徒的宗教虔诚度也有所下降，参与礼拜的频率也降低了。这一点在欧洲表现得极为明显。

整个西欧，除了爱尔兰，所有国家的民众参与礼拜的次数都大大减少，尤其英国、荷兰这样教派众多的国家。相比之下，天主教国家的民众参与礼拜的频率仍较高；而丹麦、芬兰等北欧路德宗国家，社会学家吉登斯把它们描述为“归属但不信仰类型”，尽管这些国家的大部分人因为各种各样的原因从属于某一个宗教团体，但是从宗教感情来说，他们并不真正信仰基督教。

西欧各国民众上教堂频率（1990 年）[1]

	周均一次	月均一次或更少	月均一次	圣诞节、复活节等才去	年均一次	从不
欧洲平均	29		10	8	5	40
天主教国家						
比利时	23		8	13	4	52
法国	10		7	17	7	59
爱尔兰	81		7	6	1	5
意大利	40		13	23	4	19
葡萄牙	33		8	8	4	47
西班牙	33		10	15	4	38
混合宗教国家						
大不列颠[2]	13		10	12	8	56
荷兰	21		10	16	5	47
北爱尔兰	49		18	6	7	18
西德	19		15	16	9	41
路德宗国家						
丹麦		11				
芬兰		——				
冰岛		9				
挪威		10				
瑞典		10				

以英国为例，根据2000年英国人口普查，英国有78%的人口自称具有某种宗教信仰，其中71%的人自称基督教徒。从比例上看，英国基督教徒的人数并不算少。但是根据英国的宗教普查，在1851年时，英格兰与威尔士有40%的人每周都要去教堂参加礼拜，1950年时，这一比例下降到了20%，2000年时，仅仅有8%的人口每周去教堂了。再看大伦敦地区人们上教堂频

1　安东尼·吉登斯. 社会学［M］. 赵旭东，等译. 北京：北京大学出版社，2009：455.

2　这里的大不列颠指英格兰、苏格兰与威尔士地区，不包括北爱尔兰。

率的变化，圣公会信徒在1989年比1979年上教堂的人数少了30%，而1998年又比1989年增加了3%；浸礼会信徒在1989年比1979年上教堂的人数减少了12%，而1998年又比1989年增加了11%；但是天主教徒上教堂的次数则呈现了持续下降的趋势，1989年比1979年减少了12%，而1998年又比1989年减少了19%。爱尔兰与北爱尔兰地区人们参与礼拜频率的偏高则是与爱尔兰的民族宗教冲突密切相关的；信仰新教还是天主教仍是人们建立民族与宗教认同的重要因素。

这种上教堂频率的降低与做礼拜人数的减少必然与基督教的世俗化脱不了关系，但是这一定程度上也是与新兴宗教的兴起有关。

还有一个原因是，基督教开始出现在各种新媒体上，人们不再需要出门到教堂参加礼拜，坐在家中就可以聆听基督的福音。这在美国表现得尤为突出。19世纪时大量的宗教刊物出现，人们可以通过报纸和杂志传播自己的思想，进行宗教辩论。20世纪20年代，随着无线电广播网络的迅速发展，一些广播电台开设了基督教布道节目，1928年，美国牧师帕克斯·卡德曼已经在NBC拥有了一档每周日下午固定播出的传道节目，拥有500万听众。第二次世界大战结束后，电视机开始在西方世界大量普及，1949年，杰克·维珍与珀西·克劳福德开设了第一个电视布道节目，1952年开始出现了定时播出的电视布道栏目。1957年，欧勒尔·罗伯茨的电视布道节目通过135家电视台的转播实现了80%的收视率；而另一位电视布道家福尔顿·西恩则在五六十年代多次获得美国电视节目最高奖项——艾美奖。电视布道家们成为社会名人，有着很大的号召力。互联网时代的到来又把基督教带入了网络的世界。各个宗教团体为了传播自己的教义，纷纷建立了自己的网站，甚至还做出了多种语言版本；每个团体都把自己的教义、教规与宗教活动展示在自己的网站上，以吸引更多的信徒。各宗教刊物开始推出电子版本。

各种新兴布道方式在美国的流行，也显示了美国与欧洲国家的不同。在美国，宗教仍旧是人们日常生活中的一个重要组成部分。根据盖洛普咨询公司在2004年的调查，无论在美国任何一个特定时间进行调查，都有大约40%的人在此前一周去过教堂；大约五分之三的人认为宗教在自己的生活中

"非常重要"，更有十分之七的人宣称相信来生[1]。尽管近几十年来各新教传统教派的信徒人数呈现逐年下降的趋势，但是天主教信徒却逐渐增多，并且有大量的民众投入了新兴宗教的怀抱。无神论者在美国的比例并没有增加多少。在进化论与创世纪的问题上，一些美国人表现得出乎意料地落后于时代。20 世纪 20 年代，美国田纳西州的生物教师约翰·斯科普斯因为在学校内教授进化论而被逮捕。75 年后的 1999 年，堪萨斯州教育局决定将进化论从教学大纲中删除，认为进化论不宜列为科学主题。内布拉斯加州紧随堪萨斯的脚步采取了同样的措施。阿拉巴马州政府也要求在教科书中注明进化论尚未得到证明，新墨西哥州则直接禁止谈论有关世界起源的一切问题[2]。进化论在美国的境遇是西方科学技术发展到当前的一个奇妙现象。

20 世纪的梵蒂冈

到目前为止，基督教的各传统教派和与基督教有关的新兴教派在西方超过 4000 个。其中的主要教派仍是宗教改革后形成的路德宗、加尔文宗、圣公会、公理会、浸礼宗、卫斯理宗、教友派与天主教等。新教教派在法国大革命后已经逐渐世俗化，而天主教向现代化方向进行的改革也一直到 20 世纪 60 年代的第二次梵蒂冈大公会议才完成。

1959 年 1 月 25 日，教皇约翰二十三世被选为教皇后不到 90 天，他就向全世界宣布要召开公会议。他说召开公会议的想法就如圣灵的默示一样突然降临到他的脑海。在公会议召开之前，他在梵蒂冈开始了改革的尝试。例如，他废除了教皇在花园散步期间，禁止游客进入圣彼得大教堂圆顶大厦的惯例。他希望这次大公会议能够改变天主教严格的律法模式，使罗马天主教真正与当今世界的步调一致起来。从 1962 年到 1965 年，在不打击异端、不宣扬新教条、不集结教会抗击敌对势力的原则下，天主教内的保守派与进步派进行了激烈的辩论。在四次分会议中，现代化改革、宗教自由、教士生活与传教问题是他们争论的主要焦点。最终，保守派与进步派达成了妥协，在

1　安东尼·吉登斯. 社会学［M］. 赵旭东，等译. 北京：北京大学出版社，2009：462.

2　珍妮·奥克斯，马丁·利普顿. 教学与社会变革［M］. 程亮，丰继平，等译. 上海：华东师范大学出版社，2008：199.

1965 年 12 月 8 日宣读了关于良心自由权的宣言。12 月 8 日圣彼得广场上的庆祝活动宣布了第二次大公会议的结束[1]。

第二次梵蒂冈大公会议是天主教与过去 1500 多年传统的决裂。这是历史上第一次没有世俗政权干预的天主教公会议，天主教能够独立于世俗政权，全心投入到宗教与灵魂的事业中去。它在很大程度上改变了天主教的仪式与教义。首先，天主教开始用现代语言进行布道，而抛弃了传统的拉丁语；鼓励平信徒参与弥撒仪式，加强了平信徒在意识中的交流。第二，天主教不再强调教皇的权威，不再强调过去等级森严的神职人员制度，而主张所有信徒的平等地位。第三，天主教不再是过去单一、专制的体系，并且承认过去离开天主教的人都是情有可原的。实际上，这就将天主教与其他教派放到了平等的地位，成为新教各教派的“兄弟教派”。最重要的是，它宣布“神国业已存在于此世”，开始关注当代的世俗社会，教皇开始更多地参与到社会与政治活动中。但是，第二次大公会议在婚姻、避孕、妇女、按立神职等问题上没有达成一致意见。

在大公会议结束后的十年内，天主教内出现了对教皇与改革的批评，一些神父产生了身份危机，大批的神甫、修女与修士离开了教会。从 1962 年到 1974 年，美国神学院的学生人数下降了 31%，从 1966 年到 1972 年，有 8000 多位神父离开了神职岗位[2]。此后，天主教又重新繁荣起来。2009 年，全世界天主教徒人数超过了 11 亿人。尽管天主教内部在妇女神职、神职人员独身等问题上争论不休，但天主教仍旧是世界上最大的充满活力的宗教团体之一。

1978 年，梵蒂冈选出了自哈德良六世（1522—1523 年）以来的第一位非意大利籍的教皇约翰·保罗二世。他的继任者是德国籍枢机主教约瑟夫·拉辛格，圣号为本笃十六世。2013 年，本笃十六世成为 1415 年以来第一位主动退位的教皇，而他的继任者则更是出人意料。2013 年 3 月 13 日，梵蒂冈经过秘密会议，选举出了新任教皇，原阿根廷枢机主教豪赫·马利欧·贝

1　布鲁斯·L·雪莱. 基督教会史［M］. 刘平，译. 上海：上海人民出版社，2012：457 – 463.

2　布鲁斯·L·雪莱. 基督教会史［M］. 刘平，译. 上海：上海人民出版社，2012：464 – 465.

果格利欧，圣号为弗朗西斯（方济各）。他是天主教历史上第一位非欧洲出生的教皇，也是第一位来自南美洲的教皇。

教皇与教廷在各类媒体上依旧有着较高的曝光率。每次教皇选举，梵蒂冈都能吸引来自世界各地的纸媒、电台、电视台与网络记者争相报道，各电视台对教皇选举的直播与转播获得了几亿人的观看。教皇选举结束后，选举结果的报道铺天盖地。教皇的活动也是媒体关注的热点，连教皇的帽子在活动时被风吹跑都能够成为媒体报道的内容[1]。2013 年，教皇弗朗西斯一世还被美国《时代》周刊评为年度人物。

进入新世纪，天主教的现代化改革并不意味着教廷就不再有丑闻。本笃十六世的主动退位在很大程度上与教廷所面临的性丑闻有关。2010 年，西方媒体针对本笃十六世发起了猛烈的攻击。媒体爆出本笃十六世在 20 世纪 80 年代在德国担任大主教时，曾经帮助教会掩盖了一起神父性虐待唱诗班男童的事件；同时，爱尔兰大主教布雷迪、纽约大主教多兰、苏格枢机主教奥布赖恩、枢机主教里加利等都陷入了性虐待儿童的丑闻。意大利的《共和国报》还指称梵蒂冈的高级神职人员在教廷建立“地下同性恋组织”，在梵蒂冈与罗马等地举行性爱派对，部分成员还受到了非教会成员的敲诈勒索。一时间，罗马教廷显得十分尴尬。但丑闻还不止于性虐事件。1982 年，时任梵蒂冈银行主席的枢机主教马尔钦库斯涉嫌与意大利安保信银行高层有不正当往来，对该银行倒闭负有责任。2010 年 9 月，意大利安莎社报道，梵蒂冈银行（宗教事务银行）涉嫌协助洗黑钱，数额高达 2300 万欧元，而且此前还有多次洗黑钱事件。本笃十六世在 2011 年为梵蒂冈银行增设了反洗钱机构。他退位后，丑闻的烂摊子被丢给了新任教皇弗朗西斯一世，他在 2014 年先是解雇了四位曾经负责梵蒂冈银行的枢机主教，又多次对性丑闻事件进行道歉，忙得焦头烂额。

政教分离与普世教会运动

美国在建国初期就建立了政教分离的体制，而欧洲各国在 20 世纪也慢

1　2014 年 2 月 19 日、4 月 30 日、5 月 14 日都发生了教皇的帽子在公共活动中被风吹跑的事件，对这些事件媒体进行了报道。

慢地进行着政教分离的过程。

1880 年，法国颁布法令，政府与社会不再承认教会大学的学位，只有在教会内部才有效[1]。1904 年，因为议会与教廷的矛盾，法国断绝了与梵蒂冈的关系。1905 年，法国通过了《世俗法》，确立政教分离的原则，建立了与教会的政教协定，用于宗教崇拜的财政支出被废除，教会财产归天主教协会管理。此后，法国的各个学校不再进行宗教教育，2004 年，法国进一步出台禁令，禁止学校内出现任何明显的宗教物品。宗教彻底成了公民个人的私事。法国是现在欧洲政教分离最严格的国家，政府拒绝一切宗教与教派的干扰，也不给任何教派以优待。

德国在俾斯麦时期曾经尝试过法国式的政教分离路线，但是失败了。1918 年威廉二世的统治被推翻，魏玛政府上台，于 1919 年颁布了《魏玛宪法》，正式确立政教分离的制度。德国不再设立国教，宗教团体在国内也不再受国家的限制，独立处理宗教事务；同时，宗教团体的文化、教育、慈善等机构、财团的财产权受到国家的保护；各个宗教团体被允许在军营、医院、监狱等地进行祈祷，举行宗教仪式。但是德国的教会税却保留了下来，东德一直到 1945 年才废除。

英国的脚步则走得更慢一些，圣公会至今在英国具有国教地位，女王仍是圣公会的最高首领。但是英国在一步一步前进。1868 年，英国废除了教会税，国家财政不再负责教会的支出。1992 年，英国君主开始从大主教提供的名单中挑选大主教人选；1997 年，这份候选人名单的人数减少到 2 人[2]。时至今日，英国国教的代表仍旧是议会上院的成员，教会学校也是英国教育体系中的重要组成部分。

此外，不少国家的政教分离进行得也不完全。如葡萄牙在 20 世纪 70 年代进行了宪政改革，但是天主教在法律上依旧享有一定的特权；意大利因为天主教的大本营就在其内部，所以对天主教有一定的优待。

1　2008 年 12 月，法国政府与教会达成协议，重新承认 5 所教会大学所颁布的神学、哲学与教会法的学位。

2　约翰·麦克曼勒斯. 牛津基督教史［M］. 张景龙，等译. 贵阳：贵州人民出版社，1995：306.

自宗教改革以来，基督教内部宗派分立，各个教派各自为政，甚至教派内部还时常发生分裂。随着基督教势力的衰落，各个教派都感到力不从心，教派合并与联合的欲望逐渐强烈起来。19 世纪末到 20 世纪，新教内的各个教派开始了传教合作与协调活动的“普世教会运动”，又称“教会再合一运动”。

1910 年，在英国的爱丁堡，“普世宣教会议”召开，来自欧洲与北美不同教派的 150 多个传教组织的 1200 多名与会者，第一次以各教派或组织的名义济济一堂，针对欧美国家在第三世界国家传教中遇到的民族民主运动等问题，探讨传教组织的协调与合作、传教区教会的建立、传教士的培养和传教士与政府的关系等问题[1]。他们还成立了一个“续行委员会”，以贯彻这次会议的决议与成果。普世教会运动的宣扬者在欧美掀起了“生活与事工运动”和“信仰与执事运动”。“生活与事工运动”对西方国家在工业革命后出现的一系列社会问题进行思考，希望可以从基督教伦理出发，结合基督教各教派与国家的力量，共同解决社会的问题。“信仰与执事运动”则希望各个教派能够平等地坐下来，坦率地讨论神学与教义的问题，在基本教义上达成一致，并且能尽量消除体制上的差异，只有这样才能更好地实现彼此合作。两个运动都在 20 世纪 20 年代中期召开过世界会议，在传教、社会道德、基本教义等问题上做出了决议。

1937 年，普世教会运动的倡导者们在伦敦的威斯特菲尔德学院聚会，商讨将普世教会运动的各个分支运动合并，建立一个统一的机构“世界基督教协进会”。1938 年，他们在荷兰的乌特勒支成立了筹备委员会，拟定协进会的章程。然而这一活动被第二次世界大战打断了，“世界基督教协进会”一直到 1948 年正式成立，在阿姆斯特丹举行成立仪式，共有 144 个新教教派（以及东正教的代表）参与了这次会议。此后世界基督教协进会成了普世教会运动的主要力量与组织者。它在 60 年代之前热衷于消除欧洲国家各教派之间的矛盾、分歧与历史上的“误解”，并致力于欧洲的战后重建、神职人员的培养、东西方冷战以及资本主义和社会主义两种制度下的社会公正与经

1　王美秀，等．基督教史［M］．南京：江苏人民出版社，2006：318.

济的合理问题[1]。而60年代后，随着第三世界国家作为一种力量在世界上的崛起，普世教会运动开始关注南北经济发展不平衡、美苏冷战对第三世界的影响等问题。目前，世界基督教协进会有团体会员340多个，分布在世界上100多个国家，共有会员教会信徒4亿多人，是世界上最重要的基督教各教派的对话平台，在生态保护、暴力冲突、国际债务、妇女与儿童、艾滋病等问题上进行着各种各样的努力[2]。

基督教的观念、仪式与节日

随着社会的发展，基督教的传统伦理道德在当代社会已经渐渐不适应社会的需要。基督教的传统观念渐渐发生了适应现代社会的改变。

19世纪以前，基督教会，不论是新教还是罗马天主教都是由男性主导的，天主教有修女，新教的传统教派有女性执事和女性为主的社会工作团体，但是女性通常没有资格获得神职；只有个别的开放的新教教会有女性神职人员。19世纪末与20世纪60年代，西方世界发生了两次广泛的女权运动，号召两性平等、平权与同格，于是女性在教会中获得神职的诉求也被越来越多地表达出来。教会主张女性应当作家庭中的大祭祀，社会的责任则是男人的。女权主义者们认为，神把男性与女性作为同等价值的存在创造出来，在家庭与社会中应当享有同等的地位。美国女性主义者伊丽莎白·卡迪·斯坦顿认为，《圣经》中的“男性特质”并没有真实反映出上帝的意志；她的同事在一次祈祷中，以“吾主天母（God，our Mother）”开场，而非传统的“吾主天父”。她还组织23名女性完成了一本《女性的圣经》。教会内部也展开了女性是否能够担任神职人员的争论。19世纪末，公理会等比较传统的教会也开始接受女性担任牧师和教士。这些女性通常比男性神职人员接受的教育还要多，对宗教充满了虔诚之心。

但是圣公会一直到20世纪中后期才允许女性信徒担任神职。1987年到1992年，经过英国教务会的投票决定，才开始允许女性担任牧师。2005年，

1　王美秀，等．基督教史［M］．南京：江苏人民出版社，2006：321－322.

2　王美秀，等．基督教史［M］．南京：江苏人民出版社，2006：323.

圣公会开始启动进程，逐步允许女性担任主教。但是教会内部仍旧有一些资深要人反对女性在教会内获得权力。

天主教则比圣公会还要保守。1977 年，天主教的信理会[1]正式宣布不允许女性担任牧师、主教等教会圣职。2004 年，由叛教者阿根廷主教罗慕洛·安东尼奥·布拉斯基授予司铎（牧师）一职的 7 位女性，被罗马教廷判以绝罚，所受的圣职也被废除[2]。教皇约翰·保罗二世主张女性应当回到传统家庭的贤妻良母角色中去，并支持禁止堕胎与避孕的政策。

同时，人工避孕与堕胎的呼声也越来越高。在教会的传统观念中，婚姻的首要目的是培养孩子敬畏上帝，而实行不生育的性交是对神圣婚姻的亵渎。而堕胎则被认为是杀婴，在西方各国受到禁止。然而，随着时代的发展，越来越多的人不再将婚姻看作是生育的方式，而是爱情的产物；而且有限制的生育也更加有利于家庭在各种社会条件下生存。女性主义者更是把允许避孕与堕胎看作是获得自由的重要因素。于是，19 世纪开始，人们就经常实施各种控制生育的方法。到 20 世纪中期，避孕已经变得有效且可靠，各个国家的教会开始公开允许避孕的实施。1930 年英国圣公会的伯特会议就驳回了禁止避孕的提议。1958 年更是承认在某些情况下用人为手段控制生育是符合基督教皇旨的。

在堕胎方面的斗争则要更艰难一些。教会认为人们的生活应当有神圣性，怀孕中的胎儿无论多大，已经是一个生命，选择堕胎就是选择了杀戮。1830 年英国的《妇女堕胎法》将堕胎视作非法行为，最高可以处以死刑；1929 年的《婴儿保护法》则将堕胎看作是杀婴，除非婴儿会威胁母亲的生命安全才允许堕胎。瑞士 1937 年堕胎法规定，进行堕胎者将被处以五年以下有期徒刑和罚款。由于堕胎在正规医院不被允许，许多女性只能选择在小诊所非法堕胎，很多女性因此死在了手术床上。一直到 20 世纪 60 年代以后，各个国家对堕胎的政策才渐渐放开。英国于 1967 年开始允许有条件的堕胎，即成年女性在怀孕早期可以选择，或者是因强奸受孕的女性也可以选

1　信理会是天主教内部九圣部之一，前身是声名不佳的罗马异端裁判所。现在主要从正面宣传罗马天主教的基本教义，并保护偏离正教的信徒的权利。

2　安东尼·吉登斯. 社会学［M］. 赵旭东，等译. 北京：北京大学出版社，2009：451.

择堕胎。瑞典从 1970 年允许怀孕 18 周内的女性不需任何理由即可到医院进行堕胎，是欧洲在堕胎上最为宽松的国家之一。1990 年，美国的所有州都通过了法律允许人工流产[1]。罗马教会依旧反对堕胎的实施，但是天主教国家的政策却逐渐松动了。1976 年，法国刑法取消了关于堕胎违法的内容，允许人工流产，同时国家还会给予补助。意大利法律也允许人工流产。就连天主教信仰最坚定的爱尔兰，1992 年也允许女性到爱尔兰以外的国家进行堕胎手术。2013 年 5 月，爱尔兰政府意图在国内有严格条件地允许女性堕胎，推出了允许堕胎的法案，但是该法案并不允许因为强奸、乱伦与畸形儿而考虑堕胎的女性进行人工流产。

传统基督教对婚姻的要求不仅仅是生育繁衍，还有婚姻的神圣性与永久性。婚姻关系一旦结成，除非发生通奸，否则不能解除。18 世纪中期，各国不再遵循《圣经》与神学的教导，而开始依靠自然法或者罗马法，离婚的原因不再限定于通奸。这在新教国家比较容易接受，英国宗教改革就是从亨利八世的离婚案开始的，而德国的宗教改革家在早期就承认了婚姻破裂的可能性。1857 年，英国就放松了对离婚条件的限制。其他国家也先后通过法律允许离婚。1995 年，最为保守的天主教国家爱尔兰也通过全民公决，以微弱优势通过了离婚合法化的法案。在 19 世纪末，由于女性通常没有个人收入，经济上并不独立，离婚率还相对较低，尤其是有孩子的夫妻的离婚率就更低。但到了 20 世纪，随着女性的解放与就业率的增加，离婚率开始逐步升高。1960 年时，欧洲的整体离婚率仅 10%，到了 90 年代已经超过了 30%，美国更是超过了 50%。离婚率的居高不下使教会针对离婚与再婚开始了一场新的争论。

传统基督教伦理对生育的崇拜自然也不允许同性恋行为的发生。《圣经》中上帝毁灭所多玛与蛾摩拉的原因就是这里性堕落严重，同性恋成风[2]。特别是 17 世纪以后，基督教对同性恋的道德谴责愈加强烈。在 19 世纪到 20 世纪中期，英国、法国、德国等国还将同性恋定义为犯罪行为。20 世纪六七十年代，伴随学生运动、女权运动的兴起，同性恋权利运动也逐渐兴盛起

1　但是在 2003 年麦克·朗兹又签署了一项法案，再次禁止了该州内的堕胎行为。

2　实际上，所多玛（Sodom）一词就是英文“鸡奸”（sodomy）的词源。

来，同性恋人士纷纷要求平等的地位与结婚的权利。随着运动的发展，一些国家开始将同性恋无罪化，允许成年男子、女子的同性性行为。最近十几年，荷兰、英国、美国的一些州开始允许同性恋婚姻的结合。一些开明的教派公开宣布同性恋无罪，一些教派甚至允许同性恋者担任神职。1972 年，荷兰归正宗教会正式宣布同性恋男女都可担任牧师。英国贵格会、加拿大联合教会、美国联合基督教会也逐渐允许同性恋神职人员的存在。但是仍有大量的教会公开反对同性恋行为，在圣公会的一些教区，同性恋教徒可能无法领圣餐，而在一些保守天主教教区，同性恋者甚至不被允许入教。天主教徒与恐同关系的讨论也常见于网络。

婚礼与葬礼的仪式也发生了很大变化。20 世纪上半叶，教堂婚礼不再是婚姻合法的必要条件，很多年轻人不再选择到教堂举办盛大隆重的婚礼，而是简单地在民政部门进行婚姻公证与登记就结为夫妻。20 世纪下半叶，越来越多的人回归教堂举行婚礼，甚至很多并不参加礼拜的人也去举办教堂婚礼。教堂婚礼从宗教仪式变为民俗活动的倾向逐渐明显[1]。这让神学家对是否允许非教区信徒举办教堂婚礼纠结不已。19 世纪以前，教堂墓地，六尺之下是所有基督教平信徒肉身的最终归处。除非发生瘟疫，通常都使用土葬。这是因为人们相信，当基督再临人世之时，所有人的肉身都会复活，随基督进入天国。1875 年，火化器第一次在西方世界得到使用，尽管各界批评之声此起彼伏，但火化器的使用却渐渐扩展开来。1928 年，英国圣公会就在祈祷书中正式承认了火葬的合法性。1963 年，罗马教廷允许了火葬的实行，并开始提供火葬服务[2]。火葬也渐渐取代土葬，成为西方社会常用的丧葬方式。

对很多现代西方人来说，圣诞节与复活节等宗教节日已经失去了它的宗教意义，而变成了一种传统，一种与家人欢度的时刻。

越来越多的人了解到基督诞生的日子并不在 12 月 25 日，甚至不在冬天。现代的研究认为，耶稣实际上是降生在春末夏至之间；圣诞节则是罗马皇帝君士坦丁规定，将原本罗马传统节日太阳神米拉特的节日，罗马历书中

1　让－克洛德·布洛涅．西方婚姻史［M］．赵克非，译．北京：中国人民大学出版社，2008：312.

2　约翰·麦克曼勒斯．牛津基督教史［M］．张景龙，等译．贵阳：贵州人民出版社，1995：311－312.

的冬至改为纪念耶稣诞生而来。在基督教传统中，从平安夜之前，各种隆重的礼拜仪式就已经开始了。天主教会举行圣诞弥撒，新教则进行圣诞礼拜；在平安夜，人们会守夜，各个教堂还会组织圣诞剧的演出，表演耶稣降生的故事。19 世纪，圣诞老人的形象开始在欧美各国流行[1]，全家聚会享用丰盛的圣诞晚餐，家人与朋友之间交换礼物成了一种新的风俗。20 世纪，在可口可乐公司广告的推广下，圣诞老人形成了现在白胡子红衣服的老爷爷形象。渐渐地，圣诞节与复活节的宗教仪式被人们淡忘，圣诞聚餐与交换礼物的习俗却保留了下来。虔诚的教徒还是会去教堂参加弥撒或圣诞礼拜，教会学校还会组织孩子们排演圣诞剧，只是对孩子们来说，这更是一个展示自我、年终汇报的时刻。圣诞节更是西方人疯狂购物的日子，一进入 12 月，商场与商店纷纷挂上彩灯，换上漂亮的圣诞装饰，柜台与橱窗中也展示出圣诞节特供的商品，商家还纷纷推出各种圣诞折扣。对一些年轻人来说，圣诞节就是与家人欢乐的日子，以致很多出门在外的年轻人由于没有家人在身边，选择不过圣诞节。

传统的复活节时，人们总是会举行盛大的宗教游行，人们赤足穿着长袍，手持十字架，唱着欢歌庆祝耶稣的复活。而现在，宗教游行变成了世俗的狂欢，人们穿着各式各样稀奇古怪的服装，打扮成小丑、兔子、历史人物、电影角色、动画形象甚至各种意想不到的事物，在街上载歌载舞。复活节彩蛋失去了原本的宗教意义，与复活节兔子一样成了孩子们的最爱，羊腿成了复活节大餐的必备品。

命运最悲惨的大概要数万圣节。在基督教传统中，11 月 1 日是纪念死去的基督教圣徒的节日，10 月 31 日则被称为“万圣夜”。尽管天主教、路德宗与圣公会仍然庆祝万圣节，但是对普通人来说，万圣节的基督教意义已经淡化，11 月 1 日对人们来说意义已经不大，真正充满欢乐的是万圣节前夜。

1　圣诞老人是欧美多种传说与神话人物的结合体。英国的 Father Christmas 在 18 世纪之前通常与大人之间的欢歌、宴饮联系起来，而荷兰的圣尼古拉斯（Sinterklaas）则是一个源于 4 世纪的会在圣诞节前夕给小孩子赠送礼物的形象。这些形象在 19 世纪结合形成了现代的穿着红白衣服，带着尖顶帽，留着白头发与长长的白胡子的老人形象，圣诞老人一词（Santa Claus）也是从荷兰的“圣尼古拉斯”转变而来。

图 5－1　宝洁旧商标

P&G

图 5－2　宝洁新商标

这是一个充满异教元素的夜晚，人们打扮成各种异教鬼怪、幽灵鬼魂去参加派对，小孩子则打着南瓜灯，扮成鬼怪向邻居索要糖果，吸血鬼、狼人、骑着扫帚的巫婆、骷髅遍布大街小巷。基督教神学家阿尔文・施密特无奈地说，万圣节的无人不晓“并不一定是基督教的光彩”[1]。

基督教的一些象征及有特殊意义的符号渐渐去宗教化了。基督教有很多有特殊意义的数字，如 7 代表上帝创世 7 日；13 代表犹大是耶稣最后的晚餐第 13 位客人，是凶兆与背叛之数；666 是《启示录》中的兽名数目，是撒旦与敌基督的象征；13 日星期五是十字军东征中圣殿骑士团被屠杀的日子，也成了西方人眼中不吉利的日子。今天，这些数字中的宗教内涵渐渐淡化了，7 变成了幸运的数字“Lucky 7”，13 仍旧是不吉利的数字，13 日星期五也成了黑色星期五，历史上的黑色星期五发生过众多的灾难性事件，更加深了人们对这一天的恐惧。甚至还有“13 恐惧症”与“666 恐惧症”的说法。宗教符号的去宗教化并不代表着他们的宗教意义被人们遗忘了。日用品巨头宝洁公司从 1850 年起使用的商标就是一个圆形的星月争辉的图案，商标上有一个明显的月亮脸的形象。20 世纪 80 年代开始，突然谣言四起，指责宝洁公司的商标是魔鬼崇拜的标志。很多人根据《启示录》第 12 章指责宝洁公司的商标是对上帝神圣象征的亵渎，月亮脸的胡须头发共三簇，每簇都是 6 绺，是魔鬼之数“666”。尽管宝洁公司否认了对他们商标的指责，但还是在 1985 年更换了公司商标，变成了后来的简洁的字母组合。

1　阿尔文・J・施密特. 基督教对文明的影响［M］. 汪晓丹，赵巍，译. 北京：北京大学出版社，2004：367.

基督教的爱与怜悯

慈善是基督教教会永恒的事业。

基督教的教义中本来就有着爱与怜悯的内涵。中世纪的基督教会是西方社会救济的最主要力量。修道院是人们获得医疗救助的主要场所，流浪的老人和孤儿可以在这里寻求庇护；教堂则是普通贫民获得救济的机构。而富裕的信徒们则将钱物捐给教堂与修道院，由他们代理自己行善。进入工业化时代，各种其他的力量也进入了资助社会慈善的行列，但是基督教仍旧是支持慈善事业的重要经济、精神与行动力量。近代护士工作的先驱弗洛伦丝·南丁格尔就是感受到上帝召唤，投入到医疗护理的事业中去的。

尽管现代西方国家大多是福利国家，国家承担了失业、住房、医疗、教育等多项福利与救济的主要开支，基督教慈善依旧发挥着自身的热量。以美国来说，1994 年，美国宗教团体与个人向社会捐款达 590 多亿美元，占社会捐款总数的 45%。1998 年，美国教会信徒个人捐款总额超过 240 亿美元，平均每人 407 美元[1]。

有一些基督教组织还特别重视慈善事业的发展，整个活动都围绕社会救济展开。其中最著名的就是以军队形式组织的“救世军”。

救世军是由英国前卫斯理宗牧师威廉·布思于 1865 年在伦敦创立的，他们模仿军队的建制，教徒称军兵，牧师称军官，还有军阶与军衔、制服、军旗与军乐队。在教义上，他们认同三位一体论、灵魂不朽、《圣经》是上帝的启示、最后的审判。他们主张爱穷人，在拯救穷人灵魂的同时，还要满足他们身体的需要。他们为受到家庭暴力的妇女提供心理咨询，为儿童提供儿童之家与托儿所，开办各类学校，为无家可归者提供临时的住所，并帮助他们获得重新开始生活的技能，为刑满释放的犯人提供重新融入社会的机会，为酗酒者与吸毒者提供心理治疗与戒瘾服务，为孤寡老人提供住所与照

1　阿尔文·J·施密特. 基督教对文明的影响［M］. 汪晓丹，赵巍，译. 北京：北京大学出版社，2004：120.

料……他们还帮助有需要的家庭寻找失踪的孩子，为孤苦无依的人提供排遣孤独的服务；他们还是各种重大灾难后奔赴现场提供各类服务的先锋。在两次世界大战期间，他们还为军队提供了大量的物资与医疗服务，丘吉尔曾经在第二次世界大战后赞扬他们“哪里有需要，哪里就有救世军”。目前，救世军在英国伦敦设有万国总部，在全世界 70 多个国家设有分支机构，拥有会员 200 多万人。他们在英国和美国的力量最强大。

除此之外，还有天主教救济服务组织、教会世界服务组织、路德教世界救济组织、基督教援助组织、基督教青年联合会和基督教妇女联合会等。他们作为非政府组织，为西方社会的稳定与人们生活的保障做出了巨大的贡献。

20 世纪以来，信仰成了个人的私事，基督教在社会中失去了它原本的政治力量，面临着信徒减少的危机，作着宗教复兴的努力。基督教的伦理系统在西方世界已经不再是主流，成了一种可选择的价值观。各种基督教符号与观念去宗教化，连宗教节日也变成了一种传统与习俗。但是，基督教仍旧是西方世界最重要的宗教信仰，是西方人日常生活与潜意识中不可避免的话题与意象。这在可见的未来也不会改变。

第二节　新兴宗教及神秘信仰

传统宗教已经在科学与工业的大潮中逐渐世俗化与符号化，神学内涵逐渐减弱。但是，这并不意味着人们对神秘的超自然世界的兴趣在减弱，目前无法用科学解释的问题并未完全寄望于科学的发展。事实上，自19世纪末以来，人们的这种兴趣还呈现出范围、内容逐渐拓展的趋势。新兴宗教在西方（尤其是美国）大量涌现，并得到了广泛的传播；一些新兴宗教还表现出了社会危害性，它们所制造的社会恶性事件给西方社会造成了巨大的精神创伤。同时，大量新的神秘信仰开始出现，如UFO狂热、对特异功能的崇拜、对埃及金字塔的迷思等等。理性与科学在人们生活中存在着大量的死角。

新兴宗教

新兴宗教的产生对欧美社会的影响是极其广泛且深远的。虽然大部分教派信徒人数不是很多，但是它们数量众多，传播范围极广，形式多种多样，几乎在欧美任何一个国家都能看到他们的身影。

新兴宗教之所以称为“新兴”，自然与传统宗教有着重要的差别。出现时间的晚近自是不用多说，更重要的是其在信仰内容上的新颖之处。有学者把新兴宗教之“新”总结为以下几点：有一个自称脱俗或者超凡的人作为教主（或相当于教主），并被信徒奉若神明；有一些自定的教义和诠释教义的说法，特别强调其中的神秘性；有一套独立的组织建制、自立的崇拜仪式、修行方法以及传教手段；它们有一种求“新”的心态，要背离旧的宗教传统，追求现代[1]。

但是这并不意味着新兴宗教与传统宗教是彻底割裂的。西方新兴宗教往往脱胎于传统宗教，如基督教、佛教、印度教等。它们的教义往往与传统宗教有着千丝万缕的联系，或者是对传统宗教的彻底反叛，或者是对对其教义的略微改造。同时，很多新兴宗教与基督教一样，拥有深厚的末日情怀，末日论与千禧年是很多新兴宗教的共有特征，而且大量新兴宗教都将末日的降临之日定在了 1999 年前后，即世纪之交之时，基督时代以来的第二个千禧年末尾。

尽管西方的新兴宗教在世界范围内分布广泛，但是它们的源头大多在美国。美国之所以能够成为新兴宗教成长的沃土，是与其制度及文化特征密不可分的。首先，美国是严格的政教分离国家。在欧洲，每个国家基本都有一个占有绝对优势的宗教。在英国，表现为圣公会在英国的国教地位；在德国与北欧诸国，表现为路德宗在这些国家信仰人数所占据的绝对优势；在法国、西班牙和意大利，天主教则是他们曾经唯一认可的宗教，目前仍是信仰人数最多的宗教。与欧洲国家不同，美国没有哪一种宗教占有绝对优势；尽管有一些教派在人数上较其他教派多，但是它们在地位与政策上没有任何优势或特权。同时，美国政府又给予宗教以充分的自由与发展空间，并设立了相应的政策给宗教的发展以保障。其次，美国的公民宗教根深蒂固，对上帝的尊崇成为美国的一种民族精神。各个教派在美国发展的过程中，已经逐渐与美国国家与人民的“美国梦”结合在了一起，逐渐美国化了。这些美国化的教派又促进了美国公民宗教与“上帝选民”思想的进一步巩固。另外，从新兴宗教在西方产生的时间段来看，新兴宗教的产生与美国社会的动荡混乱时期是同时出现的。大致集中在两个阶段。第一次新兴宗教产生的高潮是在 19 世纪二三十年代至六七十年代，此时美国正值第二次大觉醒运动结束，美国民众宗教热情正浓。废奴运动的兴起使人们开始质疑：上帝是否对白人与黑人一视同仁？基督教教义是否能够支持美国人民度过政治动荡、国家分裂的危机？第二次则发生在 20 世纪 60 年代，此时欧美学生运动风起云涌，反

1　高师宁. 新兴宗教初探［M］. 北京：中国社会科学出版社，2006：11.

叛的一代正在社会上大声表达他们的诉求，反越战，性解放，追求男女平等，传统家庭的分崩离析，迷幻剂的大量使用，都成了人们投入宗教怀抱的诱因。社会的混乱使人们渴望获得一个新的精神支柱或者寄托，而人们又往往把社会的混乱归因于科学与工业的发展；在这些宗教传统浓厚的国家，新的宗教自然是人们的头等选择。于是在传统宗教衰落所留下的宗教空白中，新兴宗教如雨后春笋般蓬勃发展起来。

由于新兴宗教其自身的特性，西方的新兴宗教始终处在不断优胜劣汰的过程中，不断有新的宗教产生，同时也不断有宗教死亡。就美国来说，1930年以前建立的新兴宗教团体，在 80 年代仍然存在的，仅有原来数目的 15%；而当今美国 61% 的新兴宗教的寿命都不超过 20 年。很多新兴宗教建立在对教主的个人崇拜上，一旦教主去世，新的领导人又不能有效组织后续的活动，这些宗教就渐渐死亡了；或者因为教内宗派分立而分裂了。另外一些宗教则是因为教义不够吸引人，吸收不到足够多的支持者与资金赞助人，最后因为资金缺乏不得不解散。有一些宗教则是因为预言的失败或者教主个人魅力的消失，而自行消失了；很多新兴宗教都曾预言过世界末日的具体时间，又因为特殊事件并没有发生而将时间一推再推，并做出各种辩解。当信徒不再接受这些辩解时，这些宗教的魅力自然就消失了。还有一些比较特殊的新兴宗教，它们对吸引信徒毫无兴趣，没有新的信徒加入，渐渐也就自然死亡了。而真正能长时间广范围不断传播的成功的新兴宗教往往避免了这些问题，并与世俗社会保持一定的张力，才能长久地生存下来。

在当今的西方世界，影响最为广泛的新兴宗教是摩门教、耶和华见证会、基督复临派与基督教科学派。它们都产生于 19 世纪的美国，无论在信徒人数、传播范围、产生时间上都是其他新兴宗教所不能比肩的。

摩门教

摩门教的全称是“耶稣基督后期圣徒会”，产生于 19 世纪 30 年代。创立者约瑟夫·史密斯自称在 1827 年受到天使的启示，在一座小山包上发现了一些 1400 多年前的金属片与两块宝石，并根据“乌灵和土明”圣签把变体古埃及文字翻译成了现代文字，写成了《摩门经》，并于 1830 年出版，这就是摩门教名称的由来。他畅想印第安人就是传说中犹太人失落的十个部落，并在教友塞缪尔·里格顿的帮助下，提出耶稣升天后降临美国组织摩门教的说法。史密斯晚年还在纽约州的一座小城表演了他的神迹——驱鬼。

但是摩门教在政治上宣扬暴力，并主张应当严格按照先知的启示进行投票。他们还一度提名约瑟夫·史密斯担任美国总统。所以摩门教在产生初期受到了各个城镇的驱逐，摩门教徒们被迫迁移到了人烟稀少的密西西比河畔的诺伍。1844 年约瑟夫·史密斯被残忍谋杀，谋杀事件的发生瞬间给史密斯蒙上了殉道者的神圣色彩；更重要的是，尽管史密斯之死一度使摩门教发生分裂，但是下一位先知——布里格姆·杨（又译杨百翰）的出现却使摩门教走向了强大。他带领摩门教徒穿越沙漠，于 1847 年到达了当时荒无人烟的盐湖地区，开始建立自己的教会组织。如今美国犹他州的首府盐湖城即是这些摩门教徒早期拓荒的成果。布里格姆·杨在盐湖城的无冕之王地位一直到 1877 年去世时才结束。此时，摩门教已经建立了相对完备的制度，不再单纯依靠对魅力领袖的个人崇拜了。

摩门教的经典是《圣经》《摩门经》《教义与圣约》《无价珍珠》，其中最重要的是《摩门经》。教徒们认为《摩门经》是对《圣经》的续写与补充，但是他们也相信经典是开放的，经典与教义会随着时代的发展而发生变化。

摩门教徒自认为是基督教徒，而且是比其他教派更加完满的基督教徒。他们在教义上与传统基督教派有着很大的差别。摩门教早期一度实行过一夫多妻制，据说其第二任先知布里格姆·杨就拥有 17 位妻子，49 个孩子，其他几位早期首领也大多拥有多名妻子。这自然遭到了美国普通民众的反对，1882 年甚至还逮捕了几位一夫多妻的摩门教徒。于是在第四任先知时期，这一制度被废除了。此外，摩门教徒对《圣经》的理解也不同于一般教派。他们认为圣母玛利亚是上帝的妻子，而耶稣只是他们众多孩子中的一个，魔鬼撒旦则是耶稣的兄弟。他们认为天堂与地狱是人们死后的去处，并且还把死后世界分为三等：第一等是虔诚的摩门信徒与上帝耶稣共享欢乐之地，第二等是不信摩门教的好人的归宿，这里也不错，只是见不到上帝和耶稣，第三

图 5－3　杨百翰

等则是恶人死后受苦的地方[1]。而人死后依旧是有灵性的，所以死后依旧可以受洗，成为摩门教徒，所以摩门教有为祖先举行洗礼的传统。摩门教反对吸烟、喝酒、吸毒，甚至禁止饮用咖啡与茶水。摩门教还十分注重传教，新入教的信徒必须义务传教 18 个月，期间的费用自己承担；成员通常会自动缴纳什一税。这些也是摩门教能够延续至今的重要原因。

如今摩门教在美国依旧势力很大。截至 1992 年，摩门教在全世界有信徒 840 万，传道部 295 个[2]，遍及世界各个国家和地区。其中绝大多数教徒集中在美国，1996 年美国有摩门教徒 480 万人，其中犹他州约有 130 万信徒。摩门教还拥有现在美国最大的教会大学——杨百翰大学（Brigham Young University，BYU），学校要求学生必须选修 7 个学期的宗教课程，并严格遵守教规。2012 年美国总统大选中共和党的候选人米特・罗姆尼就是一名摩门教徒。

1　段琦．一个中国人眼中的美国宗教——美国宗教嬗变论［M］．北京：今日中国出版社，1994：254—255．

2　高师宁．新兴宗教初探［M］．北京：中国社会科学出版社，2006：316．

实际上，耶稣基督后期圣徒会只是摩门教中最大的一支，即跟随布里格姆·杨进入犹他州的信徒们。此外，还有重建耶稣基督后期圣徒会、耶稣基督教会、基督的教会等教派，但是其中人数最多的教派也不超过 25 万人，影响要小得多。所以一般提到摩门教，所指的就是耶稣基督后期圣徒会。

基督复临安息日会

基督复临安息日会源自美国 19 世纪三四十年代的基督复临运动（这是美国第二次大觉醒运动的一部分），是目前基督复临派四个教会中最大的一个。

19 世纪 30 年代，美国浸礼宗牧师威廉·米勒根据《但以理书》预言基督将在 1843 年前后复临世俗世界，后来又进一步将日期确定在 1843 年 3 月 21 日到 1844 年 3 月 21 日之间。这一运动吸引了 5 万 – 10 万的信徒。一直到 1844 年的 3 月 21 日，没有任何事情发生。米勒又改称基督复临之日应在 1844 年 10 月 22 日，然而仍旧没有任何事情发生。于是信徒们极度失望，1844 年 10 月 22 日也被称为大失望日。

预言的失败却没有使基督复临运动完全消失。1846 年詹姆斯·怀特和艾伦·怀特夫妇以及约瑟夫·贝茨继续宣扬千禧年论，但不再为基督复临预言具体时间。到 1860 年，基督复临安息日会的名称正式确定下来。

该教会的最显著特点就是以周六为安息日。这是因为他们主张按字面意思理解《圣经》，周日为每周的第一天，所以周六才是《创世纪》中的第七日。这与犹太教的传统是一致的。这一做法与美国主流社会不同，导致信徒们在实际工作中时常与雇主发生矛盾。美国受加尔文教的影响，曾经实行“蓝法”，禁止在周日工作、营业，这导致雇主不太愿意雇佣基督复临安息日会的教徒。这一法律后来在该教会与其他社会力量的推动下被废除，这也导致该教会主张政教分离。基督复临安息日会十分注重学校教育，他们在全世界拥有超过 5500 所中小学与大学，学生超过 91 万人。他们非常推崇通过新媒体进行传教，并且向信徒征收什一税。

目前，基督复临安息日会在全世界拥有超过 900 万信徒，基层教会 42 000多个，分布在世界 200 多个国家和地区。

耶和华见证会

耶和华见证会又称圣经与书册瞭望塔协会，由查尔斯·拉塞尔于1870年在宾夕法尼亚的匹兹堡建立。拉塞尔认为，19世纪的世界是由魔鬼撒旦统治的邪恶世界，基督将于1874年以精神的方式回到世俗世界，而末日审判将于1914年降临。其第二代领袖约瑟夫·拉瑟福德又对这一教义进行了进一步细化，并建立了完善的传教体制。

耶和华见证会大概是目前最推崇《圣经》地位的教会。他们最早的组织就是从《圣经》学习小组开始的。拉塞尔重新翻译了《圣经》，把上帝之名翻译成了Jehovah，取代了原来的Lord和Yahweh。1920年以来，耶和华见证会至少使用了176种以上的语言，发行了超过10亿本《圣经》及有关宣传册。

耶和华见证会有一些十分奇特的教义。他们承认耶稣是上帝之子，是上帝最先创造的顺从耶和华的人。上帝赐给了耶稣一个天国，但是仅有144 000个受到神祝福的人能够与耶稣一起进行统治。他们反对三位一体教义，反对地狱说，认为除自己以外的其他一切教派都是异端，是“撒旦的教会”，对他们采取鄙视的态度。他们还视现世的政府为恶魔，拒绝向国旗敬礼，拒绝服兵役，拒绝参与政府事务，拒绝生产或者出售武器。因此他们常常与法律和政府产生冲突，但他们却将之视为末日即将来临的兆头。他们拒绝吸烟、输血、庆祝生日、庆祝圣诞节（因为《圣经》上从未说耶稣降生在12月25日）与其他节日、参加童子军、参加学校的课外活动等等，表现出明显的反社会倾向，因此他们是美国社会最不受欢迎的宗教团体之一，很多人认为他们享受国家给予的权利，却不履行社会义务，并且丝毫没有爱国意识。

该教比摩门教更加注重传教事业，他们最大的特点就是挨家挨户敲门传教。所有的信徒都是宣传员，其中一部分为专职的，每月传教时间超过90小时；其中的“先锋”传教时间长达140小时[1]。他们的方式就是挨家挨户，向人们讲解《圣经》与他们的教义。因为他们是入户传教，因此常常吃闭门羹，但这丝毫不影响他们的传教热情。

1　段琦. 一个中国人眼中的美国宗教——美国宗教嬗变论［M］. 北京：今日中国出版社，1994：224－225.

20世纪90年代，耶和华见证会在全世界拥有427.9万信徒，拥有“王国会堂”（即他们的宗教集会处）66 207座，在海外的传教士有6 500多人。在西方世界，每个国家都能看到他们传教的身影。

基督教科学派

从名称上看，基督教科学派像是基督教与科学妥协的结果，它应当有着对上帝的崇敬与对科学的支持。实际上，它的名字的真实含义是“唯有基督教才是科学”，本质上是一个反科学的教会。

基督教科学派由玛丽·贝克·艾迪于1879年在马萨诸塞州创立。1866年，艾迪在一场恶性事故中受到重伤，医生已经束手无策。艾迪却从《圣经》中寻找到了灵感，悟出了自愈、愈人的途径。她的伤势在此后迅速好转，身体竟比受伤前更好。根据她自己的经历，她写成了《破译〈圣经〉的钥匙——科学与健康》，于1875年自费出版（因为没有一家出版社愿意冒风险）。没想到这本书很快获得了大量的读者，到1891年时再版了61次。艾迪的信徒从传统教会中独立了出来，形成了基督教科学派。

基督教科学派的基本教义与传统基督教的教义没有太大的区别，但反对预定论与原罪说。他们的宗教仪式十分简单，也没有牧师与神学院。最大的特点就是对“精神治疗”（或称“信仰疗法”）的推崇，即只要相信基督教这一“科学”，病人就可以痊愈，而不需要去医院就医。他们认为人之所以得病，是因为他们有了错误的思想，不能正确地认识上帝。传说曾经有一位临产的孕妇快要不行了，艾迪仅仅在她的床前站了一刻钟，她就痊愈了[1]。该教派设有全日制的治疗师，从事精神治疗工作。但是他们并不完全拒绝医院，他们不会强迫信徒和身边的人不去医院，甚至在生孩子等问题上主动寻求医院的专业帮助。但是他们也曾因为拒绝医院的治疗或者拒绝让子女接受治疗，而卷入社会舆论的批评声浪之中。此外，基督教科学派因为其主要成员是中年的中产阶级白人女性，而具有一定的女权主义倾向。他们大多具有乐观主义精神，因为他们认为世界上一切的邪恶都是虚假的，只有上帝与真

1　凯莱特．宗教的故事［M］．曹国臣，刘宗峨，译．南京：江苏人民出版社，1999：506－507．

善美才是真实的。

基督教科学派是一个比较小的教派。据估计，90 年代初，他们在美国大约拥有 21 万信徒，在世界上 70 多个国家有分支机构。但是基督教科学派在西方的知名度很高，几乎无人不知。这主要得益于隶属于基督教科学派的世俗报纸《基督教科学箴言报》，以及杂志《世界箴言》《基督教科学先驱》。其中《基督教科学箴言报》的新闻与评论板块办得很好，在世界各大电视台、电台、报刊等新闻节目中引用率极高。

除此以外，新兴教会还有一位论派、五旬节派（圣灵降临派）、斯维登堡派（新耶路撒冷派）、唯灵论派等。新兴教会并没有进入欧美的主流社会，但却是西方亚文化的重要组成部分。

西方世界的东方神祇

西方人最早是从马可波罗与其他旅行者所写的小册子中了解东方宗教的，西方国家在东方的殖民活动，开始使少部分人真正接触到这些遥远国家的神祇。随着全球化进程的加快，大量的东方移民涌入西方世界。他们带来的不仅是劳动力的增加，还有他们的语言、民族文化与宗教。起初，这些东方宗教仅在移民社区内，甚至小家庭内存在，你只能在移民家庭的神龛中看到它们。随着这些移民逐渐融入了西方社会，与本土居民的交流越来越多，他们的宗教也为一些西方人接受。一些东方神祇开始真正进入西方社会。

作为世界三大宗教之一的佛教应该是在西方社会中融入最好的东方宗教。大乘佛教与小乘佛教在西方都有流传，其中大乘佛教又可分为汉传佛教、日本佛教和藏传佛教（密宗）。在 19 世纪末，欧美已经出现了佛教徒。在此之前，一些人没有机会经受有比丘授三皈五戒的入教仪式，只是学习佛家经典，并按照佛经上的戒律改吃素食，奉持五戒，修习坐禅。1875 年，海伦娜・布拉瓦茨基、亨利・斯太尔・奥尔科特与威廉・关・贾奇等人在纽约建立了神智学协会，宣称佛教是世上所有宗教中最为圣洁的。但是他们对神秘学和精神力量同样感兴趣。1898 年，英国人艾伦・贝内特到缅甸和锡兰（即今斯里兰卡）修习佛学，并在 1902 年受比丘戒，成为“欧洲第一个出家人”。1908 年，他回到伦敦进行佛教传教事业，可惜口才太差，不到半年就流产了。此时，佛教团体逐渐出现。1903 年德国人塞顿杜克在莱比锡创立了“德国佛教传道会”；1907 年，英国人杰克逊、戴维斯、潘恩等人在伦敦成立了“大不列颠与爱尔兰佛教协会”；1929 年，法国的龙贝尔女士和尼尔小姐在中国的太虚大师的推动下成立了“佛教友谊会”，后来又改名“巴黎佛教会”。这一时期的佛教活动主要是通过巴利文的学习对佛教文化进行研究，也有佛学讲座、集会等宣扬佛法的活动，有些佛教团体还创办会刊展示自己的成果，如大不列颠与爱尔兰佛教协会的《佛学评论》（1909 年创刊）。

第二次世界大战期间，各国忙于战事，佛学宗教活动渐渐减少；但战后又很快重新兴盛起来。佛教寺院与精舍在欧美各地建立起来，欧洲与美国的精舍也开始为信徒受戒。此前，欧美的佛教传教者除欧美人外，多是信仰小乘佛教的东南亚与南亚人。第二次世界大战后，大量的日本移民涌入西方世界，尤其是美国。日本的禅宗（曹洞宗与临济宗）、净土宗、真言宗、日莲正宗，以及从佛教衍生出来的新兴宗教创价学会相继传入欧美，并迅速发展起来。20 世纪 70 年代，美国的净土宗信徒已经超过 10 万人。汉传佛教的传播则要更晚一些。尽管大量涌入的华人将佛教带入欧美，但是佛学却在很长时间内仅仅存在于移民家庭与他们的佛龛之中。60 年代，香港地区的宣化法师在旧金山建立万佛城与金山寺，开始招收白人弟子。80 年代末，台湾地区佛光山的星云大师在美国建立西来寺，后来又开设了西来大学、国际佛光总会、美国佛光出版社等机构，在欧洲的各主要国家设有道场，成为汉传佛教在西方影响最深远的一支。

截至 1990 年，欧洲已有佛教徒 22.2 万人；到 1997 年，美国的佛教徒有 56.5 万人[1]。1987 年，美国就允许佛教僧人成为随军神职人员。佛教得到了西方主流社会的认可。

其他东方宗教在 19 世纪末开始传入西方国家。1896 年印度教在纽约创立了“吠檀多学会”，20 世纪六七十年代达到传播的高潮峰。目前，印度教在西方影响较大的几个社团有国际黑天意识会、超验禅定派、拉杰尼希静修会等。中国土生土长的道教在西方也有一定的传播，尤其是在德国，有着较多的研究者和信徒。

1　刘澎. 当代美国宗教［M］. 北京：社会科学文献出版社，2001：232.

说了在西方的东方宗教，自然也要谈一下已经在西方社会的边缘生存了两千年的犹太教。犹太民族自大流散之后就一直受到各地区统治民族的压迫。从罗马帝国到中世纪，从宗教改革到第二次世界大战，反犹太主义思想始终在欧洲地区盛行，而宗教一直是迫害犹太人的重要原因。

在基督教强盛的时期，犹太教徒就是西方人身边的异教徒，在十字军东征期间，被杀害的欧洲犹太人达数万人。在中世纪，以莫须有的罪名诬告犹太人的事件屡见不鲜，连 14 世纪的黑死病都被归因于犹太人向饮用水中投毒。从 12 世纪到 15 世纪，法国、英国、西班牙、德国与意大利都曾发生过集体驱逐犹太人的事件。宗教改革时期，加尔文因为自己被迫害的经历而对犹太人比较友善，路德则是从主张宽待犹太人转向对犹太人竭尽攻击之能事。19 世纪前后，西欧各国相继解放了犹太人，给予犹太人在法律上的平等权利，但是反犹太主义的思想仍旧根深蒂固。工业革命的爆发使大量有商业头脑的犹太人发财致富，进入了中产阶级或上层阶级，引来了下层群众与衰落贵族的仇恨。第二次世界大战期间，反犹主义达到了历史最高点，从水晶之夜再到纳粹集中营，600 万犹太人在纳粹屠犹中丧生。

第二次世界大战结束后，反犹太主义并没有在人们对纳粹行径的反思中消失。美国作家埃兹拉·庞德曾经指责美国南北战争与第二次世界大战爆发的根源，就是犹太民族的罗斯柴尔德家族为首的银行家们对各国银行的操纵。同时将犹太人联系在一起的犹太教发生了分化。在犹太人数众多的美国，经常去犹太会堂参加宗教活动的犹太人已经不及犹太人口的一半，在犹太教徒中也出现了正统派、保守派、改革派与重建派。其中以正统派最为保守，又分为极端派、现代派与哈西德派，他们坚守犹太传统、饮食禁忌与宗教礼仪。改革派则要求与信仰基督教的美国人友好相处，简化宗教仪式，减少宗教禁忌，他们已较好地融入了美国主流社会。保守派则是为了调和正统派与改革派之间的矛盾而出现的，态度中庸，但是却无法解决犹太教内部的分歧，由此导致了重建派的产生。重建派认为，犹太教与犹太民族应当不断进化与充满活力，试图从文明的发展与民族性的角度整合犹太教[1]。

---

1 刘澎. 当代美国宗教［M］. 北京：社会科学文献出版社，2001：223.

由于反犹太主义与犹太教和基督教迥异的教义与教规，除了少量对犹太教十分感兴趣或者因为通婚而加入犹太教的白人外，很少有白人皈依犹太教。20世纪初期，出于与皈依伊斯兰教同样的目的，部分黑人加入了犹太教，他们认为自己是犹太人失落的十支部落，并将犹太人被压迫与奴役的历史与黑人被奴役的历史结合起来。目前，在美国有黑人犹太团体20多个，其中最大的也不过几万人，影响相对较小[1]。

丰富多彩的神秘信仰

神秘信仰并不是新鲜事物，中世纪与近代的巫术、魔法等都算是神秘信仰。进入现代以来，随着社会的发展，神秘信仰也逐渐多样化起来。

古老的传统神秘信仰依旧有着让人难以抗拒的魅力。依然有人相信巫术的存在，甚至进行巫术实践，举行巫术仪式。欧美的撒旦崇拜就可以看作是巫术信仰的一种形式，在西方人看来，巫术即是巫师将灵魂献给了魔鬼，而且撒旦崇拜中也有大量巫术的成分。传统的超自然鬼怪同样受人们欢迎，其中吸血鬼又是个中翘楚。在罗马尼亚，至今仍有一些人相信吸血鬼咬死了他们的牲畜，威胁到自己和邻居的生命安全。于是被怀疑是吸血鬼的尸体在下葬后很久依然会被挖出来，砍去头颅并进行火化。在美国，有一些人相信自己真的是吸血鬼，进行着定时定量吸食人血的活动；而他们的崇拜者则围绕在周围，自愿成为他们的食物。相信鬼魂存在的人大有人在，各种降神仪式、招魂仪式、通灵仪式等等依旧有人按照中世纪的做法进行实践。灵魂的存在也是人们讨论的重点对象，近几十年还出现了人死后体重会减轻21克（四分之三盎司），这就是灵魂重量的说法。

但是，各种新出现的神秘信仰似乎更加吸引人们的目光。他们通常结合了超自然、科学与历史或史前文化，神秘元素更加丰富多样。

科学的发展带来了知识的进步，然而伪科学也随之诞生。特异功能一度受到人们的追捧，无论是通灵术、心灵感应、隔空取物，还是千里眼、手中生火、以手为眼，各种超能力者被媒体争相报道。美国和苏联在20世纪70

1　刘澎．当代美国宗教［M］．北京：社会科学文献出版社，2001：226.

年代还对特异功能进行军事研究，意图用于国防与战争。人们无法得知美苏军方的研究进展如何，但是在现实生活中出现的特异功能大多都是伪科学。一些人试图宣扬自己是超能力者，以骗取人们的钱财；一些人则是真的相信自己具有超能力。一般来说，特异功能者在实验室都表现不佳，或者说在严格的实验条件下都是失败的。20 世纪 50 年代，巴西、菲律宾等地区都曾出现过号称可以进行“特异功能外科手术”的人，他们自称可以不需要开刀，隔着皮肤就可以取出病人体内的肿瘤或者其他引起病变的东西，甚至还有影片对这些人进行记录。然而，伦敦医学院的血清与法医学专家 P. J. 林肯对带回的所谓“肿瘤”进行研究，却发现它们不过是牛血与鸡肠的结合物。随着各种揭秘电视节目与文章的传播，特异功能的热潮渐渐冷却下来。

另一个源自科学的争论焦点则是 UFO 与外星人绑架事件。随着人们对宇宙的了解，越来越多的人开始疑惑，在茫茫宇宙中，是否有和人类一样的智慧生物呢？一些人出于科学的态度开始进行研究，但是更多的人纯粹是怀着兴趣与对神秘世界的好奇。1938 年 10 月 30 日，美国哥伦比亚广播公司播放了广播剧《火星人入侵地球》，结果因为剧情与音效太真实，竟然在美国引起了巨大的恐慌，甚至还蔓延到了加拿大。1947 年的罗斯威尔事件以及此后层出不穷的 UFO 目击报告，更是推动了人们对地外生物与 UFO 的狂热；在 20 世纪后半期甚至出现了各种各样的外星人绑架事件的报道。很多人加入了探究 UFO 真相的队伍，大多数人还能够保持科学的态度，但是有些人却“走火入魔”。UFO 崇拜还与邪教结合起来。1975 年美国俄勒冈州成立的“天堂之门教”就宣称外星人是真实存在的，UFO 是迎接人们飞升入天堂的工具。天堂之门教的教徒们最终也以集体自杀作为结局。

末世论不仅备受宗教喜爱，也是神秘信仰的重要组成部分。20 世纪末至 21 世纪初，发生了两次著名的末世论狂热。1973 年，日本作家五岛勉出版的预言书《诺查丹玛斯大预言》，介绍了 16 世纪预言家、教士诺查丹玛斯所做出的末日预言。他认为世界将在 20 世纪的末尾走向末日，洪水、地震、海啸、核战争都会在这前后爆发。而 1999 年 8 月 18 日太阳系九大行星（现在已经是八大行星了）会形成一个以太阳为中心的十字架（即大十字或十字连星）是最大的凶兆。他的书被译成多种文字在世界各国出版，并吸引了广

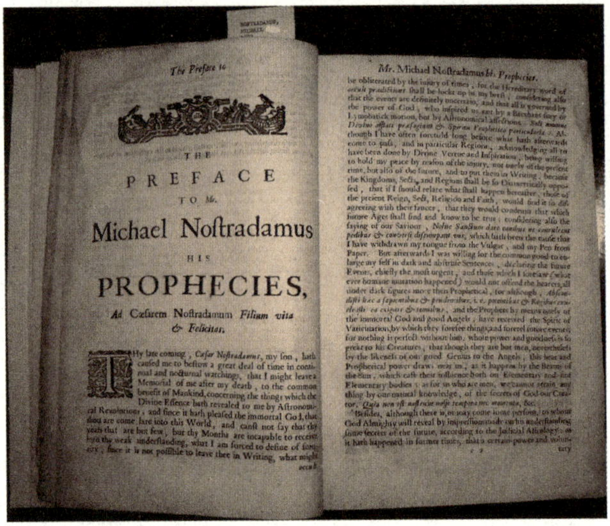

图 5-4　记载诺查丹玛斯末日预言的《预言书》

泛的读者群（中国在20世纪90年代也引进了这本书）。一些人真的以为世界就要在1999年结束，一些人则持观望的态度，然而事实却是1999年平安地结束了。诺查丹玛斯的预言余热未尽，玛雅末日的说法又兴盛起来。经过考古学家与古文字学家对玛雅文明的研究，他们发现玛雅历法在2012年12月21日就结束了。于是，很多人认为，这表明玛雅人认为世界将会在这一天走向终结。于是很多人热衷于研究躲过世界末日的方法，一些人发明了逃生舱，一些人在2012年初开始囤积粮食与生活必需品以度过世界末日。好莱坞还以此为题材拍摄了灾难片《2012》，讲述2012年世界末日降临时的人生百态。但是毫无悬念地，2012年再次平安无事地过去了。

除了这些之外，还有对神秘事件的狂热，如百慕大三角、通古斯爆炸、麦田怪圈等；考古学的发现所带来的对远古文明与原始神秘信仰的崇拜，如对埃及金字塔的热烈讨论与种种传说，阿兹特克人与玛雅人的金字塔与神庙等等。

无论是新兴宗教还是各种新的神秘信仰，都是19世纪末以来西方宗教多元化的表现，它受到科学的发展、对古代历史的更多了解、对超自然与未知事物的好奇，以及对未知世界与死亡的恐惧等诸多因素的影响。随着科学的发展与人们对世界认知的拓展，西方的信仰文化将会继续向多元化的方向发展。

参考文献

1. E. 杜尔干. 宗教生活的初级形式[M]. 林宗锦,彭守义,译. 北京:中央民族大学出版社, 1999.

2. 列维－斯特劳,等. 图腾制度[M]. 渠东,译. 上海:上海人民出版社, 2002.

3. E. 海通. 图腾崇拜[M]. 何星亮,译. 上海:上海文艺出版社, 1993.

4. 麦克斯·缪勒. 宗教的起源与发展[M]. 金泽,译. 上海:上海人民出版社, 1989.

5. 爱德华·泰勒. 原始文化:神话、哲学、宗教、语言、艺术和习俗发展之研究[M]. 连书声,译. 桂林:广西师范大学出版社, 2005.

6. 詹·弗雷泽. 金枝精要:巫术与宗教之研究[M]. 刘魁立,编. 上海:上海文艺出版社, 2001.

7. 埃米尔·迪尔凯姆. 迪尔凯姆论宗教[M]. 周秋良,等译. 北京:华夏出版社, 2000.

8. 西格蒙德·弗洛伊德. 图腾与禁忌[M]. 赵立玮,译. 上海:上海人民出版社, 2005.

9. 奥托·泽曼. 希腊罗马神话[M]. 周惠,译. 上海:上海人民出版社, 2005.

10. 马尔科姆·戴伊. 古典神话人物100[M]. 冷枞,冷杉,译. 北京:三联书店,2009.

11. 阿兰·邓迪斯. 西方神话学读本[M]. 朝戈金,等译. 桂林:广西师范大学出版社, 2006.

12. 王焕生. 古罗马神话传说[M]. 北京:社会科学文献出版社, 2010.

13. M. J. 卡里,T. J. 哈阿霍夫. 希腊罗马世界的生活与思想[M]. 郭子林,曹彩霞,译. 郑州:大象出版社, 2012.

14. 舒伟. 希腊罗马神话的文化鉴赏[M]. 北京：光明日报出版社，2010.

15. 约瑟夫·坎贝尔,比尔·莫耶斯. 神话的力量:在诸神与英雄的世界中发现自我[M]. 朱侃如,译. 沈阳:万卷出版公司,2011.

16. 让-皮埃尔·维尔南. 希腊人的神话和思想:历史心理分析研究[M]. 黄艳红,译. 北京:中国人民大学出版社，2007.

17. 石琴娥. 北欧文学史[M]. 南京:译林出版社，2005.

18. 石娥琴. 北欧文学大花园[M]. 武汉:湖北教育出版社,2007.

19. 戴维·李明. 欧洲神话的世界[M]. 杨立新,冷杉,译. 北京:三联书店,2010.

20. 戴尔·布朗. 凯尔特人:铁器时代的欧洲人[M]. 任帅,译. 北京:华夏出版社，2002.

21. 泰德·奥尔森. 活着的殉道者:凯尔特人的世界[M]. 朱彬,译. 北京:北京大学出版社，2007.

22. 蒙茅斯的杰佛里. 不列颠诸王史[M]. 陈默,译. 桂林:广西师范大学出版社，2009.

23. 凯伦·阿姆斯特朗. 神话简史[M]. 胡亚豳,译. 重庆:重庆出版社，2005.

24. 中国基督教三自爱国运动委员会,中国基督教协会. 圣经[M]. 2009.

25. 亨得里克·房龙. 圣经的故事[M]. 王少农,译. 北京:中国社会科学出版社，2003.

26. 游斌. 基督教史纲[M]. 北京:北京大学出版社，2010.

27. 迈克尔·基恩. 耶稣[M]. 李瑞萍,译. 北京:北京大学出版社，2005.

28. 欧内斯特·勒南. 耶稣传[M]. 梁工,译. 北京:商务印书馆,2010.

29. 埃米尔·路德维希. 耶稣传[M]. 郭玉屏,李国君,译. 北京:中国商业出版社，2009.

30. 皮埃尔-玛丽·伯德. 早期基督教[M]. 周嫄,译. 上海:上海人民出版社，2005.

31. 汉斯·昆. 基督教大思想家[M]. 包利民,译. 北京:社会科学文献出版社, 2001.

32. 章雪富,石敏敏. 早期基督教的演变及多元传统[M]. 北京:社会科学文献出版社, 2003.

33. 雷立柏. 古希腊罗马与基督宗教[M]. 北京:社会科学文献出版社, 2002.

34. 王晓朝. 基督教与帝国文化:关于希腊罗马护教论与中国护教论的比较研究[M]. 北京:东方出版社, 1997.

35. 毕尔麦尔,等. 古代教会史[M]. 雷立柏,译. 北京:宗教文化出版社,2009.

36. 彼得·李伯庚. 欧洲文化史[M]. 赵复三,译. 上海:上海社会科学院出版社, 2004.

37. 贝西埃. 耶稣 - 无法意料的神[M]. 马振骋,译. 上海:上海书店出版社, 2007.

38. 罗德尼·斯塔克. 基督教的兴起:一个社会学家对历史的再思[M]. 黄剑波,高民贵,译. 上海:上海古籍出版社, 2005.

39. 王晓朝. 信仰与理性:古代基督教教父思想家评传[M]. 北京:东方出版社, 2001.

40. 刘新利. 基督教与德意志民族[M]. 北京:商务印书馆,2000.

41. 布鲁斯·L. 雪莱. 基督教会史[M]. 刘平,译. 上海:上海人民出版社,2012.

42. T. C. 格奥尔吉耶娃. 文化与信仰:俄罗斯文化与东正教[M]. 焦东建,董茉莉,译. 北京:华夏出版社, 2012.

43. C. H. 布尔加科夫. 东正教:教会学说概要[M]. 徐凤林,译. 北京:商务印书馆,2001.

44. 马丁·基钦. 剑桥插图德国史[M]. 赵辉,徐芳,译. 北京:世界知识出版社, 2005.

45. 比德. 英吉利教会史[M]. 陈维振,周清民,译. 北京:商务印书馆,1991.

46. 理查德·苏里文,丹尼斯·谢尔曼,约翰·哈里森. 西方文明史[M]. 赵宇烽,赵伯炜,译. 海口:海南出版社, 2009.

47. 玛丽琳·邓恩. 修道主义的兴起:从沙漠教父到中世纪早期[M]. 石敏敏,译. 北京:中国社会科学出版社, 2010.

48. 刘明翰. 罗马教皇列传[M]. 北京:人民出版社, 2013.

49. 安妮·弗里门特. 信仰时代[M]. 刘毅,译. 北京:中国言实出版社, 2004.

50. 卢多维科·加托. 帝国时代:中世纪[M]. 夏方林,译. 成都:四川人民出版社,2000.

51. 沈敏华,程栋. 十字军东征[M]. 上海:上海书店出版社, 2009.

52. 罗伯特·勒纳、斯坦迪什·米查姆、爱德华·伯恩斯. 西方文明史[M]. 王觉非,等译. 北京:中国青年出版社, 2003.

53. 罗伯特·斯旺森. 欧洲的宗教与虔诚 1215 – 1515[M]. 龙秀清,张日元,译. 上海:上海三联书店,2012.

54. 卢多维科·加托. 十字军东征:马背上的圣战[M]. 祝本雄,译. 成都:四川人民出版社,2000.

55. 塞西尔·莫里松. 十字军东征[M]. 冯棠,译. 北京:商务印书馆,2000.

56. 田薇. 信仰与理性:中世纪基督教文化的兴衰[M]. 保定:河北大学出版社, 2001.

57. 王美秀,段琦,等. 基督教史[M]. 南京:江苏人民出版社, 2006.

58. 康志杰. 基督教的礼仪节日[M]. 北京:宗教文化出版社, 2000.

59. 刘城. 中世纪西欧基督教文化环境中“人”的生存状态研究[M]. 北京:北京师范大学出版社, 2012.

60. 麦格拉思. 基督教概论[M]. 马树林,孙毅,译. 北京:北京大学出版社, 2003.

61. 阿部谨也. 中世纪星空下[M]. 李玉满,陈娴若,译. 北京:三联书店. 2011.

62. 塞缪尔·斯迈尔斯. 信仰的力量[M]. 余星,等译. 北京:北京图书馆出版社, 2000.

63. 朱迪斯 · M · 本内特、C. 沃伦 · 霍利斯特. 欧洲中世纪史[M]. 杨宁,李韵,译. 上海:上海社会科学院出版社, 2007.

64. 布莱恩 · 莱瓦克,等. 西方世界:碰撞与转型[M]. 陈恒,等译. 上海. 格致出版社, 2013.

65. Norman P. Tanner, S. J. (eds). Decrees of the Ecumenical Councils[M]. Vol One, London: Sheed & Ward, 1990.

66. 刘城. 英国中世纪教会研究[M]. 北京:首都师范大学出版社, 1996.

67. 约翰 · 赫伊津哈. 中世纪的秋天:14 世纪和 15 世纪法国与荷兰的生活、思想与艺术[M]. 何道宽,译. 桂林. 广西师范大学出版社, 2008.

68. 让 · 韦尔东. 中世纪的旅行[M]. 赵克非,译. 北京:中国人民大学出版社, 2007.

69. 罗伯特 · 福西耶. 剑桥插图中世纪史(350 - 950 年)[M]. 陈志强,等译. 济南:山东画报出版社, 2006.

70. 罗伯特 · 福西耶. 剑桥插图中世纪史(950 - 1250 年)[M]. 李增洪,等译. 济南:山东画报出版社, 2008.

71. 罗伯特 · 福西耶. 剑桥插图中世纪史(1250 - 1520 年)[M]. 李桂芝,等译. 济南:山东画报出版社,2009.

72. 埃德蒙 · 波尼翁. 公元 1000 年的欧洲[M]. 席继权,译. 济南:山东画报出版社, 2005.

73. 徐弢、李思凡. 基督教文化概览[M]. 武汉:武汉大学出版社, 2014.

74. 胡斯都 · 冈察雷斯. 基督教思想史:第二卷[M]. 陈泽民,等译. 南京:译林出版社, 2008.

75. 朱子仪. 欧洲大教堂[M]. 上海:上海人民出版社, 2008.

76. 胡斯都 · 冈察雷斯. 基督教思想史:第一卷[M]. 陈泽民,等译. 南京:译林出版社, 2008.

77. 董进泉. 西方文化与宗教裁判所[M]. 上海:上海社会科学院出版社, 2004.

78. 爱德华·伯曼. 宗教裁判所：异端之锤[M]. 何开松，译. 沈阳：辽宁教育出版社，2001.

79. 吉尔·埃文斯. 异端简史[M]. 李瑞萍，译. 北京：北京大学出版社，2008.

80. 斯蒂芬·茨威格. 异端的权利[M]. 任晓晋，等译. 北京：西苑出版社，2005.

81. 朱莉娅·帕克，德里克·帕克. 占星术[M]. 吴英，丁超，译. 北京：旅游教育出版社，2010.

82. 德里克·帕克，朱丽亚·帕克. 魔法的故事[M]. 孙雪晶，等译. 西安：陕西师范大学出版社，2003.

83. 里夏德·范迪尔门. 欧洲近代生活：宗教、巫术、启蒙运动[M]. 王亚平，译. 北京：东方出版社，2005.

84. 多米尼克·亚历山大. 魔法的历史[M]. 上海：上海人民出版社，2006.

85. 查尔斯·麦基. 可怕的错觉：人人都会犯的致命错误[M]. 冯松，译. 北京：新世界出版社，2011.

86. 罗贝尔·穆尚布莱. 魔鬼的历史[M]. 张庭芳，译. 桂林：广西师范大学出版社，2005.

87. Mary J. Knight. The Compendium of Vampyres & Other Perilous Creatures [M]. Harper Collins Children's Books, 2007.

88. 让·韦尔东. 中世纪之夜[M]. 刘华，译. 北京：中国人民大学出版社，2007.

89. 卫弥夏. 多元主义中的教会[M]. 翟旭彤，译. 北京：中国社会科学出版社，2010.

90. 阿利斯特·麦格拉思. 宗教改革运动思潮[M]. 蔡锦图，陈佐人，译. 北京：中国社会科学出版社，2009.

91. 罗德尼·斯达克. 理性的胜利：基督教与西方文明[M]. 管欣，译. 上海：复旦大学出版社，2011.

92. 高福进. 缪斯女神的足印：欧美文化史纲[M]. 上海：上海交通大学出

版社, 2009.

93. 孙艳燕. 世俗化与当代英国基督宗教[M]. 北京:社会科学文献出版社, 2013.

94. 雅克·杜加斯特. 19 世纪和 20 世纪之交的欧洲文化生活[M]. 黄艳红,译. 北京:中国人民大学出版社, 2007.

95. 米尔恰·伊利亚德. 宗教思想史[M]. 吴晓群,晏可佳,译. 上海:上海社会科学院出版社, 2004.

96. 约翰·麦克曼勒斯. 牛津基督教史[M]. 张景龙,等,译. 贵阳:贵州人民出版社, 1995.

97. 凯莱特. 宗教的故事[M]. 曹国臣,刘宗峨,译. 南京:江苏人民出版社, 1999.

98. 约翰·福克斯. 殉道史[M]. 苏欲晓,梁鲁晋,译. 北京:三联书店. 2011.

99. 威尔·杜兰. 信仰的时代[M]. 幼狮文化公司,译. 北京:东方出版社, 1998.

100. 威尔·杜兰. 文艺复兴[M]. 幼狮文化公司,译. 北京:东方出版社, 1998.

101. 威尔·杜兰. 宗教改革[M]. 幼狮文化公司,译. 北京:东方出版社, 1998.

102. 威尔·杜兰. 伏尔泰时代[M]. 幼狮文化公司,译. 北京:东方出版社, 1998.

103. 雅各布·布克哈特. 意大利文艺复兴时期的文化[M]. 何新,译. 北京:商务印书馆,1979.

104. R. H. 托尼. 宗教与资本主义的兴起[M]. 赵月瑟,译. 上海:上海译文出版社, 2006.

105. 韦伯. 新教伦理与资本主义精神[M]. 于晓,陈维刚,等译. 北京:三联书店,1987.

106. 阿尔文·J. 施密特. 基督教对文明的影响[M]. 汪晓丹,赵巍,译. 北京:北京大学出版社, 2004.

107. 罗素. 宗教与科学[M]. 徐奕春,林国庆,译. 北京:商务印书馆,1982.

108. 理查德 · 奥尔森. 科学与宗教:从哥白尼到达尔文(1450—1900)[M]. 徐彬,吴林,译. 济南:山东人民出版社, 2009.

109. 鲁斯. 达尔文主义者可以上基督教徒吗? ——科学与宗教的关系[M]. 董素华,译. 济南:山东人民出版社, 2011.

110. 丹皮尔. 科学史及其与哲学与宗教的关系[M]. 李珩,译. 北京:商务印书馆. 1997.

111. 奥尔. 英国自然神论:起源与结果[M]. 周玄毅,译. 武汉:武汉大学出版社, 2008.

112. 巴特 · 埃尔曼. 错引耶稣:《圣经》传抄、更改的内幕[M]. 黄恩邻,译. 北京:三联书店,2013.

113. 理查德 · 泰勒. 发现教堂艺术:教堂的建筑、图像、符号与象征完全指南[M]. 李毓昭,译. 北京:三联书店,2010.

114. 埃德蒙 · 柯蒂斯. 爱尔兰史:上[M]. 江苏师范学院翻译组,译. 南京:江苏人民出版社,1974.

115. 罗伯特 · 基. 爱尔兰史[M]. 潘兴明,译. 上海:东方出版中心,2010.

116. 马克 · T. 胡可. 荷兰史[M]. 黄毅翔,译. 上海:东方出版中心,2009.

117. 乔治 · 勒费弗尔. 法国革命史[M]. 顾良,孟湄,张慧君,译. 北京:商务印书馆,2010.

118. 托克维尔. 论美国的民主[M]. 董果良,译. 北京:商务印书馆,2011.

119. R. G. 哈切森. 白宫中的上帝[M]. 段琦,晓镛,译. 北京:中国社会科学出版社, 1992.

120. 安东尼 · 吉登斯. 社会学[M]. 赵旭东,等译. 北京:北京大学出版社, 2009.

121. 达尔文. 物种起源[M]. 舒德干,译. 西安:陕西人民出版社, 2001.

122. 珍妮 · 奥克斯. 马丁 · 利普顿. 教学与社会变革[M]. 程亮,丰继平,等,译. 上海:华东师范大学出版社, 2008.

123. Rob Iliffe,. 牛顿新传[M]. 万兆元,译. 南京:译林出版社, 2009.

124. 皮科·米兰多拉. 论人的尊严[M]. 顾超一,樊虹谷,译. 北京:北京大学出版社, 2010.

125. 凯瑟琳·奥兰丝汀. 百变小红帽——一则童话三百年的演变[M]. 杨淑智,译. 北京:三联书店. 2006.

126. 让-克洛德·布洛涅. 西方婚姻史[M]. 赵克非,译. 北京:中国人民大学出版社, 2008.

127. 阿克顿. 自由的历史[M]. 王天成,林猛,罗会钧,译. 贵阳:贵州人民出版社, 2001.

128. 赵林. 西方宗教文化[M]. 武汉:武汉大学出版社, 2005.

129. 杨真. 基督教史纲[M]. 北京:三联书店. 1979.

130. 许志伟. 基督教思想评论:13[M]. 上海:上海人民出版社, 2011.

131. 安长春. 基督教笼罩下的欧洲[M]. 北京:中央编译出版社, 1995.

132. 毛利娅. 天堂地狱:基督教文明[M]. 成都:四川人民出版社, 2002.

133. 高师宁. 新兴宗教初探[M]. 北京:中国社会科学出版社, 2006.

134. 孔祥涛. 世界邪教问题与反邪教斗争[M]. 南宁:广西人民出版社, 2001.

135. 王艾明. 马丁·路德及新教伦理研究[M]. 南京:译林出版社, 2011.

136. 孔祥民. 德国宗教改革与农民战争[M]. 北京:北京师范大学出版社, 1992.

137. 王加丰. 西欧 16—17 世纪的宗教与政治[M]. 合肥:安徽大学出版社, 2010.

138. 李鹏程. 信仰与革命——对 19 世纪上半叶德意志精神世俗化历史的理论考察[M]. 北京:人民出版社, 1993.

139. 段琦. 一个中国人眼中的美国宗教——美国宗教嬗变论[M]. 北京:今日中国出版社, 1994.

140. 刘澎. 当代美国宗教[M]. 北京:社会科学文献出版社, 2001.

141. 梁工,等. 律法书:叙事著作解读[M]. 北京:宗教文化出版社, 2003.

142. 梁工. 基督教文学[M]. 北京:宗教文化出版社, 2001.

143. 钱乘旦,陈晓律. 在传统与变革之间[M]. 杭州:浙江人民出版社, 1991.

144. 李凤鸣,姚介厚. 十八世纪法国启蒙运动[M]. 北京:北京出版社, 1982.

145. 李庆余. 美国外交史——从独立战争到2004年[M]. 济南:山东画报出版社, 2008.

146. 冷霞. 英国早期衡平法概论:以大法官法院为中心[M]. 北京:商务印书馆,2010.

147. 吴易风. 空想社会主义[M]. 北京:北京出版社, 1980.

148. 王斯德. 世界通史(第2编)工业文明的兴盛:16－19世纪的世界史[M]. 上海:华东师范大学出版社, 2005.

149. 陈晓律,等. 英帝国[M]. 西安:三秦出版社,2000.

150. 邢来顺. 伊丽莎白一世传[M]. 武汉:长江文艺出版社, 2005.

151. 阿烈. 石上清泉[M]. 北京:作家出版社, 2007.

152. 吕同六. 意大利经典散文[M]. 上海:上海文艺出版社, 2004.

153. 陈远. 一曲难忘:世界名曲欣赏[M]. 北京:人民体育出版社, 1993.

154. 杜磊. 音乐之最[M]. 福州:福建教育出版社, 2011.

155. 程显煜. 罗马教皇与罗马文艺复兴[J].《历史研究》. 1988(1).

156. 向荣. 移风易俗与英国资本主义的兴起[J]. 武汉大学学报,2000(3).

157. 郭家宏. 民族、宗教与20世纪爱尔兰问题[J]. 史学月刊,2004(2).

158. 邹穗. 英国工业革命中的福音运动[J]. 世界历史,1998(3).

159. 王亚平. 16世纪西班牙美洲殖民地天主教传教活动的政治作用[J]. 历史研究,1992(5).

160. 宗锦福. “基督教社会主义”由来辨[J]. 湘潭大学(社会科学学报), 1981(3).

161. 何星亮. 图腾的起源[J]. 中国社会科学, 1989(5).

后 记

在我们国内,对基督教的理解有着广义和狭义之分。从广义上讲,基督教是指信奉耶稣为救世主的所有教派,包括天主教、东正教、新教及一些小的宗派。从狭义上讲,基督教指的仅是新教。为了避免语意上的混乱,国内学术界逐渐用"基督宗教"指称广义的基督教,而用"基督教"专指新教。在本书的写作过程中,因为从基督教的源头写起,所以仍然用基督教作为信仰耶稣基督的宗教的总称。基督教是当今世界第一大宗教,不仅它的信徒人数最多,而且其传播范围和社会影响也位居首位。基督教在中国的传播具有悠久的历史,从唐朝的景教传入算起,已有一千三百多年。在这一千多年中,基督教在中国的传教活动并不连贯,只有在最近一百多年中,基督教的传播才对中国产生了重要的影响。基督教在中国的传播时间很长,传播空间很广,然而我们大部分国民都不太了解真正的基督教。脱胎于两希文化的基督教,在西方世界发展壮大,并以此为跳板传播到全球各地,本书围绕的中心便是西方人信仰世界的基督教的发展与演变。西方的中世纪是信仰的时代,上至王宫贵胄,下至黎民百姓,大到国际争端,小到饮食起居,无不受基督教的影响。人们的信仰虔诚而盲目,信仰不仅引导生活的方向,而且主宰死后的归属。随着理性时代的开启,西方人的信仰变得日益自主和多元。宗教世俗化的发展成为大势所趋,然而宗教世俗化不是单向的直线运动,反世俗化或世俗化的反弹仍然存在。从20世纪开始,传统宗教有式微的趋势,西方世界产生了一些新兴宗教,其中不乏邪教的存在。本书的写作初衷是参考大量人类学、宗教学、社会学、历史学等方面的专著,在爬梳材料的基础上,力图为读者展示一幅西方人从古到今的信仰画卷。为了扩大受众的范围,本书期望在参考大量学术资料的基础上,运用通俗的语言,配以形象的图片,生动地为读者介绍西方人宗教信仰的演变过程。本书在陈晓律教授的指导下,确定了大致的写作思路。全书的题目与框架由孙坚拟定,在写作分工上前两章由孙坚写作,后三章由于馥华完成。全书的图片及前言由于馥华提供,全书的统稿由孙坚完成。从这本书的确定写作到最终完成,大概经过了三年的时间,由于本人忙于博士论文的写作,一直未能专心地投入书稿的撰写。感谢于馥华的后期加入,分担了本书大量的写作任务。这本书能够最终出版,要感谢长春出版社诸位编辑的帮助。因为诸多限制,本书难免存在某些讹误,欢迎广大读者批评指正。